展示される大和魂

〈国民精神〉の系譜

森　正人
Mori Masato

新曜社

展示される大和魂 ◉ 目次

装幀――はんぺんデザイン　吉名　昌

はじめに

国民精神という幽霊

一匹の幽霊が世界を徘徊している——ナショナリズムという幽霊が。
おおよそ世界中のあらゆる国民たちがこの幽霊の歓迎をそれぞれの国内で目撃している。ロナルド・トランプが熱狂的支持を獲得したアメリカで、ＥＵからの脱退を決めたイギリスで、ＩＳのテロに応じるフランスで、そして近隣諸国との政治的緊張関係と融和を演出する日本で。あるときには強まり、別のときには姿を隠す幽霊のごときものである。

一国の国民や民族を一つの文化的共同体と見なし、その統一発展や、他からの独立をめざす思想あるいは運動であるナショナリズムは、世界を標準化し平均化するグローバリゼーションにおいては縮小していくものと考えられてきた。しかし実際にはグローバリゼーションの進展にもかかわらず、いやだからこそ世界の各地でナショナリズムが勃興している。グローバリゼーションは世界の平衡化や標準化をもたらしていない。反対にグローバリゼーションはむしろ世界の標準化に抗するための国民アイデンティティの強化とその帰結としてのナショナリズムをもたらしている。

ナショナリズムは官製ばかりではない。むしろ日常生活における人びとの誇りや他国への嫌悪をとおして喚起され続けている。日本の技、日本人の海外での貢献ぶりを伝える近年のテレビ番組、「侍」「魂」

「なでしこ」を冠したスポーツの日本代表チーム名、オリンピックで個人の成績を日本のそれに置き換える傾向はナショナリズムの日常的な光景であり、そうした強さや誇りへの渇望こそがこの国のナショナリズムを支えている。そして日常的なナショナリズムは、排外ナショナリズムと呼ばれる中国や韓国、北朝鮮や在日朝鮮人への激しい憎悪と表裏をなしている。私たちはこのようなナショナリズムを今、まさに経験している。

ナショナリズムは国民が一つの共同体であるという前提を持っている。この共同性は、ある国の人びとがその場所に古来住み着いてきた、その人びとが国家に愛着を持っている、その気持ちが広く共有されている、という考えによって担保されている。たとえば日本の安倍晋三内閣総理大臣は自著において「自分の帰属する場所とは、自らの国をおいてほかにはない。自らが帰属する国が紡いできた歴史や伝統、また文化に誇りをもちたいと思うのは、だれがなんといおうと、本来、ごく自然の感情なのである」(安倍 二〇〇六:九一頁)と語っている。国家と個人の帰属が「自然」で自明のものとされている。日本に生まれたなら、日本に対して帰属意識を持つのが当然というわけである。

この論法には、いくつかの問題が含まれている。「日本」という国が近代にできたものであること、それにともない日本人という存在が画定されたことが語られない。また、「日本人」というカテゴリーだけが自明のものとして強調され、より小さなコミュニティ、性別といったそれ以外の帰属意識の在り方が隠されている。日本に生まれたなら、日本人として日本とその伝統文化を誇りにするのは当然だというわけだ。

歴史、伝統、文化という言葉は、人びとの美的な感性に訴えかける言葉である。しかしそうした言葉は、日本における政治的かつ経済的な不平等とそれによる「ひとしなみの国民」という観念が抱える諸矛盾を覆い隠してはいないだろうか。いったいどのようにしてそうした美的な言葉が国民の誇りやアイデンティティを醸成したり強化したりするだろうか。それを理解するために必要なことの一つは、そのようなアイデンティティの基礎をなすと信じられている国民性が作られていく過程をつまびらかにすることである。

国民性の幻想は国民の精神という前提によって裏打ちされる。本書が考えたいのは、日本人の国民精神が明治時代から現代までどのように語られ、提示され、それが国民によって楽しまれてきたのかという問題である。大和魂や日本人の精神性が存在するかということではない。大和魂や日本精神といったものは日本古来の精神性だと信じる人たちもいるだろうが、この本の中で提示するように、「大和魂」という考えが記され始めるのは江戸時代末期であり、強調されるのは戦時中である。大和魂、日本精神などの言葉を手がかりにして、日本国民のアイデンティティが持ってきた言語性、物質性、愉楽性、そして身体性を考えてみたい。

ここまで読み進めた人のなかには、本書を「サヨク」の腐臭がすると断じる向きもあろう。しかし私はウヨク、サヨク、あるいはそのどちらでもない人たち全員にとって、日本国民のアイデンティティとはいったいどのように語られ、提示されてきたのかを考えることが重要だと考えている。日本人には独自の精神性や精神構造が存在するのだと主張する人たち、あるいはそれは単なるイデオロギーだと主張する人たちともに、その精神性が語られ提示されてきたその歴史性を知ることでこの国の来し方と有り様をより豊かな言葉で表現することができるのではないか。近年の政治や文化に関する言葉の語彙は非常に単純化してしまっており、サヨクや革新と自称する人たちにもその傾向は著しい。愛国心に燃える日本国民をイデオロギーに踊る愚かな大衆と捉えるのではなく、彼らがいったい何に惹かれているのかを見定める努力が必要だろう。

ナショナリズムと国家精神

ナショナリズムの話をさらに進める前に、イギリスにおけるイデオロギー研究について少し紹介しておきたい。

労働者階級はなぜ合理的な選択をせずに、あえて自らに不利益に見える政治的選択をするのか。このことは一九五〇年代半ばの新左翼《ニューレフト》にとって重要な疑問だった。彼らはどのような小説や本を好み、そこでどのような価値観を形成しているのか。こうした労働者階級の「文化」を捉えることで、「一番繊細で、一番感知しにくい部分で働いている」（ウィリアムズ 一九八三：四九頁）「感情の構造」を理解する必要があったのである。

ではナショナリズムにおいてこの感情の構造はどのように形成されているのだろうか。ナショナリズム論の古典となって久しい『想像の共同体』の中で歴史家ベネディクト・アンダーソン（一九九七）は、ナショナリズム（国民主義）の三つのパラドックスを挙げている（二二―二三頁）。（一）歴史家の客観的な目には国民が近代的現象とみえるのに、ナショナリストの主観的な目にはそれが古い存在とみえること、（二）誰もが特定の国民に「帰属」することができ、「帰属」すべきであり、また「帰属」することになるということが、現代の世界では普遍的な現象になっているにもかかわらず、たとえば日本やギリシアへの帰属は排他的で固有のものとして捉えられていること、（三）、ナショナリズムの「政治的」影響力の大きさに対し、それが哲学的には貧困で支離滅裂であることである。「国民は〔イメージとして心の中に〕想像されたものである」（傍点は原文、二四頁）。そうした想像の共同体は、宗教共同体と王国が衰退した近代、とりわけ一八世紀の西欧で生まれ、資本主義経済の成立、印刷を通じた情報技術の発展のなかで推進された。そしてこの想像の共同体は、「政治的な単位と民族的な単位とが一致しなければならないと主張する一つの政治的原理」（ゲルナー 二〇〇〇：一頁）なのである。

この共同体が成立する時代に登場したのが国民国家である。そして人びとを一つの国民として統合するためにとりわけ第一次世界大戦以後、「正統な国際規範」（アンダーソン 一九九七：一八八頁）となった行政組織としての国民国家では成員の間に共通の時間と空間の認識が、共通の言語や教育をとおして生み出され、それによって同朋意識もまた作られ強化された。とりわけ、一九世紀には「公定ナショナリズム」という新しいナショナリズムの形態が確立される。日本やロシアなどで見られた公定ナショナリズムは、初等義務教育や国史の編纂などの政策によって、伝統的な王朝の原理と革新的な国民の原理を意図的に統合するものであった。

国民もナショナリズムも虚構である。ある人びとや場所への愛着は、決して国家への愛着や帰属意識とイコールではない。もちろん、そのことを知った上で、私たちはこれに代わる新たな政治的単位や共同体を有していないのだから、やはりこれらは必要なのだと主張することは可能だろう。しかしそうであっても、国家の持つ国民選別の力は心に留めておく必要がある。人は国民であることを常に強く意識するわけではなく、自国の何かを誇りに思ったり、あるいは他国の何かを嫌悪したりするときに国民の自覚が強くなり、国民アイデンティティを強く感じる。もしそれに違和感を唱えると、その人は「非国民」となる。それは国家だけでなく、周囲の人からのレッテル貼りの場合もある。国家は、この誇りを感じる物、嫌悪を感じる者を調整する力によって、誰が国民であり市民であるかをふるいにかける。

境界の物質性

このような国民のふるいがけは、国境の内側と外側に応じてなされる。そこでは、国境は確固とした、本質的な境界線として前提されている。とりわけ日本のような海に囲まれた島国の場合、昔から国境を持った独立した国であるとイメージされがちである。しかし巨視的に考えれば、明確で排他的な国境が地図に引かれるのは一六世紀から一七世紀にかけてのことである。この時代の象徴的な出来事は、国家を前提として締結されたウェストファリア条約（一六四八年）であり、このころに国家主権の概念が形成される。この国家主権は明確な境界で囲まれた領土の内側で保持されるのである。それ以前の中世の王国は明確な境界線を持たず、いくつもの国が支配する周辺部の土地が存在していた。境界は多層的で複合的だったのだ。たとえばシャム王国の後に、近代国民国家としてタイ王国が創設されるとき、やはり明確な国境線を描いた地図が作り出される。この地図こそがタイの人びとに境界線を持ち実在するタイ国家の想像力を抱かせたのである（ウィニッチャクン 二〇〇三）。

日本においても、幕末の一七八五年から北方の探索が繰り返され、不確実であった北海道の地図（蝦夷図）が作り直された。これはロシアからの千島列島探検調査隊と地図作成に刺激を受けてのものである。そして明治時代に入ると、工部省測量司が西洋的な三角測量を開始し、一八七四年には内務省地理局が新設され、三角測量事業を全国的に展開した。地図作成は国土空間の情報を一定技術で普遍的に計量化し、国土の統治や地方統治の基礎データとするための作業であった。そして国境はこうした政治的意図のもとなされた地図作成によって確定されていくものなのである。

この国境の内側に存在する人間は国民として確定される。しかし国境が政治的であるのと同様、国民もまた政治的である。小熊英二（一九九八）が示したように国民は包摂と排除の産物である。すなわち外部に脅威が存在し、兵士や労働者など国家資源として多数の人間を動員する必要に迫られるとき「日本人」は沖縄、アイヌ、台湾、朝鮮の人びとを包摂するが、脅威が消えると彼らは排除され、その痕跡が消される。日本が敗戦を迎えてもなお、日本に居住していた朝鮮人・台湾人などの旧植民地出身者は、一八九九年に施行された国籍法に基づく日本国籍を有していた。彼らの国籍が失われたのは、日本が連合国軍司令部から主権を回復する一九五一年のサンフランシスコ講和条約の締結の瞬間である。このように日本国の国境もその中に存在するはずの国民も、実は状況依存的である。

境界線を「引くこと」。それは与件ではなく、状況依存的で、政治的である。その「境界」という概念は私たちに何をしているのか。フランスの哲学者エティエンヌ・バリバール（二〇〇八）は境界を、抽象的であると同時に具体的、物質的であると同時に精神的な、歴史意識の「感性的──超感性的対象」あるいは物神になるものだと指摘する（七八頁）。物神とはそれがある特定の意図のもと人間によって作られたのに、生産者の人間がそれを神のように崇めるある種の顛倒を意味する。国境が引かれた瞬間、それがある時代に特定の政治的状況において引かれたという歴史的事実が忘れ去られ、あたかもその境界線が昔から存在しているかのように国境は振る舞う。

境界とは、新たに生み出された国民国家による国土という支配領域への想像的投影のための道具、あるいは支配の空間的投影である。国境の外側に対してその領土を押し広げようとするとき、国家はしばしば暴力的であり、反民主主義的でもあり、自らの制度を押しつけることは、かつての植民地支配だけでなく、現在のグローバル化する資本と共闘する国家の在り方から理解できる。他方、境界はその内側に対して、国民があたかも昔から変わらず存在するという幻想を立ち上げ、国民的共同体への帰属感情に明確な形を国境は与える。内部は同質化されるのだ。明治時代に廃藩置県を断行することで封建的な地方格差

（御三家、譜代、外様）を撤廃しようとし、地図作成によって国土の特質を単なる地表データとした。人口統計の開始は人びとを同じ国民として、数として把握することを可能にした。国境の中の多様な言語は、標準化された「日本語」の方言となる（イ 一九九六）。このように境界を配置することにより、その国の中の文化や人間のあらゆる差異は単なる偏差として捉えられるのである。

もちろん、国境周辺部においては、差異は国家内の偏差とするか、それとも別の国家のものとするのか丹念に吟味される。バリバールは特定の人間性の概念のもとに人間存在を分類するこの境界の規範性を指摘し、境界とは、「あらゆる差異が沈殿する点であると同時に、差異が分離し、念入りに「選別」される点」（バリバール 二〇〇八：八三頁）であると言う。そうであるなら、国民も非国民も、市民も二等市民もこの境界策定の作業に先立って存在するのではなく、この作業の過程において作り出されることになる。どのような制度や装置、言葉や視覚イメージや人種分類といった文化表象をとおして、誰が日本人であるのか／ないのかが分類されていくのか。こうした国民を作り上げる境界策定のテクノロジーと物質性を問う必要がある。

大和魂・日本精神への問い

本書の目的は、公定ナショナリズムにおいて民族の紐帯と想定されている「国民精神」が作られてきた系譜を辿ることである。これこそが日本人の感情の構造を作り上げてきた。そしてこの国民精神が境界を策定し、その内部を分類し、それを制度化し、言語や視覚イメージなどの文化表象によって「日本人なるもの」という漠とした想像物を作り上げてきた。国民精神のテクノロジーと呼べる。

この問いの立て方には四つの含意がある。第一に、すでに述べたように「国民」は所与の存在ではなく、ある時代状況のなかで政治的目的によって作られたものである。第二に、国民精神は国民一人が生まれ持ったものではなく、ある時代状況においてその理念が作り出されたものである（もし大和魂が日本人の本質であるなら、わざわざこのような啓蒙活動は不要であることからも、これらの非本質性がうかがえる）。第三に、こうして作られた国民精神の理念は、教育制度やマス・メディア（新聞、ラジオからテレビやＳＮＳに至る）などの回路をとおして人びとに埋め込まれていく。第四に、こうして国民精神が埋め込まれた（とみなされる）個人が「国民」となる。

国民精神の鼓舞とナショナリズムは、日本に限らずその他の近代国家において見られる。しかしだからすべてが同じだというわけではなく、日本特有の国民精神創出の社会的文脈がある。近代化を推し進める日本にとって西洋はつねに模範であり到達すべき目標であった。近代西洋の物質的あるいは知的資源は、「文明」として言祝がれ、それによって「開化」することに邁進したし、西洋の側も「文明化」の名のもとに侵出を推し進めた。アジアの盟主となったことを強く印象づけたのが、かつての東アジアの「中華」である日清戦争での勝利であったなら、目標とすべき文明社会に比肩したと日本人が強く感じたのが日露戦争であった。二〇世紀初頭より、かつて目指した「文明」に代わって日本の持つ精神性やそれによって形成された「文化」が用いられるようになった（西川 二〇〇一）。こうして近代的なるもの、西洋的なるものに対する日本の優越性は、一九四二年に文人や学者によって行われた座談会「近代の超克」（河上 一九四三）において、デモクラシーの超克（すなわち全体主義）、資本主義の超克（すなわち統制経済）、自由主義の超克（すなわち復古主義）の三点にまとめられた（廣松 一九八九）。出席者の意見には差異が認められるものの、座談会において語られた三つの超克が日本の国民性、国民精神と結びつけられていることに注意しておきたい。つまり、座談会の終盤で「日本には外国の影響を断乎として受けない部分がある」

（二九二頁）、それは「古典の中から日本精神を探し出」（二九四頁）すことだと結論づけられるのである。

近代における日本の精神性の強調において、日本人としてのアイデンティティは、不変で固定されたもの、共通の建国の神話を有し、それによって絶えることなく連綿と続いてきた血と分かちがたく結びつくと信じられてきた。しかし、大和魂や日本精神と称される、日本国民なら本質的に持っていると言われてきた国民精神・気質《エートス》は、日本人が生まれ持つものではない。それはとりわけ日本国家のイメージが形成されつつあるころに主張され始め、二〇世紀に入るまでに他国との対比をとおして日本においてはっきりと概念化されたものである。大和魂とは、日本精神とは何か。こうしたことが学校教育や新聞紙で語られ始めるのは一九世紀末、そしてそれらが展覧会などで喧伝されるようになるのは二〇世紀初頭なのである。日中戦争、日露戦争時には積極的に大和魂が語られた。一方、満州事変以後の十五年戦争では、大和魂や日本精神、さらには国体が語られ、それをおのおのの身体実践をとおして実現することが強く求められた。日本人であることは、その精神を潜在的に持つだけでなく、それを発揮することによってであった。すなわち常に日本人になりつづけることがこの時代には求められた。

第二次世界大戦の敗戦直後は大和魂や日本精神のイデオロギーは、民主主義によって一掃されたはずなのだが、一九五〇年代半ばからふたたび日本人の崇高な精神性が描き出されるようになり、一九九〇年代以降は日本社会の保守化が強まっていく。大和魂や日本精神という言葉そのものは用いられることが少ないが、それらの言葉が指し示した内容が再び語り出されるのである。こうしたことを本書では追っていきたい。

このような長い時間軸で国民精神の創作とその播種の様子を捉えることは、「日本人」が自明化される傾向のある現代において意義がある。保守主義的な力が「神道」と結びつくことは、アジア太平洋戦争のみならず現代においても見られる。「強い国」、「美しい国」と宗教イデオロギーの緊結。二〇一六年の伊勢志摩サミットにおける首脳の伊勢神宮参詣とそれへの違和の不表出。戦前と現代の類似性は、日本人であることの「自然化」を今一度問い直す必要性を迫ってはいまいか。大和魂は今もなお播種されているのだ。

したがって、本書が重視するのは大和魂や日本精神の「精神性」ではなく「社会性」である。大和魂が日本人の心に存在するかしないかを議論するものでも、またこの「社会」だからこのような大和魂像が作られたのだと議論するものでもない。社会性という言葉に私は、それが、ある時代の諸関係の中で一定の規則性を持って語られたり表作られたりする言葉や物質、視覚イメージが、特定の様式で制度化され広く共有された知識となっていく過程であるという意味を込めている。

本書の構成

本書はしかし、この社会性の歴史を通時的に追っていく方法ではなく、言語性、具体性、物質性、愉楽性、現代性の章に分けて、大和魂や日本精神が作られ、広められる過程が見せるそれぞれの局面を明らかにする方法を採っている。特定の人物の思想、あるいは時代の出来事を明らかにするのではなく、幕末から現代にいたる日本社会を「大和魂」という言葉を手がかりにして考えていきたい。その中で著名な思想家についても触れることになる。彼らは大和魂、国民精神という言葉の周辺にどのように配置されたのだろうか。

第一章では大和魂やそのほかの日本人の精神性、アイデンティティが近代において言語化されていったことを説明する。辞書によると、「大和魂」とは、日本人固有の実務世事などを処理する能力や知恵、そして日本民族固有の精神や日本人としての意識を意味する。「日本人固有」という語が示すように、日本人なら誰でも持っている能力や意識を指している。しかし言葉としての「大和魂」は紫式部の『源氏物語』まで遡ることができると言われている。光源氏の子は「やまとたましい」はあるが、生まれや育ちの良さだけでは将来的に不安があるため、学問を学ばせる、こういう意味合いで用いられる。中国の知識を意味する高尚な「学」に対して、俗的な世才俗才とされたのが大和魂である。このときの大和魂は中国文化と比べるとそれほど強さや活発さを持っていなかった。日本に生まれた人が持つ「気質」のような意味を持っていた。それが、江戸時代に国学が興隆すると、大和魂は民族固有の精神性を意味するようになる。そして、主権を持つ国家を立ち上げるために国境を画定し、その中に住む国民を均質な日本人として想像させる近代日本国家が、大和魂を国民性の礎に公式に据えることとなる。大和魂は日本精神とも呼ばれ、日本人なら誰でも生まれながらに持っている精神性、国民性とされたのである。しかも、そもそもは男性的な漢心《からごころ》に対置されていた大和心は、明治時代以降、男らしさや力強さの意味をまとうことになる。明治時代以降の近代日本において形がなく、目にも見えない精神が、言葉によってどのように説明されたのか、それが男性らしさの概念と結びついていたのか。

第二章では言語化された日本人の精神性を分かりやすく伝えるために歴史上の人物が発見され、用いられていく様子を追いたい。精神の具体化の作業は学校教育の現場で行われた。教科書において忠孝精神を体現した人物が紹介され、称えられ、それは演劇などで演じられる。また本章では特定の人物を取り上げて顕彰する展覧会などのイベントにおける日本精神にまつわる物語についても考える。これらのイベントが開催されたことにより、人びとの忠孝精神に対する関心は高められていったのである。

第三章は展覧会、神社、史跡などをとおして、不可視で非物質的な精神がどのように事物によって表現されたのかを考える。言葉で記し、語りかけるよりも、それを事物で表現する方がはるかに人びとに強い印象を与える。言葉を超えた視覚イメージと物質の恣意性とその諸効果（視覚性および物質性）については前著でも記したが（森 二〇一六）、本書では大和魂や日本精神の視覚性と物質性について探求したい。物は、大和魂の発露として社会の中に展示され置かれた。一九三一年からの十五年戦時中には戦争美術が描かれ、敵国からの鹵獲品が展示され、さらに国家の偉人に関する事物が収集展示された。これらは自国の崇高な精神性とそれの対極に位置づけられる敵国の劣等性を人びとに強く印象づける。また特定の神社が建設され、ある事象に関する記念碑が設立され、さらに遺跡として指定されることは、不可視で不安定な日本の精神性に現実世界での土台を与え、国民精神の有り様を規定してもいる。この場所を訪れることで、人びとは歴史の「物語」を知るのである。

第四章は大和魂や日本精神の愉楽性と身体性について考える。言語化され、具体化され、物質化・視覚化された日本人の精神性は、決して教条的に伝えられていただけではない。さまざまな娯楽的なイベントと視覚装置をとおして、人びとはそれに圧倒され、それを楽しんでいた。ときにそれは企業が多くの顧客を獲得するための商品として作られたものでもあった。歴史家のケネス・ルオフ（二〇一〇）は皇紀二六〇〇年記念のイベントが決して教条主義的で暗くて堅苦しいものではなく、娯楽的であり商業的でもあったこと、それこそが天皇制イデオロギーの普及にとって重要だったことを描き出している。本章は一九三〇年代から四〇年代前半の大和魂や日本精神に関する絵画や映画、観光イベントやハイキングについて考えたい。また日本の精神性の容れ物としての身体について考える。健全な精神と健康な身体は定義からして決してその良性を否定できない。誰もが健康であることを望むのだが、健康である／ないとはいったい何であったのかを見ていく。

第五章は、これまでの章とは趣が異なり、第二次世界大戦後の日本における大和魂や日本精神の復活について考えたい。戦後にいったん否定された大和魂や日本精神は、その言葉を使うことなく、しかし一九五〇年代後半から肯定されていく。映画、マンガ、アニメなどで大和魂的なものが復活し、一九九〇年代後半から再び明確に語られていく。歴史修正主義とも言われる特定の歴史の読みかえ、あるいは再解釈はいったいどのように現代の日本の精神性を語ってきたのだろうか。また、こうした日本的なるものの復活が、人間をめぐる事象だけでなく、生き物をめぐる事象でもあることを、固有種と外来種の定義と、それが日本社会にもたらす諸効果について検討する中で論じる。国民アイデンティティの形成に、生物はどう関わり、貢献しているのかを問うことは、第二、三、四章でも重要な論点であるが、とくにここでみる二〇〇〇年代以降に盛んに議論されるポスト人間中心主義という議論の枠組みの中にある。

方法論的なものとしての言葉・物質・快楽

日本人を所与と見なさず、日本人とはかくあるべしという言葉の系譜を丹念に遡る一連の研究で、小熊英二（一九九五、一九九八、二〇〇二）はとりわけ影響的な研究者や政治家の言質からある種の時代精神を炙り出していく。本書は特定の出来事を子細に検討するのではなく、とくに一八八〇年代から二〇一〇年代までの言葉と物、視覚イメージを新聞記事や既往の出版物、映画やアニメなどを資料として分析しながら国民精神を描くものとして考える。そのため時代を違えたいく人もの言葉、さまざまな新聞記事がどのような言語を配置しているのか分析する方法を探る。これらは場合によっては集中性に欠ける散漫な分析と受け取られる。しかし、私はいく人もの人の記述や新聞記事を用いることによって、言葉と物がある時代において集められ、その使用方法が規定されていくことを示したいと考えている。人の口から語られたり記されたりする言葉は、ある規則性を持っている。言い換えれば、その時代特有の思考様式に応じて、使用可能な言葉が集められ、特定の言葉が語られたり記されたりする（フーコー 一九七九）。国民精神という観念は大和魂、日本精神、国体などといった概念を、特定の言葉を配置しながら作り出していく。この言葉の配置とその時代性をまずは探っていきたい。

ある種の言葉を排除したり、制限したり、さらには占有したりすることによって、特定の言葉の束は創り出される。そしてこの言葉の束はつねに外側に、つまりそれを取り巻く社会に向かっていくのである（フーコー 二〇一四）。集められた言葉が社会に広がりながら、類似した言葉を別の人にも語らせたり記させたり、さらに重要なことは社会的な全体性をも作り出していくのだ。そこで問われるべきは大和魂や日本精神などといった言葉を配置し管理する力とはどのようなものであり、またこの言葉がその管理する力能を持つ社会をどのように再構成するかということである。

ここで言う「力」はたしかに言葉を管理するのだが、それは決して外部から人びとを抑圧するだけではない。むしろ人びとは語り、記すという言語活動をとおして自分自身でこの言葉を産出する。すなわちその人自身がこの力の源泉となる。力は上からだけではなく、人間の内部からやってくる（フーコー 一九八六）。国民精神や大和魂は多くの人たちによって多様なメディアにおいてきわめて雄弁に語られ記される。もちろんその言葉の束は規則性を持っているのだが、規則がふさわしくない言葉の使用が抑圧し禁止する一方、その規則の中で積極的に語られる言葉は規則自体をずらしていく。

さらに、言葉の束は力と結びつきながら、さまざまな制度を立ち上げる物質性を有している。ある言葉と事物が特定の力関係のなかで結び付いて「記号」となるのであり、本書では大和魂や日本精神を象徴する事物（神社、遺跡、展示物など）の作られていく過程をつまびらかにする。この事物はまた、人間の視覚や触覚などを刺激しながら人びとに特定の考えを伝えていく。そうした刺激が人びとを「国民」へと化していくのだ。

人間はつねに理性的にものごとを思考し判断しているだけでなく、自分のなかに沸き上がってくる感情にも影響される。合理的な理性に対して、このような感情は二次的なもの、下位に属するものと長く考えられていた。しかし、現実に私たちは他人の表情や感情などから刺激を受けてその人を評価したり、メディアで流される画像や映像に刺激を受けて瞬間的にあることを決定したりしている。すなわち、私たちはときに人と物によって刺激を受けながら物事を決定しており、決して「理性的な主体」ではないのだ（森二〇〇九、二〇一一、二〇一三）。これを「情動《アフェクト》」という。

人間は語る快楽をとおして自らを主体として産出するように、事物もまた国民を産出する。そうであるなら、言葉を用いる人間だけでなく、物、生き物、視覚イメージの持つ社会的な力もまた吟味されねばならないだろう。本書では視覚的装置やスペクタクル、資本による娯楽イベントや健康という身体的快楽、さらに映画やアニメをとおした国民精神や大和魂の表現にも目を配っていきたい。

本書を進める前に

通時的にではなく、諸側面に応じて各章がまとめられているため、本書でとくに取り上げる事象を先にここで記しておきたい。本書では大和魂を体現した人物として楠木正成《まさしげ》、日本精神を体現した人物として弘法大師が評価される様子を詳述する。それ以外にも大和魂や日本精神を体現したと賞賛を受ける歴史上の人物、あるいは軍神たちは存在した。もちろん個々の人物の生い立ちや所為は異なるのだが、どの人物を賞賛するときにも、その語り口や強調点は驚くほど似通っている。これこそが先に述べた言葉の収束化・構造化であり、拡散である。

楠木正成の生涯を詳しく記したものに『太平記』がある。これは彼と彼の依って立った南朝に偏ったストーリーであるのだが、この物語を基にする楠木正成の「解釈」が近代において施された。その『太平記』によると、現在の大阪府千早赤阪村に生を受けた楠木正成（一二九四〜一三三六）は、鎌倉幕府の打倒を目指した後醍醐天皇のもとで功績をあげる。倒幕後に足利尊氏をはじめとする武将が報償への不満から北朝を擁立する中で、楠木は南朝に残り悲劇的な最期を遂げた。父の死後、正成の妻である久子は息子の正行《まさつら》を教育し、この正行も父親と同様に南朝側に立って悲劇的な最期をやはり遂げるというものである。彼らは「忠臣」と称えられ、その美談と忠誠の物語は江戸時代末期よりとりわけ強調されるようになる。南朝の側に立ち、のちに勝利する北朝と戦ったため、死後の楠木は「朝敵」とされたが、一六世紀半ばに天皇の勅免によって正成は朝敵ではなくなる。明治時代以降、正成は「大楠公」、正行は「小楠公」と呼ばれた。一九三四年にはいわゆる建武の新政から六〇〇年の経過を記念して建武中興六百年祭が行われ、翌年の一九三五年に楠木の死後から六〇〇年を記念する大楠公六百年祭が、大阪朝日新聞社や神戸新聞社、さらに神戸市によって開催される。本書ではこれらのイベントに注目する。

弘法大師（七七四〜八八五）は僧名を空海とする平安時代の僧侶であり、真言宗の宗祖である。その死後に醍醐天皇に諡号《しごう》として「弘法大師」が与えられた。明治時代以降に国家元首となった天皇によりその名を与えられたことのほか、民間信仰レベルでも「お大師」として親しまれていたため、空海ではなく弘法大師の名が本書で紹介するイベントにおいては用いられた。弘法大師は中国の唐への留学によって真言密教を習得し、それを日本に持ち帰った。同時に、いろは歌の創作者であると伝えられ、書の名人でもあった。広く信仰を集め日本各地に彼にちなむ伝説が残っているが、幕末から明治時代にかけて日本の純粋文化が希求され廃仏毀釈《はいぶつきしゃく》が生じると、日本に外来宗教を持ち込んだ人物として批判を受ける。弘法大師のほかに聖徳太子もまた同様に批判を受けるが、第二章で詳述するように両者の評価は、二〇世紀に肯定的なものに変化し、一九三四年、弘法大師の日本文化への貢献を称える弘法大師文化展覧会が大阪朝日新聞社によって開催される。なお一九三六年には聖徳太子を称える飛鳥文化展覧会が開催された。

なお本書では、さまざまな書籍や新聞記事などの引用を行っている。読みやすさを考慮し、引用文の旧字は新字に改めている。現代の常識からすれば差別的あるいは不適切な表現も引用文には散見されるが、歴史を提示するためにあえて手を加えずに提示することにした。もちろん、本書はこうした差別や人種主義に与するものではない。

第一章　大和魂の近代性と言語

一　大和魂とは何ぞや

大和ごころから大和魂へ

大和魂は紫式部の『源氏物語』まで遡ることができると言われている。ここで漢詩や漢文といった中国の学問的知識を意味する高尚な「学」に対して、世俗的な世才俗才が大和心だとされた。この大和心は、江戸時代に国学が興隆したとき、民族固有の精神性を意味するようになったのである。

さらに時代を下り倫理学者である和辻哲郎（一九三四）は「日本精神」というエッセイに次のように書き付け、国学と民族精神論との関わりを指摘する。

日本に於ける近世の国民的自覚は、先づ伊勢神宮の崇拝を地盤とする国学の勃興に芽生え、欧米の資本主義の圧迫、幕府政権への反抗などによって激成せられた。「大和ごころ」「尊皇攘夷」といふ如き標語がこの時期の国民的自覚を云ひ現はしてゐる。次で日清日露の戦争を中心とする時代に、欧米の植民性格の圧迫が再び国民的自覚を燃え上らせた。その時代の標語が「大和魂」「忠君愛国」などである。その後日本が急激な資本主義的発展を経た後に、満州事変と国際連盟の圧迫とによつて呼び起こされた国民的自覚が、今や「日本精神」の標語によつて云ひ現はされてゐる。（六頁）

日本国民としての自覚は決して昔から存在したわけではない。それは国学の勃興以後に次第に形を整え、そのなかで、日本国民の性向が「大和ごころ」「尊皇攘夷」から「大和魂」「忠君愛国」を経て、「日本精神」という名前で表現されてきたことを彼は指摘する。しかも、この国民の自覚と国民の精神性はつねに同じ強度を保ったわけではなく、さまざまな社会的危機に際して強まった。

「大和ごころ」と国学との関わりを示すのは、本居宣長による「しき嶋のやまとごゝろを人とはゞ朝日に、ほふ山ざくら花」という歌である。「しき嶋」は大和国の枕詞「敷島」であり、日本国の別称でもある。本居は『源氏物語玉の小櫛』において「ざえ（才）」と源氏物語内で呼ばれる中国からの学問について、うわべをつくろい飾って偉そうに作為してあるもの、対する日本の物語について、人間の心情の機微を粉飾せずに書き表してあるものと主張する。「もののあはれ」と表される日本人の持つ調和的情趣で「やまとごころ」と「朝日」「山桜花」を結びつけたのがこの歌である。重要なことは、本居の歌が、後に語られるような、桜の散り際と命の散り際の美しさを結びつけるものでは決してないことである。

大和ごころから大和魂への変化は、江戸時代末期に松下村塾を開塾し志士たちを育てた尊皇論者、吉田松陰の記述からうかがうことができる。彼は『留魂録』に「身はたとひ、武蔵の野辺に朽ぬとも留置まし、大和魂」という歌を書き残している。黒船や蒸気船に乗ってやって来る西洋諸国を、命惜しまず打ち払う気概を大和魂と考えていると言えるのではないだろうか。

儒教思想や復古神道思想に基づいて展開したこの思想では、日本なるものの自律性が前提されている。吉田の歌で興味深いことは「大和」と「魂」という言葉の暗示する意味である。「大和」は日本固有なもの、日本的なものである意味で用いられる。しかもそれは古来受け継がれてきた本質的な実体であると前提され、西洋と対比されることで強調されるのである。女性的な「心」から「魂」に変わることで、今度は大和魂の男性性も強調される。こうして日本の自律性を脅かす異なる敵と命を賭して戦うことが、日本的なるものと重ね合わされていった。

大和魂と忠臣の英霊

日本人の大和魂という概念が鋳られるこの時代、「英霊」という概念も生み出されていく。英霊は天皇に、そしてそれが統べ治める「国家」に忠義を尽くし、それらのために戦い、落命した忠臣の霊として概念化された。すなわち、大和魂を持った者たちの死後が英霊となると考えられた。大和魂、忠義、英霊は相互に関連づけられ、後に見るように明治時代以降の教科書などで日本国民の目指すべきモデルとして提示されていくのである。

これらは「国家」が存在しなかった時代における天皇や主君への忠義の事例を寄せ集め、それを天皇が統治するようになった明治時代以降の国家にスライドさせる、という作業によって作り出された近代の産物である。靖国神社敷地内にある遊就館において現在、吉田とともに志士として紹介される水戸藩の藤田東湖は『正気歌《しょうきか》』において「英霊」の概念を提示した。これが明治時代以降の日本国家によって積極的に利用された。

『正気歌』は藤田が幼少期に父親から聞かされた南宋の文天祥の正気歌をアレンジしたもので、そこで彼は時代を貫く忠孝と誠の精神性を想定し、しかもそれを日本と結びつけている。藤田はその上で、中臣鎌足、中大兄皇子、和気清麻呂、北条時宗、楠木正成、新田義貞などこの神国を防衛し、天皇に命を捧げた人たち、赤穂四十七士のような主君に忠義を尽くした人たちの功績を称えながら、「乃チ知ル、人ハ亡ブト雖ドモ　英霊ハ未ダ曾《かつ》テ泯《ほろ》ビザルヲ」と彼らの功績は「英霊」として永久に滅ぶことがないと言うのだ。忠義を尽くして死んだ人の霊はここで初めて「英霊」と呼ばれるようになる。こうして英霊概念が藤田によって作り上げられていくのである。これらの霊は「死テハ忠義ノ鬼ト為リテ　皇基ヲ極天護ラン」と、死んでも鬼となって皇室を護るのだと言う。

忠孝、忠義、誠。日本における歴史上の人物の営為から藤田はこの清廉な精神を抽出してみせる。中国の歌を日本流にアレンジしなおすことで、日本的な精神の時を経ても絶えることのない脈流を提示する。それは、異国船による開国要求という外圧に屈したり汚されたりすべきでない「日本的なるもの」の案出が必要になったことと関係している。

藤田の英霊論を支える忠義とはいったい何か。日本思想史の研究成果から江戸時代における儒教と忠孝の関係を簡単にまとめておきたい。「忠孝」は「忠」と「孝」から成る。儒教においては、「孝」は血縁道徳の基軸であり、子の父に対する関係や先祖祭祀の在り方を律すると同時に、父子に限らず全人倫を律し、さらに広く宇宙的な原理ないし理念として捉えられる場合がある。したがって、主や国に対する忠義を意味する「忠」よりも孝が優位すると原則的には考えられてきた。ただし、江戸時代の儒者の間では、忠を優先することが大義であるという考えもあった。この場合、孝行の場である家が、主君への奉公、すなわち忠のための目的団体だと考えられていたのである（石毛・石田 二〇一三）。すなわち、江戸時代の武家社会では君臣関係が擬制の父子関係と捉えられることで、忠は孝に優位するようになった。とりわけ、幕末の動乱期に、国学を推進してきた水戸学が忠誠の対象を主君ではなく、朝廷、すなわち天皇に転移させることで、人心の国家への収斂を強調して説いていった。そして、明治時代に明治政府は忠孝道徳を国民道徳の根幹に据えたのである（子安 一九九八）。天皇を父、国民を子とする家族制国家（伊藤 一九八二）はこのような忠孝論の一つの成果物なのだ。

忠孝の近世から近代への思想的展開を駆け足で見ることで明らかになるのは思想や概念の時代性である。つまり、思想や概念の本質論とは別に、それらが特定の時代の社会背景の中で、ときに改善され、接ぎ木され、あるいは大きく意味が変えられる。

話を戻せば、吉田松陰が大和魂という形で概念化したものも、藤田の英霊もともに幕末期というこの時代の文脈における産物であった。それは西欧や中国との対比を通した、日本独自のものの希求の一つの帰結である。その時代限定性は、明治時代にて積極的に国家によってこれらの概念が具体性を持つものとして流用されてゆく中で、普遍化されていくのだった。

二　明治時代における「新」大和魂

幕末に形をなした大和魂は、文明開化により西欧文明を目指す明治時代の初期には、いったん後景に下がる。この時代、欧米列強は大和魂でもって対抗すべき敵ではなく、模範にすべきモデルだったからである。そのため、日本の独自性を主張する「国学者たちの個別主義」を脱して、普遍主義である欧化政策、すなわち文明開化を推進した（西川 二〇〇一：一七〇頁）。また外国との対立よりもむしろ、維新政府軍と旧幕府軍との間で繰り広げられた戊辰戦争（一八六八～六九年）や西郷隆盛による反乱の西南戦争（一八七七年）などが国内で起こっており、同国人で戦う時代にあっては、日本人独自の精神性が強調されにくい傾向にあったこともその要因に考えられる。

しかし一八九〇年代になると大和魂への言及が散見されるようになる。その理由は一八九四年八月から翌年までの日清戦争である。ただしそれまでに、幕末の尊皇思想における大和魂を引き継ぎつつ、それが一八八〇年代半ばに鋳直されていく過程がある。すなわち、明治二〇年代に入ると、幕末期から明治初期のときのように再び日本国民を統合する必要にせまられ、また大日本国憲法（一八八九年）、教育勅語（一八九〇年）の発布において万世一系の天皇と日本国統治が結びつけられると同時に、忠孝の精神を国体とする国家的な制度化にともない、その中で日本の特性や伝統が再発見されたのである。この一八八〇年代、nationality の翻訳語に「国粋」や「文化」が用いられ、西洋と異なる日本の特性が見いだされ「伝統」として語られた（西川 二〇〇一）。こうして形成された日本人論や日本論、日本文化論において、大和魂もまた日本の伝統的な心性として見出された。大和魂は日本国民の精神性とされ、明治天皇は大和魂を言祝ぐ歌を詠んでいる。「くろがねの 的《まとい》射し人も あるものを 貫きとほせ 大和だましひ」という歌は、初志貫徹の強い意志を日本人の精神性に重ね合わせるものだ。

このことを当時の雑誌記事から追っておこう。一八八八年に創刊された日本初の少年雑誌『少年園』三巻二八号（一八八九年）の「新大和魂」（筆者不明）という記事は「近来西洋主義が種々失敗してより、其反動は大和魂主義となり、昨今は国学者めきたる人が頻りに世にもてはやさる、勢となりたり」（二〇九頁）としている。ただし記事は続けて、「さりながら我々は此の国学者流の人々に、此の日本の文明を托し置きなば、西洋の文明と肩を並べて優勝劣敗の戦場に馳騁し得るに至るや如何は頗る不安心に思ひます。大和魂主義は誠に其精神桜花の如く美なれども、立憲国の日本は旧大和魂を以て組織すべからず」

と、旧来の大和魂をそのまま持ち込むべきではないと警告する。ここでは「鎖港的」と「開港的」、「野蛮的」と「文明的」、「保守的」と「進歩的」、「老成的」と「少壮的」と、旧来の大和魂を対比させながら、「新大和魂」の必要性を説く。

新大和魂とはいったい何なのか。「立憲国の日本」という以外は具体的に言及されずに終わっている。「立憲国の日本」という物言いには、この記事が発行された一八八九年に大日本帝国憲法が施行されたことにともない、近代的な国家整備が完了し、西洋諸国に日本は比肩したのだという筆者の強い自負が見て取れる。それゆえ、保守的でも、老成的でもない新大和魂の必要性が主張されたのだと考えられる。

当時の日本が置かれていた政治的状況をもう少し見ておこう。江戸末期、一八五八年に欧米諸国と結んだ不平等条約の改正を目指し、西洋の文明レベルに到達することを旨とする欧化主義の中で、一八八三年、東京内幸町に洋風建築の社交クラブである鹿鳴館が建設された。そしてこうした欧化主義を物質的な豊かさを重視するものとして眉をひそめる人びとも現れた。「新大和魂」の記者は、こうした社会的潮流を「流行の弊」（一〇八頁）、西洋主義の「種々失敗」（一〇九頁）と呼ぶのである。そして、西洋にはないものを持つ、西洋とは異なる日本を提示するときに取り上げられるのが「大和魂」なのだ。

大和魂の近代性

近代国家日本において再注目された大和魂は、幕末期のそれよりも国家的統合性と男性らしさを明確に打ち出す。それは国家や男性性は近代的な概念であり、しかも大和魂の称揚は国家の防護という視点からなされたものだからだ。

まず男性らしさと大和魂を結びつける記事を見ておこう。一八八六年に岸田吉之輔の編纂で出版された唱歌集『書生唱歌』には九つの歌が掲載されており、編纂者岸田自身による歌はない。この歌集の最初に掲載されているのが鷺城生なる人物による「大和魂」であり、彼は「兵士の歌」も作詞している。『書生唱歌』の序文で鷺城生は、

今もし男子に女らしき柔弱無気力の風ある時ハ、之を謠うて知らず〳〵勇進活発の本性に復し、また女子に男らしき生意気出過の風ある時ハ、また之を謠うていつのまにか温順柔和の美徳にうつらしむるが如き効また大なるべし、

と記している。ここでは勇進活発を本性にする男らしさと、温順柔和を本性にする女らしさが対置されており、この歌集の歌がその二つの「らしき」ものを回復すると主張しているのである。

鷺城生による「大和魂」の歌詞は次のとおりである。

敷島の、やまとの国の大丈夫《ますらを》よ、勇気張りたてしりぞくな。
身にたくはふる真心は天のあたふる光なり。
その照る道にむかひゆき、誠をまもり義をつくし、
たゞ質樸を鎧とし真の名誉を的とせよ。
柔弱卑怯ハけがらはし、細行多言は恥のたね、
やまとごゝろを備へたる日本男子ならず。
ものを言ふなら心から、事をするなら身をすて、

あとさきかまはず真直に、ますら武夫が戦場で
降りくる矢玉の中にたち　血ぬりし刃をうちふりて敵おひ掃ふ如くせよ

勇気、誠、義、質樸、率直が大和魂の要素であり、柔弱卑怯、細行多言は恥である。捨身の行為で、刀を振り抜いて敵を追い払うことが、大和魂の現れとなる。このような勇猛さが日本国家を守るというのだが、ここに記されている「降りくる矢玉」というのが、どこの誰から来るのかは不明である。

この歌に続く「兵士の歌」では、「命をすて、義をとりし忠臣義士のてがらにて開化に進む日本国」の権利を奪い名誉を犯す「卑怯未練の外道」たる「異国の毛頭人」が登場する。大和魂はこのような外敵を打ち倒す精神性なのだ。歌詞には外敵を「うち殺し、日本武士のてがら見せ」「名をあげよ」とあり、「異国の毛唐人」への激しい敵意が見て取れる。

この時期の大和魂論に一定のインパクトを与えた人物に、国学者であり歌人でもあった黒川真頼がいる。東京学士会会員であった黒川は、会院において大和魂に関する演説を行った。黒川は「優美ナル者ニテ桜ノ咲キテ旭ニ映スルガ如シ」と大和魂を考えることは「誤リモ甚シト云フベシ」（黒川 一八八七：四頁）と主張する。そして大和の国において魂は荒魂《あらみだま》（勇猛心、凶暴心、邪心などを含む）と和魂《にぎみだま》（柔和心、慈悲心、善心など）が存在してきたのであり、これら二つを大和魂と称するのは応神天皇の中世以降であると説明する。黒川が注意を促すのは、大和魂は「学事（漢学）に対していふ」ことであり、「学問力にあらずして活動する魂の名」（黒川 一九一一：一四頁、傍点は引用者）であり、「世才」「俗才」（一六頁）であることである。頭でっかちにならず、荒魂と和魂の二つを活かしながら活動する魂が本来の大和魂の意味であり意義である、しかし近世に外邦人とは異なる魂や気質を指す語に転じてしまったため、「甚だし

き誤を生じた」（黒川 一九一一：一六頁）とするのが黒川の演説であった。

今度は山形県の岡部富之助の「大和魂」（頴才新誌六六二号、一八九〇年）も見てみよう。岡部は大和魂とは何ぞやと筆を振るう。彼によると、正義、栄誉のために命をかけることが「我神州ノ元気」として備わっている。これまでこの小さな国は何度か他国からの攻撃を受けたが

常ニ我ガ兵一ヲ以テ百ニ当リ、千百倍ナル明《みん》ノ大国ヲ蹂躙シ、殆ント之ヲ覆シ、優美ニ廉傑ニ剛毅ナル大和魂ヲ鴻毛ヨリ軽クシ、奮戦シタル忠臣義士、楠新田ノ輩赤穂四十七士ノ輩アリ、（中略）誠ニ大和魂ノ盛ナル一般ヲ知リ得ベキナリ（五頁）

と続ける。すなわち、大和魂は優美で廉傑で剛毅な心性であり、それが歴史上の忠臣たちによって体現されてきたというのである。しかし、この日本人が当然持っているはずの「大和魂ノ幾分ヲ喪失」する事態に陥っていると筆者は警鐘を鳴らす。なぜ喪失の危機に直面しているのか。それは「大平《ママ》三百年、国民悉ク大平《ママ》ニ馴レ」ていたからである。平和ぼけした日本は、「其元気タル大和魂ノ幾カヲ、喪失」し、開国を迫る「外国」との戦いに敗れる。「外国ノ侮ヲ受ケ」「国体ヲ辱シメ父祖ノ美名ヲ汚シタル実ニ大罪」を犯すことなのだ。

ここからは大和魂の欠損に対する強い危機感を読み取ることができる。その大和魂は平和とは対極の状況、つまり戦闘状況にあるからこそ維持できる。その状況にあって維持される優美で廉潔で剛毅な心性とはいかなるものなのだろうか。そのことの具体的な内容について筆者は語ろうとしない。

三　自然・特性としての大和魂

地理的特質と精神性

他国民と一線を画する日本人独特の性質は、日本の地理的特質と結びつけられることで、いっそう本質化される。その例を一九〇〇年に国光社が発行した『日本教育の大本』に見てみよう。この本の第二章「地理上の基礎」は「地を離れて、国家あることなく、地を外にして、歴史あることなし。大地は、実に、人類、生物のこ、に始終するところなり。」（八頁）という文章から始まる。つまり、大地の状態（地理）が国家や歴史に特殊性を与えると主張するのである。そのうえで、

天地正大気、粋然鍾神州とは、単に詩人誇張の言にあらずして、我が国風光の秀美は、実に世界に冠たるべき実質を具へたり。この、地理上自然の秀美は、磅礴《ほうやく》して、日本特殊の美術となり、以て、現今宇内の美術界に、一頭地を抜けるものなり。

と、日本の美術と秀美な自然を持つ地理的特性とのつながりが主張される。ただし、日本の「地理上自然の秀美」に関する具体的説明はなされない。

次に、一八九四年に出版されるや否や圧倒的な熱狂を以て愛読され、一五版まで版を重ねた志賀重昂の『日本風景論』を見てみたい。志賀は一八八八年に保守系雑誌『日本人』の立ち上げにも関わった人物である。日本文学の古典を引用することで、客体としての自然の美を情緒的に評価するこの書は、当時の日

本人の国家アイデンティティを強く刺激した。志賀は緒論において、

しかれども日本人が日本江山《こうざん》の洵美をいうは、何ぞただにそのわが郷にあるをもってならんや、実に絶対上、日本江山の洵美なるものあるをもってのみ。外邦の客、みな日本をもつて宛然現世界における極楽土となし、低徊措くあたわず、(中略) 想う浩々たるたる造化、その大工の極を日本国にあつむ、これ日本風景の渾円球上に絶特なる所因、試みに日本風景の瀟洒、美、跌宕《てつとう》なるところをいうべきか。(志賀一九三七：二一八頁)

と、日本の美を無条件に賞賛する。その中で「花より明くる　三芳野《みよしの》の　春の曙みわたせば　もろこし人も高麗《こま》人も　大和心になりぬべし」という頼山陽《らいさんよう》の句も紹介する。日本の美の理由として、(一) 日本には気候、海流の多変多様なること、(二) 日本には水蒸気の多量なること、(三) 日本には火山岩の多々なること、(四) 日本には流水の浸食激烈なること (二四頁) を挙げる。つまり、生物、植生の多様さと大地のダイナミックさが日本の自然美を作り出しているのである。それは、日本三景や近江八景のような詩歌の世界と結びついて審美化された静的な風景観と対極をなす。

その多様さ、ダイナミックさが日本人の精神性を作り上げる。たとえば気候の多様さは静物や植物の多様さをもたらす。美しいがすぐに散ってしまう桜花に対して、

松柏科植物はしからず、ひとり隆冬を経て凋衰せざるのみならず、矗々《ちくちく》たる幹は天を衝き、上に数千鈞の重量ある枝葉を負担しながら、孤高烈風をしのぎて扶持《ふち》自ら守り、(四四頁)

と、温帯の国土の至る所に見ることのできるマツやヒノキの力強さを讃える。土壌の質が悪くとも、「断岸絶壁石面稜層」（四五頁）の上にも根を張る。ヨーロッパ人の性情と森林との関わりを引き合いに出し、志賀は日本が「松柏科植物に富むこと実に全世界中第一」（三六頁）であり、「日本は「松国」なるべし「桜花国」と相待たざるべからず」（四六頁）と、日本の自然風景と民族精神とでもいうべきものを結びつけるのである。

素朴さ、不規則さ、力強さの美は、その後の火山岩や浸食地形にも見いだされる。火山岩による浸食地形は中国やイギリスにおいて見ることのできないものだという。そしてこの審美観は、自然の風景に男性性を見いだすことによって成立する。どのような風景や自然をどのように評価するか。それは決して普遍的ではなく、特定の時代の解釈である。近世の静的な女性的な自然・風景観から、近代の動的で男性的なそれへの変化を志賀の『日本風景論』ははっきりと示す。この中で男性的な国民精神と地理的特徴は結びつけられていった。

時代が下って一九三五年、小説家の寺田寅彦は、日本の自然は基本的に温帯という気候と深く関係することで、世界的に見ても独特さを有するという。日清戦争以後に獲得した樺太や台湾の気候はここでは考慮されない。そして日本という国土において温帯は温暖な地から寒冷な地にいたるまで、多様な気候をもたらす。また、四つの季節に分けられ周期的に異なった相貌を見せる。温帯については

温帯に於ける季節の交代、天気の変化は人間の知恵を養成する。周期的或いは非周期的に複雑な変化の相貌を現はす環境に適応する為には人間は不断の注意と多様な工夫を要求される（六頁）

と温帯が人間の精神性や技術性の発展に寄与することをほのめかす。

しかも他の温帯気候を持つ国と違い、海で囲まれ大陸と隣接していない日本には独特の地理的特徴があると言い、その例として雨の降り方とそれを指示する名称の多様さを挙げる。春雨、五月雨、しぐれ、花曇、霞、などである。したがって同じ温帯であっても中国と日本は「決して余り近い人種ではないやうな気がする」（三二頁）。このように他国との対比をとおして日本の自然の多様性が指摘される。

さらに、日本の自然の荒々しさにも言及する。すなわち台風、地殻運動、火山、地震、津波が取り上げられ、「動かぬもの、譬へに引かれる吾々の足下の大地が時として大に震へ動く、さういふ体験を持ち伝へて来た国民と、さうでない国民とが自然といふものに対する観念に於て可也に大きな懸隔を示しても不思議はない訳であらう」（九頁）と、自然の美と動的な大地の因果関係、そしてそれを経験してきた人びとの感性の特殊性へと話が膨らむ。日本の山水美もまた火山と関連付けられ、国立公園に推薦された風景のうちの多くが火山活動の産物であるとも説明される。そしてその火山は、植物の生命を育む土壌の回復に寄与する。

日本独自の精神性は、西洋的な一神教とは異なり、多様な自然の中にいくつもの神を見いだす。「山も川も樹も一つ〳〵が神であり人でもある。それを崇めそれに従ふことによつてのみ生活生命が保証されるからである」（二四頁）。人間が一ヵ所に定住するなかで鎮守の社も建てられる。このような物言いは神道が近代に国家的に作り替えられた事実に目をつむっている。

こうした日本の自然的特性は日本人の精神を単純に構成したわけではないと論じたのが、哲学者の和辻哲郎である。彼は後述する日本精神について次のように記している。

だから根源的には精神はまた生ける主体的なる物質でもあるのである。個人の立場に於て主体的なる肉体と呼ばるゝものが、主体的民族にとつては主体的なる風土自然に相当する。だからこそ精神は物質的なるものに於て己を現はし得るのである。もしこのやうな、己れを絶えず客体的な姿に実現して行くものを、――即ちそれ自体は決して対象たることなくしてしかもたゞ対象的なるものを通じてのみ己れを我々に把握せしめるものを、精神と呼ぶのが正しいならば、生ける全体性としての主体的民族をこの名によつて呼ぶことは決して不当ではない。（二二頁）

精神や民族性といった主体的なものは、客体である身体や風土自然をとおして姿を現す。自己が、民族が、対象にある働きかけをなし、そこに投影された自己の姿を確認することで精神が鍛造される。これはある意味で近代的な主体である。自然という客体と自己の止揚によって精神や悟性が高められるというロマン主義である。これは彼のドイツ哲学という思想的背景を考慮すれば当然のことであろう。

四　渦巻く概念たち

大和魂と武士道

大和魂という精神性は日本の地理的環境との関係性が強調されることで国民精神として本質化された。もちろんこの概念を主張した者たちには特定の思想的、理論的背景があってそこからそれを語ってきたのであり、その論調に偏りはある。にもかかわらずその論法には多くの類似性が見られる。これは彼ら彼女らの論法が時代に条件付けられているからである。何を、どのように語るか、語ることを欲望するかというのは社会的産物であり、これを言説という。ある時代条件において国民精神という中心観念の周辺に言葉と人が集められてくる。言葉は「大和魂」に収束する。そして武士道、日本精神、国体もまたそれぞれの時代的文脈において作られたものだが、それが国民精神の周りに集められていき、形を改変されていくのだ。

どのようにそれぞれ異なる概念が作られていったのか。まずは武士道を見てみよう。大和魂と武士道の類似性と差異を語った人物に、日本史研究者であり歴史地理学者でもあった大森金五郎がいる。彼は次のように記してある。

さて大和魂と武士道はどう云ふ風に異なるかと言ふに、近頃佐々木伯爵も、国学院で精しく陳べられた通り、大和魂は日本の魂と云ふことで、即ち日本人の尊王愛国の精神を指して云ふのであツて、是れが本である。武士道と云ふは源平時代から、大和魂が多くは武士によツて顕はされた、武士道と名付けたのである。世には大和魂や武士道は源平時代から始まツたやうに考へるものがあるが、是れは大なる間違で、我国建国の初めから、此の精神は既にあツたのである。(一九〇六：四五―六頁)

つまり、大和魂が本来のものであり、それが武士に現れたものが武士道であるとする。その大和魂は尊王愛国、つまり天皇を敬い、国を愛する精神であるとする。その精神は「我国建国の初め」から存在するという。

日本の建国の初めはいつなのだろうか。大森は万葉集に収められた大伴家持の武勇に関する歌に注目する。曰く、大伴氏は「天孫降臨のときに御伴をして来た天忍日命《あめのおしのびのみこと》の子孫であツて、代々武の家筋であツた」（四六頁）、その大伴氏が仕えた神武天皇の時代から大和魂があったと主張する。この国ができたときからある精神が存在した。それは「国民一般が忠勇の心に富み、兵卒や婦人迄が中々愛国心に富んで居た」（四九―五〇頁）ものである。これが大和魂である。それが武士勢力の拡大にともなって「武道を研ぎ胆力を練り、卑怯未練を恥ぢ、廉恥を重んずるやうな風が一層際立ツて来た」（五〇頁）。これが武士道である。したがって、国民全員が持つ大和魂と武士が持っていた武士道は決して同じではないと言う。

しかし明治時代においてこの二つは同一化されていく。

それから御一新の後に至りては、全国の小学校より各種の学校に至る迄、忠君愛国の主義を以て教育せざるはなく、且つ教育も次第に善く普及して来たから、古来本邦に特有であツた所の大和魂（即ち武士道）は益々、発揮せられたのである。（五五頁）

興味深いのは明治時代において大和魂は「即ち武士道」と読み換え可能であることだ。それは主君に奉じる武士道が即ち「忠君愛国」であるからである。主君から国家君主への忠誠の読み換えをよりはっきりと記しているのが「即ち忠君愛国の精神」「皇室を尊び、皇国を愛する精神」（二九頁）という言葉である。こうして日本が国民国家を立ち上げ、その頂点に天皇が立ったときに武士道は「即ち」大和魂となったのである。

和辻哲郎と日本の絶対精神

「日本精神」なる語は「大正十二、三年の頃より「社会教育研究所」の関係者の間に用ゐられてゐた」もので、「その後昭和五、六年の頃に至るまでは殆んど影をひそめて刊行物等にも余り見当らぬ有様」（文部省思想局 一九三五）だったという。例外は和辻哲郎の『日本精神史研究』（一九二六年）と紀平正美の『日本精神』（一九三〇年）である。大和魂はこの日本精神の「精華」とされ、その特質は「皇室中心、忠孝一心、忠君即愛国の精神」であると記されている。

一九三〇年代初頭に日本精神という語が急速に広まったのは、「国難」と関係する。すなわち一九三〇年のロンドン会議、翌三一年の満州事変、三二年の上海事変は「国民的自覚と挙国的団結とを促すことい よ〳〵急なるに及」（文部省思想局 一九三五：三頁）び、その自覚と団結のより所として国民的な精神が必要とされたのだ。

この日本精神をより抽象的に概念化した二人の人物を見ておこう。和辻哲郎と井上哲次郎である。先に紹介したように和辻哲郎は日本民族の主体性というのは、客体である自然を映し鏡のようにして見出されるものだと論じた。和辻は大和魂を日本の国民精神の発露とする考えを次のように批判している。

> もし「発露」を通じて日本精神を捕へるといふ仕方が正しいのであるならば、一般に日本民族の生活表現と見られるものはすべてこの「発露」でなくてはならない。その内の或ものを選んで他を捨てるといふことは、先入見なしにはなし得られない。それでは日本人の行為である限り政治家の収賄も事業家の詐偽も皆日本精神の発露なのであろうか。（一八頁）

ここで彼が問うのは、魂や精神の重層性である。大和魂や日本精神は戦闘において「発露」する。そうであるとして、その「発露」のしたには何があるのか。これは客体から主体を把捉するという彼の議論と関係している。

彼は大和魂の魂、日本精神の精神は「絶対精神」であり、それはどの民族も持っているものである。しかし、日本においてはその絶対精神が日本の特殊な歴史的条件において形成されてきたのだと主張する。「絶対精神がたゞそれぞれの特殊な民族精神として働くといふこと、即ち特殊的形態に於て己れを現はすのでない普遍的精神といふ如きものは単なる抽象的思想に過ぎぬ」（二二頁）と論じるのだ。その絶対精神は歴史や経済のあらゆる場面に現れているとして例を挙げるのだが、絶対精神自体はそうした客体的なるものに映し出されるものに過ぎず、結局のところそれが何なのかということは積極的に語られない。そして日本人はどんなに外国の真似をしても「日本的なるものの外に出ることは出来ない」（四五頁）とし、「それ〔日本精神：引用者注〕を実質的に捕えるためには我々は日本の精神史と風土学とを作り上げねばならぬ。」（四五頁）とさらなる研究の方向を示唆している。この和辻が『風土』を著すのは一九三五年のことだった。

井上哲次郎と日本精神の本質

西洋哲学を日本に紹介した哲学学者であり保守論者でもある井上哲次郎は一九三四年『日本精神の本質』（大倉廣文堂）で、日本精神を「日本固有の精神である、日本民族に本来備はつて居る一種特有なる精神」（一頁）とする。大和魂との違いは存在せず、日本民族固有の精神である日本精神もまた「何等偽や、邪悪《よこしま》な考を混入しない、純粋無垢の正直な一点の曇もなき朗かな精神を云ふ」もので「至誠の精神」（三〇頁）であると記すのである。

井上が最も強調するのは、日本が古来「神ながらの道」を伝承していることである。ここでいう「神」とは神道よりも広義であり、「自然界の威力の現はれ」、「祖先の霊」「当時の優れた人々」（一九頁）を崇敬したものである。古代の「神々しい雰囲気の中で生長し、宗教も、道徳も、政治も其の他総てのことが一緒になつて居つた時代、さういふじだいの気分が基礎根底を成して日本固有の道が次第に発達して来た」（二五頁）。それを神ながらの道と井上は説明するのだ。

神道よりも広義の神ながらの道。それは「凡ゆる外来思想を包容し得る性質」を持つのだが、ただ包容するのではなく「咀嚼し、同化し、而して創造する」（六五頁）ものでもある。そうしたあらゆるもの吸収しながら新たなものを生み出す力を持つ「日本民族固有の精神的活動」（七三頁）は、仏教、儒教、キリスト教などを咀嚼して我が物としてきた。

井上は個人の良心の危機を指摘しながら、国家、そして世界にまで次第にこの精神性のスケールを広げていく。まず個人を見ておこう。神ながらの道から「個人」は離れることができないと井上は記す。「道を離るれば人たることが出来ない」（七六頁）のである。しかし、欧米諸国の文化に付随して、青年や学生がこの「祖国の伝統的精神を侮るやうになつて来た」ので、「今日は最も此の「神ながらの道」を提唱し鼓吹する必要のある時代」（七九頁）なのである。こうして現代における日本精神の重要性がいっそう強調されるのだ。

この神ながらの道を歩む日本人個人の積分として国家が存在する。国家全体は、皇統が万世一系で、建国以来忠君の大義を継続していると指摘する。それは幾多の統一王朝が長い歴史の中で生じては滅んできた中国、あるいはギリシアの時代から戦争に明け暮れ国家が衰退してきた西欧とは全く異なる。「皇室を中心として君民一帯となつて国家の基礎を強固にし、如何なる国難をも克服」する「縦の統一」と、「国難があつた場合には全国民が皇室を中心として立派に挙国一致の態度に出る」「横の統一」（九四頁）を、神ながらの道の「御陰」（九四頁）で成し遂げてきたのだと井上は筆を振るうのである。

　個人と国家という全く異なる地理的スケールは、「神ながらの道」の一様態である「至誠の精神」（三〇頁）によって結びつけられる。しかも、これは日本だけでなく世界のあらゆる場所で、そして永久不変の価値を持つのだと井上は論じるのである。至誠の精神は日本という個別具体的な国家の精神を、時間と空間を越えた普遍的な価値にまで引き延ばしていくために重要となってくる。井上は日本精神を神道よりも広義だとしながらも、「天御中主尊《あまのみなかぬしのみこと》」という主に『古事記』における天地開闢《かいびやく》のとき、高天原《たかまがはら》に最初に現れた造化三神の一つの作用としてそれを説明する。この天御中主尊は国学者の平田篤胤によって宇宙を主宰する絶対神とされたものであり、井上と国学との結びつきをはっきりと示す論の進め方であると言えるだろう。この天御中主尊の目的遂行として「個人が集つて家族をなし、各家族が集つて国家をなして居る」（一三七頁）、そして「国家がやはり宇宙全体の目的を受け継いで之を世界の文化発展に対して遂行しなければならないやうになつて居る」（一三八頁）と、個人、家族、国家、世界を律する大きな力にまで日本精神を還元するのである。

国体の本義

　大和魂、日本精神、武士道らは日本の国がら、すなわち「国体」の現れである。国体とは、万世一系の天皇の日本統治を第一条とする大日本帝国憲法（一八八九年）、忠孝を国体の精華とする教育勅語（一八九〇年）の発布により立ち上がる国家体制的な側面と、それに対して立ち上がる本居宣長の言説にみられるような主情的な側面をあわせ持つ両義的な産物である。ここには、もののあわれという感覚的な事跡の中に皇祖神が与件として超越的に存在している。

米原謙（二〇〇七）に依れば、水戸藩の水戸学は、欧米列強が持ち込むキリスト教によって民心が惑わされてしまうことを恐れ、この宗教に対抗するために、国の体面という趣旨で用いられていた国体という概念を練り上げた。水戸学や国学は日本の国体の固有性を説く。この主張は大日本帝国憲法と教育勅語の発布を受けた志賀重昂と陸羯南《くがかつなん》によって、Nationalityの訳語としての「国粋」や「国民主義」をとおして言論化された。陸は福沢諭吉と同様に国家神道を非宗教とすることで、天皇と皇統神話を政治的、宗教的な議論とは別の場所に置き、それによって天皇を侵すことのできない神とする。この神によって作られた国民の歴史は、歴史研究であっても批判の対象とされるべきではないと陸は論じている。結果的にはこれによって国体は「天皇への密やかな一体化の願望と、見ることや近づくことの禁止」（一〇六頁）という両義性を帯びることになり、国体を論じることはタブー化していく。言葉が放り込まれることのなくなったこの国体観念は空虚であるがゆえ、それを覆い隠すためにさまざまなものと過剰に結びつけられるのである。それがあるときには偉人の所為であり、日本精神や大和魂でもあった。

この国体論は一九三〇年代にとりわけ活発に出版された。その理由は一九三一年の満州事変以後の戦時体制への傾斜と、その中での一九三五年の「国体明徴運動」がある満州事変後の一九三二年、文部省は「国民精神文化」に関する研究、指導および普及を目的として、直轄の研究・研修機関の国民精神文化研究所を設置した。こうして国体研究が国家レベルで着手されたその三年後の国体明徴運動では憲法解釈としての天皇機関説排撃を突破口として、個人主義、自由主義をも反国体的なものとして否定された。

ではこの時期の国体論とはどのようなものだったのか。一九三〇年代の国体論の一つが富山県出身の国語学者、山田孝雄（一八七三―一九五八）が著した『国体の本義』（一九三三年）である。彼は言語の形式ではなく言語の表す内容を重視する「山田国語学」を提唱する一方、一九一〇年の『大日本国体概論』（宝文館）出版以後、日本人の道徳観、思想史に関する著作にも筆を振るった。

山田は『国体の本義』の序論で国体とは言葉にすることのできないものだという。そうした説明できぬものをどのように論じるのか。山田はそれを国家の「国家の根本組織状態」（四頁）だと説明する。また彼は国体という語が「体」を含むことについて、人間の体は「人間精神の現はれたる一個の外形」（二五頁）であるとし、「国家を組織せる各個国民の精神が相依り相保ちて国家の精神をなすさまは、人間精神組織と似たり」（三六頁）とする。つまり、国家を一つの生命体とみなし、「生命そのものの根本をなす所の精神なるものが国家といふものを興」こしそれが国体というべきものとなる。「日本の国体は我等日本民族の精神の産物」（三七頁）なのである。

国体は日本だけでなく、あらゆる民族に存在する。それは流行に左右されるものではなく、「国民の恒常的な性格」（五七頁）である。ただし、それは国民精神の違いに基づき、相貌を異にする。その国民精神は、「その国家の存立する土地の状況、又其の四囲の事情又その民族が触接する他の国民又は民族の如何及び其の民族自体が経来れる所の国内の事情」によって形作られる。つまり、地理と歴史によって決定されるということになる。

以上のことを前提に日本の国体の本質へと論が進められる。山田は「わが国家は皇室を中心として国家及び社会の成立せるものにして、皇室が国家社会の組織の中心となりて存するものにして、ここにわが国体は、国家と皇室と国民とが一体なりといふことを見る。」（九三頁）と記している。ここでは皇室が国家を興し、国民を統べ治めてきたということ、皇室と国民の精神が同一であることが当たり前として前提されている。

ただし、これら三つが同じ位階にあるわけではない。天皇が中心に位置づけられる。この皇室を中心に据えた国家と国民の所与のつながりが、外国の国体から日本のそれを峻別する。外国においては皇室と国家と国民が一体ではないが、日本は一体であり続けたことが強調されるのである。この時間・空間軸のなかで、尊王、愛国、忠孝という道徳が共有されてきた。これが日本の「国体」を国体たらしめる。

この国民の精神性は普遍的である。少々長くなるが次の文章を引用しておきたい。


謹んで惟ふに、国民の一員たる個人には生滅あれども国民そのものには生滅なし。又惟ふに人の身体は死すれども思想は永久に生きて存す。更に惟ふに国家の悠久より見れば、千歳も一日の如く、神代また面のあたり之を見るがごとし。かくて考ふれば、わが国体に関する国民思想は永遠に滅ぶることは断じてあらざるなり。楠正成が兄弟相誓ひて七たび生れて君に報いむといひしものは即ちこの国民思想の普及の生命を語るものなり。（中略）かくしてわが国体はその根底たる国民思想とともに永遠にかはるべきものにあらざるなり。（一五三頁）

個人の身体は滅んでも国体、そして国民思想は死なない。それは永遠に受け継がれると言うのだ。一九三七年、先述の国体明徴運動を受けて文部省思想局が出版したのが同名の『国体の本義』である。この最初に「肇国」として「大日本帝国は、万世一系の天皇皇祖の神勅を奉じて永遠にこれを統治し給ふ。これ、我が万古不易の国体である。」（九頁）と記してある。国史を貫く万世一系の皇室によって統治される国の在り方を国体とし、その中で家族のように繋がっていく国家の在り方が真髄であると言う。こうした物言いはこれまでに確認してきたものとほぼ同一である。それは近代的な言説なのだ。

日本精神が海外のものを咀嚼する日本の技芸を賞賛したように、『国体の本義』（一九三七年）もまた日本の輸入の技法を称える。「今やこの西洋思想を我が国体に基づいて醇化し、以て宏大なる新日本文化を建設し、これを契機として国家的大発展をなすべき時に際会してゐる。」（一四八頁）とし、西洋からの実証科学を積極的に取り入れることを主張するのだが、闇雲にそれを行うのではなく「深くその本質を徹見し、透徹した見識の下によくその長所を採用し短所を捨てなければならぬ」（一四九頁）と注意を促す。すなわち国体を損なわせる西洋的な個人主義やマルクス主義、共産主義への強い警戒感を見せるのである。

五　戦争と大和魂

大和魂と西洋

第二節で、戦闘状況において大和魂の欠損が確認されるという主張を紹介した。これは、戦闘状況において発揮される大和魂という主張と表裏をなしている。この節では、戦争において強化される大和魂という概念を見ておきたい。

松本謙堂なる人物による『小学生徒演説』（一八九四年）の内容を確認しておこう。松本謙堂（仁吉）は大阪の出版社から一九世紀末に多くの著書を出していることから主に近畿圏で著作活動や講演活動をしていたと思われる。職業や肩書きは不明だが、最初の著書は憲法の注釈書であるものの、その後は日本の忠臣を紹介する『日本忠臣美談』（一八九二年）や『支那地誌要略』（一八九四年）のような日本の帝国主義、植民地主義を支える書籍も出版している。その彼が一八九一年（昭和二四）に弁士を招き、おそらく大阪府の小学生を前に一週間もの演説会を行った記録をまとめたものが、先に紹介した『小学生徒演説』である。

　そのなかに初日に演説された「日本人たるの魂を錬磨せよ」と「外国人の愛国心」がある。前者は「大和魂《こん》一郎」なるペンネームによって記された話。この演説では大和心や大和魂を「凛乎として犯すべからざる気性」（二二頁）とし、その気性は「忠義の志気」であり「命を少しも惜し」（二四頁）まないところにあるとする。そうした気性が発揮されるべきなのが国防であり、江戸時代の国防は士族が担っていたのだが、明治維新以後はすべての国民がそれを担わなければならないと説く。忠義の志気、命を棄てる覚悟とはまことに勇ましいのだが、ではいったい具体的にはどのようなものなのだろうか。大和によればそれは上古より次第に発達し、蒙古襲来での蒙古を恐れず忠義を尽くす武士などに現れており、「外国人を追払ふは一意国の為め」（二四頁）という心得である。日本という国を、命をかけて守ることが大和魂というわけである。

　この考えにはいくつかの前提が隠されている。第一に、日本という国が上古より連綿と続いて来たという前提。これは海に囲まれた島国という地理条件と相まって本質化されている。第二に、その上古から変わることなく存在した日本という国の統治者が誰であれ、その統治者に忠義を尽くす心性を日本人は持っているという前提。第三に、この首尾一貫した国と国民はそれ以外の国と峻別されるという前提。すなわち国も国民も自明のものとして前提されているのである。

　皮肉なことに、この自明のはずの国、国民、国民精神としての大和魂は、他のものとの対比や差別化がつねに必要である。たとえば、「日本人たるの魂を錬磨せよ」では朝鮮、蒙古、そしてさらに「西洋」という漠然とした「他国」が日本人とは異なる心性を持つ存在として描き出される。とりわけ、演説会開催時の日本に「西洋」がもたらした悪影響として、西洋への劣等感による大和魂の衰退が強調される。明治時代になり「利を先にする国柄」である西洋を模倣することでもたらされる禍は、未来の日本を担う少年たちが大和魂を養うことで乗り越えられるのだと主張するのだった。

ただし西洋への批判はまた、西洋へのあこがれでもあった。「外国人の愛国心」という別の講演には、西洋を模範として大和魂や日本精神を作り上げていく仕組みがよく見て取れる。ストーリーは日本で働くヨーロッパ人が雇用主である日本人に、もし自分の国で戦争が起こったら旅費などすべて自分で工面して戦場に向かい、「一発の砲声《てつぽうのおと》と諸共に唯一つの命を棄てねばならぬ」（一〇頁）と語ったというもの。雇用主は、日本は安全なのだからわざわざ戦争に行くことはないではないかと言うものの、ヨーロッパ人は「太平無事なる日本に居まして、安楽に暮すは甚だ喜しきやうにはありますが私の両親はか、る場合には迚《とて》も独り此の気楽な境涯に安んじることを許しませぬ」（一〇頁）と応じる。そしてこの演説者は最後にその愛国心を賞賛し、「皆さんお互に、此の外国人のやうに我日本国を愛するの心を益〳〵深くせねばなりますまい」（一〇―一一頁）と締めくくる。

この話には興味深いことが二つある。まず、文章はこのヨーロッパ人がいったいどの国の出身者か一切言及しない。漠然としたヨーロッパがここでは前提とされる。次に、このヨーロッパが日本人よりも強い愛国心を持っており、見習うべき存在として紹介される。日本が目標とする近代社会がヨーロッパとして表現され、そこに高い道徳性を見て、そこに到達しようと呼びかけられるのである。

大和魂と日清戦争

勇猛な大和魂は戦闘において遺憾なく発揮され、それが賞賛される。しかも戦闘は同じ大和魂を持つはずの日本人同士ではなく、大和魂を持たない外国との間で繰り広げられるべきである。日本は長く異国との本格的な戦争を行うことはなく、一八九四年七月から翌年の一一月末まで繰り広げられた日清戦争が近代国家日本として経験した外国とのはじめての戦争であった。清国に勝利したことには多くの理由があるが、民間レベルではこの戦争の勝利が大和魂によって支えられたことを主張する書籍が出版され、支持された。その一つの例として奥付では戦争中の一八九五年二月に発行されたことになっている鬼石学人の『支那征伐大和魂』を見てみよう。全六ページの薄いこの本は戦争の経過を記したのちに、戦争における日本兵と支那兵の態度や特徴を対比させる。

日本兵に関する記述をまず紹介したい。「弱邦朝鮮」を中国から守るべく立った彼らは「神州固有の大和魂仁義の 教《おしえ》を弁《わきま》へて、忠と孝との両道」(四頁)を尽くす。「手足も凍る雪の中、寒風身を斬る艦の上、薄き衣も君の為め、粗食も国の為なりと、尽《つ》くす勇武の働きは、鬼神を欺く猛勢《もうせい》」で敵を打ち破るのである。

中国はこの日本とは正反対の特徴を持つと記される。彼らが戦争するのは「欲の為め」「金ほしさ」であり、「命あつての物種」(五頁)と命をとして正義のために戦うことがない。否定的な特徴がさらに記される。「得意の法螺吹き」、泣いて降伏、その様は「屠所《としょ》の羊」のようで、日本軍に捕まると「大事な首と釣替の、償金出して命ち乞ひ」(五頁)をする。その臆病さは諸国の笑いぐさである。まだ続く。イギリスとフランスに敗戦して、香港を失った上に膨大な補償金を支払うことで国威は剥げ落ち、恥の上塗り。弱小な兵隊で「仁義に厚き我国へ、敵対せんとは生意気」であり、「世界の中心を謳って「中華々々」と仰山な、お名前ばかりは立派だが、連戦連敗知恵も出」（六頁）ない。さんざんな言いぐさである。しかしこの記述で興味深いのは、量の多さである。それは日本兵に関するものの約二倍に上る。すなわち、筆者の鬼石は、大和魂を賞賛するために、大和魂を持たない支那兵の欠点や否定的側面を記し尽くす。それによって、そうではない大和魂が言祝がれる。

この記述傾向は同時期に出版された別の書籍でも見られる。日清戦争中の年に出版された『日清交戦大和魂　三号』は、替え歌や都々逸で戦争における日本軍の活躍を賞賛し、中国軍の有り様をこき下ろす。日本兵は「君に命をささげ」（五頁）「勇み勇」（三頁）んで戦う。「キビスガンガン替歌」はこの日本兵と中国兵を次のように対比する。なお、文中の「豚尾《とんび》」は清国人の弁髪を豚のシッポと揶揄する言葉である。

国の為仮令（たとへ）屍わ野に晒すとも恥を晒さぬ日本胆日々にドン〳〵いかい戦争近来稀なる大勝利日本軍人万々歳でめつぼをかへにエライ〳〵愉快じゃオマヘンカ大きに御苦労さん
金の為つどひ集るアノ豚尾兵攻《せめ》りや忽《たちまち》地負け戦ジキニどん〳〵いかいやぶれ金穀兵器も捨て逃げ日本兵にわかなわんかいな大べらぼの意気地なし弱いぢやオマヘンカ（以下略）（五―六頁）

死を恐れず国のために命をかけて戦い大勝利を収める日本軍と、金を目的として戦うために戦局が悪化すると敗走する中国軍。前者は「愛国者」で強く、後者は「弱虫連」（七頁）。そしてやはり、中国軍の不甲斐なさや醜さといった否定的側面が、日本軍の肯定的側面よりも圧倒的に多く記される。「都々逸の部」に収められた一九の歌のうち、大和魂に関するものは「敵の弾丸なに負ふものぞ切て彼等の首を負ふ」（四頁）と「君に命をささげし銃《つつ》の先をあらそふ大和だま」（五頁）のわずか二つだけである。このような中国人の特徴付けによって、中国人の性質とは対極にあるはずの大和魂が、決して明確に定義されないままに、立ち上がる。

中国兵を揶揄するときに頻繁に見られるのが、彼らは国のためではなく、お金のために戦うというレトリックである。都々逸の部に掲載された「紳士紳商心に恥よ　車夫でも義献の金を出す」という歌は、明示されていないもののおそらく中国を揶揄する歌である。しかしここで批判されるのは中国そのものではなく、国の命運と金とを両天秤にかける心持ちである。そして大和魂はこのような「紳士紳商」の対極に位置づけられる。

日露戦争の勝利の年に後に発表された夏目漱石の『我が輩は猫である』（一九〇五年）には、主人が大和魂の短文を読むシーンがある。「大和魂！　と新聞屋が云う。大和魂！　と掏摸《すり》が云う。大和魂が一躍して海を渡った。英国で大和魂の演説をする。独逸《ドイツ》で大和魂の芝居をする」と日本中で大和魂が使われていた。しかも「大和魂はどんなものかと聞いたら、大和魂さと答えて行き過ぎた。五六間行ってからエヘンと云う声が聞こえた」と、誰もそれが何かははっきりと知らない。そして主人は最後に「誰も口にせぬ者はないが、誰も見たものはない。誰も聞いた事はあるが、誰も遇《あ》った者がない。大和魂はそれ天狗の類《たぐい》か」と、多くの人が呪文のように唱える大和魂の虚構性を笑い飛ばす。

このように日露戦争の頃には大和魂はすでに自明のこととなっていた。日露戦争勝利の理由は「露西亜の兵は教育が不十分で、今度の戦争の起ツた理由をも知らぬ者が多いやうな訳であるから、愛国の精神も薄いのに引替へて、我国の兵は概して教育が行き届いて居り、随ツて愛国の精神も厚い」（大森　一九〇六：四四頁）と、愛国心の強さが戦争の勝利をもたらしたとされ、そのような愛国の精神が大和魂や武士道と主張される。

日露戦争で勝利を収めた一九〇五年に中村巷が著した『国民之本領　正気歌詳解』には日本軍人が唄ったとされる詩や短歌が収められている。陸軍中佐菊池主殿の「征露歌」には「心きたなき露西亜」（一八九頁）が無礼をはたらき恫喝してきたため戦いに挑み、「死して正義の鬼と。誓ひし五十万。意気は天を衝く。大和魂清し」（一九〇―一頁）と大和魂を発揮し、勝利をもぎ取ったことが唄われる。福島中将の「征露の歌」は「忠勇勝りし国の民」が「嘘偽を常として他国の領地を掠め取」（一七五頁）る国に「仁義の戦《いくさ》」（一七八頁）を挑む。命を落とした軍人の辞世の句に「幾とせの積る恨みにきたへにし大和武夫のかいなこそしれ」（陸軍歩兵中尉、一二六頁）、傷痍軍人の歌に「身はたとひ吹雪と共に消ゆるとも　うづめざらまじ大和魂」（近衛歩兵少尉、一三五頁）とあるように、正義のため、天皇のために身を捨てて戦う決意が「大和」なるものとして表現される。

日清、日露戦争を経て、大和魂が日本男性の精神性だと説明されるようになる。しかもそれはまるで合わせ鏡のように、否定的な側面を強調される敵国とは正反対のものとしてつねに提示されるのである。すでに和辻の日本精神論においては人間の主体性が自然という客体をとおして確認されるものなのだと主張されていることを確認した。ここでも主体は客体がなければ立ち上がらないのだ。そうであれば、自国の精神性の発露である大和魂の定義には、そうではないものが必ず必要となってしまうという矛盾をはらんでしまう。

聖戦と大和魂

「大国支那と戦ふ」（九〇頁）日清戦争では、国民すべてが「神武肇国《ちょうこく》以来始《ママ》めて見る事の出来た大和魂の光輝の発露」（九〇頁）があり、日露戦争では「戦場に於ける勇士の美談、国内に於ける国民同胞の美談、発しては万朶《ばんだ》の桜と為る大和魂の発露は此未曾有の一大戦争にも遂に亦日本の勝利」（九一頁）へと導いた。しかし日清戦争も日露戦争も、「戦ひに勝つて外交に敗け」（九〇頁）た。このことが、「後年に於ける大和魂の発揚に非常なる刺激を与へ」「国際的に一大躍進を試みるの動機」（九一頁）となった。

これは国民神道連盟がまとめた『伊勢神宮と大和民族』の言であり、政府から独立した組織ではあるもの の当時の保守的な考えを反映していると言えるだろう。そこでは大和民族は西洋的な個人主義や利己主義に馴染みにくく、「建国の基礎が優美高尚なる君民道祖、神人一体の道徳に在るが故に、社会の一部に義理人情と云ふ暖かい道徳が流れて居る」（一一頁）ものと言祝がれている。

なお、一九三一年九月に起こった「満州事変」は、一九四五年の敗戦に至るまでの「十五年戦争」の契機であり、以後の日本は総力戦体制へと急速に傾斜していった。この出来事に対して神道だけでなく、仏教各宗派を含む日本の諸団体はおおむね同調し支持し（中濃 一九七七）、一九三一年の『六大新報』（一四五一号）において日本政府への支持を表明している。以後、真言宗各派は慰問団を送ったり、祈祷を行ったりと日本の軍国主義を全面的に支持していった。そしてこの総力戦体制において西洋的な個人主義や民主主義は厳しく批判される一方、全体主義の意義が喧伝された。日本において全体主義は、「国民は国家に奉仕すると共に、国家によって生活の安定を得なければならないのである。これを全体主義と名付ける。全体主義は国家のあらゆる施設が同一のイデオロギーによつて統合せられることを要求する」（藤原 一九三八：五四頁）と端的に要約される。民主主義は西洋的個人主義と同一視され、「こんにち自由主義ではもはや国家の発展どころか、その存在を護持することさへ出来ぬ時代となつたのである。愛国心そのものについては昔も今も毫も変りはないけれども、それを表現すべき方法が自由主義的、個人主義的なものでは役に立たなくなつてしまつた。だから自由主義的な愛国心は、もはや実際には愛国心として通用しなくなつたのである。」（吉田 一九四一：三一頁）と、民主主義の価値喪失が説かれていたのである。

話を戻そう。一九三七年七月の盧溝橋《ろこうきょう》事件に端を発する日中戦争は、当時、「支那事変」と呼ばれた。支那事変後勃発直後に出版された『支那事変と其の背後に迫るもの』は『読売新聞』に掲載された二つの話を紹介しながらこの非常時における大和魂の発露を論じる。一つめは、敵弾で落命した一等兵の兜のなかに血染めの日章旗と兄からの手紙の話である。「武運長久」と血書された日章旗はこの一等水兵の家族によって作られたもので、兄からの手紙には「華々しく靖国神社の花と散れ、男子と生まれてこのうへの名誉はない、自分として一番案ずるのは陛下の兵士として立派な戦をやつてくれたかどうかに懸かつてゐる」（宮崎 一九三七：四七頁）とあり、「言々忠誠の赤心が溢れてゐる」（四七頁）と紹介されている。二つ目は別の予備役歩兵が召集令を受け取った話で、息子の招集を喜んだ瀕死の父親が「皇国のために喜んで死んで来い」（四八頁）と言い、鹿児島から東京の方角へ遙拝、天皇陛下万歳の三唱をしたのち、倒れ落ちて危篤に陥ったと話が進む。「死を賭した父の激励に断ち切れぬ恩愛の絆を皇国のため捨て勇躍応召した」（四九頁）とは、親への孝行と国家への忠義を結びつける物言いである。

『アサヒグラフ』は支那事変にあわせて、1937年7月28日号より特集を組み続けた。

このような大和魂は一九四一年の真珠湾攻撃にともなうアメリカとの戦争においてより声高に主張され

る。というのも、この戦争ではアメリカやイギリスの連合国が敵国であり、「算術主義、合理主義」「物質文明や唯物的数量主義」（大熊 一九四四：二四三頁）に日本人の精神性を対置することが容易だったからである。「もし肉体がけし飛んで前進出来なくなつたら、魂だけでも前進する底の気魄」（二四三頁）、作戦のために喜んで命を捨てる気概。こうしたものが大和魂として強調された。

「特攻」と呼ばれる攻撃もまた大和魂の延長線上にある。すなわち、アメリカと日本との間に横たわる圧倒的な戦力や兵器の量的差異は、「魂と兵器の相乗積といふべき日本独自の特攻隊戦法、持久出血戦法」（篠原 一九四五：一六八頁）によって超克されるという言明。あるいはフィリピンでの海軍航空戦隊有馬少尉の陣頭体当たりは「出発前戦死の覚悟」（一六四頁）によるものであり、「身を捨てて国を救はんとするは、燦然たる皇軍精神の流露」（一六四頁）だとする言明。これらは大和魂という言葉でそれまで言い表されていたものなのだ。著者はこの大和魂、特攻魂について「唯一つ己が血肉と共に敵艦船・敵陣に邁進し炸裂する飛行機であり、兵器である。前線将兵のこの叫びに銃後の生産陣が直結したとき、我が凱歌は沸き上る」（一六九頁）と、兵士だけでなく、銃後の日本人もまたこれらと結びつくことを求めるのである。

楠公精神

次章で詳しく述べるように大和魂や日本精神を体現した人物たちが近代には忠臣として登場する。楠木正成はその筆頭であった。そして総力戦体制下においては、この楠木正成のような行為を「楠公精神」の現れとして奨励した。楠公精神は一九三五年の大楠公六百年祭と太平洋戦争の激化において盛んに称揚される。たとえば、楠公精神は他国の君主に仕えた孔子や孟子と異なり、「日本といふ大家族国」（太田 一九三五：六〇頁）の「御宗家」たる皇室への忠孝の現れとされる。

ここでは太平洋戦争中の状況を少し見ておこう。一九四二年六月のミッドウェイ海戦で敗走し、戦局が悪化すると、大和魂や楠公精神など戦う精神性が強調されていく。歴史家の渡邊幾治郎は楠木正成を「典型的日本民族で皇国臣民として何人も抱く精神、思想感情を最高度に発揮した人」とし、この楠公精神を持つ日本軍は「必ず米英の量を打破することを信じて疑はない」と『読売新聞』（一九四四年四月一六日付）に寄せている。

この楠公精神を銃後の日本国民に鼓吹すべく、一九四四年にはいくつかの運動が展開された。一九四四年五月八日には大楠公奉賛会が「一億総楠公進軍運動」を全国的に主催し、時の鈴木首相もこの運動に賛同し、官邸の大詔奉戴式で参列者とともに楠公の精神を寿いだ。

また大政翼賛会は五月二五日から全国一斉に楠公精神を強調する「楠公精神強調週間」を展開し、『読売新聞』（一九四四年五月二六日付）は今われわれがなすべきことは楠公の悲壮さに頭を垂れるような「消極的」なものではなく、「公四十三年の生涯より更に積極的なるものを汲みとつて、公の誠忠の意志を受け継ぎ、以て君国に報ぜん」ことだと読者に説く。こうした楠公精神は国民全員が受け継ぐべきものとするのだ。

硫黄島の栗林大将

水の節約に自ら範

楠公そのまゝの深さ

栗林大将に献ず

高村光太郎

国民全員が楠公であることが求められる。朝日新聞（1945年4月7日付）は硫黄島での栗原大将の振る舞いを楠公に喩え、高村光太郎はそれを言祝ぐ詩を寄せた。

さらに、一九四三年六月四日から一二日まで、大阪府南河内郡で、大政翼賛会が大楠公精神を教授するために第一回思想錬成会を開催し

子どもの大和魂は、貯蓄の広告にも表れている。（『写真週報』1943年11月24日号）

た。すでに翼賛会は勤王護国烈士先覚者顕彰運動」を全国展開しており、その運動を合宿をとおしてより強力に推し進めたのである。全国各地の道場指導者や地方壮年団幹部、傘下団体幹部役職員らから適任者数名を推薦させ、勤皇烈士に由緒ある地にて日本精神、歴史的事蹟、烈士先覚者の事蹟、逸話、時局問題などを教授しながら、滅私奉公の決意を深めるよう促した。ちなみに、第二回は六月下旬に茨城県で水戸勤皇精神、第三回は七月に鹿児島県で薩摩の志士の精神、第四回は八月に山口県で松下村塾の勤皇護国精神の思想錬成を行った。錬成局長は『読売新聞』（一九四三年五月八日付）の取材に、「大東亜戦争決戦の年に当りまして私共翼賛運動にたづさはる者は一層護国の精神を再調し、幾多の烈士、先覚者の遺烈偉業を偲び、これを各自の職分」にて実現することを期待する旨を答えている。

国民全員の楠公化は、おのおのが楠公のように国家のために行動することを要請したのである。日本人の精神を鼓舞すると同時に、日本人であることを所与のこととするのではなく、いっそう「日本人になること」を強要していった。日本人になることとは、第四章で検討するように自らの身体を改良することも含んでいた。こうして国民一人一人の個性は、「日本人」という総体へと統合される。

そのときにとりわけ強調されるのは、家柄も血筋も関係なく、誰でも忠臣になれるということだった。もとより、軍隊という場は家柄も血筋も学歴も関係ない戦う集団であった。そこでは兵士であることと同時に、命を差し出して「兵士になること」が求められた。たとえば、戦時中のプロパガンダ週刊誌『写真週報』の表紙を多く飾るのは名もなき一般国民であった。しかし彼らは国家のために働き戦うことで表紙を飾る（森 二〇一六）。学徒出陣を伝える一九四四年一〇月二〇日号の巻頭には「強靱な五体に、精悍の闘魂をたぎらせ、皇国の隆替を双肩に担うて、学業に訣別し、名もいらず、命もいらず、ただ莞爾と微笑む君が顔、悠久の大義に徹した丈夫を見る」とある。学業も名も命も捨てて、強靱な身体と闘魂だけを身につけ、国のために立ち上がる一般国民、学徒になることが言祝がれる。

全国民楠公化の最も悲劇的な例が特別攻撃隊である。一九四一年暮れの真珠湾攻撃において、いったん出撃すると自力での帰還はほぼ不可能な「甲標的」と呼ばれる特殊潜航艇に上艇した乗組員たちの戦死は、「軍神九柱」の顔写真、階位、享年、出身地とともに『写真週報』一九四二年三月一二日号で紹介されている。より本格的に特攻隊が出撃するようになる戦争末期においてはもはや個々の隊員を紹介することがなくなったが、この真珠湾での特攻作戦を紹介する記事では、出撃を前にして落ち着き払い、靖国での再会を誓い合って、微笑みながら旅だった「殉忠無比の特攻精神」（四頁）が「海軍魂の精華」と賞賛されている。この真珠湾で砕け散った二〇才代の兵士たちの写真の示す若さは、一般国民であっても特攻精神を、海軍魂を、そして大和魂を見せることができることを語りかけている。

特攻精神を讃える『写真週報』（1942年3月12日号）

良妻賢母と大和撫子

『写真週報』でのこの特攻兵の紹介記事には、次のような文章がある。

こゝに銘記しなければなりませんことは、かゝる己を滅して国家に殉ずる犠牲的大精神は、偉大なる母の感化による処大であることであります。(中略)それだけに母親が、勇士達を慈しみ育てた陰の力は絶大で、ことに家のため夫のため、子供のため、己を顧ずして働き続け、そこに無上の幸福を見出す母親の献身的な精神感化が偉大な力となつて勇士達のなかに生長してゐたのであります。かかる偉大なる日本の母親なくして、どうしてこのやうな純忠な益荒夫《ますらお》が生れませう。己を空しくして子供の中に生きる母親は、すなはち国家の中に生きる母親であります(七頁)

日本国家の兵士を支え育てるために、自らのすべてを犠牲にする女性。これこそが「母親」である。ここにおいて一般の女性もまた、「偉大なる日本の母親」となることが強く要請されている。それもまた「犠牲的大精神」なのである。

この母親像は楠公精神の一つでもある。というのも楠木正成と正行父子だけでなく、楠木正成の妻である久子もまた楠公精神を体現しているものだからだ。『太平記』を基にして作られた楠公美談で、彼女は忠臣楠木正成を支えるだけでなく、息子の少年期の自害を思いとどまらせて立派な忠臣に育て上げた母親として紹介される。良妻賢母の典型である。

良妻賢母のイメージは、近代の日本に西洋より導入され作られたものである。楠木久子の物語はこの西洋的な良妻賢母と結びつけられ、しかもそれが日本女性の心性だと主張されるのである。ドイツ留学の経験を持ち、西洋文化への造詣が深いドイツ語学者であり教育学者でもある大村仁太郎は次のように記している。

婦人の本分は、良妻賢母たるにあるのです。其の身体に見るも、其の性格に見るも、男子が外、社会の競争場裡に活動すべきものなるに反し、女子が内、家庭にあつて、其の任務を尽くすべきものであるは、疑を挟《さしはさ》む余地がないのであります。（中略）最近の説の中には、良妻賢母となるのみが、婦人の本分ではなく、女子たるものは、其の以外に於て、自ら独立的生活を営む必要があると、絶叫するものも少からないのであります。成程生存競争の激甚を極むる欧米諸国に於ては、実際上独立的生活を営む婦人の数が、非常なる勢を以て増加し、妻となり母となるに至らずして止むものも、甚だ多いのでありますから、如上の説も一応無理ならぬこと、思はれますが、吾が国の如きは、決してかゝる不自然の現象がないのみならず、道理上より推し考へても、良妻賢母主義なるものは、最も女子の自然に適応せる教育法と思はれるのであります。（大村 一九〇五：一一―一二頁）

大村は、男性は外、女性は内で働くこと、女性は家事と育児をこなす良妻賢母であることが、日本だけでなく西洋でも「自然」であることを記している。

良妻賢母になるまでの女性は、大和撫子と称された。なでるようにしてかわいがる子を意味する「撫子」は、「大和」に結びつけられることで、日本女性の本質を表現することになる。もちろん、彼女らは両親に可愛がられつつも、両親の教えに従うよう、つまり孝行するように諭されている。文部省唱歌の「大和撫子」は花の「大和撫子」の換喩である。歌詞は

一　やまとなでしこ。さまざまに。おのがむきむき。さきぬとも。おほしたて、し。ち、は、の。庭のをしへに。たがふなよ。

二　野辺の千草の。いろいろに。おのがさまざま。さきぬとも。生《おほ》したて、し。あめつちの。つゆのめぐみを。わするなよ。

自分の思うように、咲こうとも、育ての親の教えや恵みを忘れてはいけない。こう諭すのだ。

こうした女性への戒めは、とりわけ一九二〇年代から社会に進出する女性への強い反感から生じている。「職業婦人」と呼ばれた都市の知的女性層、モダンガール、「モガ」と呼ばれた消費者としての女性といった経済的な地位の向上が実現しつつあり、「婦人参政権」の主張に見られる政治的な地位の向上も求める女性たちをいかに押しとどめ、飼い慣らすかということは、保守的な男性にとって喫緊の問題だった。一九三一年の満州事変以後、今度は女性の持つ政治的な力を認めつつ利用する。それは、決して保守層の翻意ではなく、女性を戦時体制に巻き込むことであった。一九三二年に大日本国防婦人会が結成されると、女性自身がそれまで要求していた自由や民主主義を否定していく。そして太平洋戦争が泥沼化すると、女性は銃後の護りを担うと同時に、それまで男性が果たしていた生産の役割を補完する。こうした戦時における女性の社会進出をいかに促しつつ、しかもそれを管理するかという局面において、良妻賢母という日本女性の精神性を説くことが重要になる。国民的な小説家の吉川英治は次のように書き付ける。

それにつけ世の母を思ふ。女性の力をひしひし思ふ。このとき、これからこそ、陰の力、生みの力、助けの力、愛の力、大戦のうしろ備へに、あらゆる銃後の面に、生々として「時の女性」は、今ぞその天麗の本質と無限な力をもつて、国土にこたへ、戦ひに加へ、大きくは日本女性史の昭和代に一欄を輝かし、また大東亜戦争の陰に裏に、不滅の史彩を染むべき秋だ。男ならぬもの、男以上なた、かひの下に。（吉川 一九四二：二頁）

吉川は、戦時下の女性の力の重要性を敢えて「陰に」と表現したとこの文章のすぐ後に断っているが、そうであったとしても、「陰」「生み」「愛」「備へ」という言葉からは、彼が女性を産む性、男を愛し受け入れる存在だと前提にしていることは明らかである。

ただし、吉川はこの良妻賢母の思想を時代の要請に併せて次のように記していることは重要である。

いつたい、女性は内を守、男は外に戦ふといふやうな原則は、ずつと後生になつてからのことで、上古の日本女子には、国戦へば国とともに、良人征かば良人と共に、進んで戦場にも臨むやうな風習があつたやうに思はれる。（三二二頁）

楠枇庵の楠木母子像。母親が正行の自害を思いとどまらせ、教えを説く。（筆者撮影）

つまり、彼は古代においては女性も国を護るために、良人とともに戦ったのだと主張しつつ、そうした「進取の気風と崇高な精神はそこに見られなくなつてゐる」（二二三頁）とも言う。ここでも依然として女性は良人に従うものとして前提されているが、ともあれこうした論法で女性の戦争参加は「上古」よりの日本人女性の心性として本質化していく。

そのうえで彼は八人の歴史上の女性と、自らの母親の合計九人を「日本の名婦」として小説風に紹介している。その最初に取り上げられるのが大楠公夫人である。忠臣の夫に先立たれ、子どもを育て上げる途中には教育に落ち度がないか自省し、「自分のつとめに欠けたと顧みられる節」（一九頁）には心の内で正成に「ふつゝかを致しました。これからは心いたしまする」（一九頁）と詫びる。今まさに正行が発つときにも、普段と変わらぬ落ち着いた毅然とした振る舞いを見せる。

夫と子を戦地におくりだした久子は「巨きな慈愛の樹」（吉川、前掲二一頁）に比喩される。それは「右の枝を伐られ、左の力を捥《も》がれても、樹は傷む顔も見せない。老いのつかれも口に出さない。きつと来る春を信じて大地に立ち聳えてゐる」（吉川、前掲二二頁）というように、揺らがず、動かず、堪え忍ぶ。来る春は戦地で戦う男性が持ってくる。それを女性は子育てしながら待つのだ。動く男と動かない女。しかし銃後では、しっかりと働く。そうした女性像が大和魂の一つの現れとして言祝がれたのである。

先に日本の国民精神の定義においては、そうではないもの、対置するものが必要だと記した。大和魂が男性の精神であるなら、同様に男性的でないものも必要である。すなわち女性の精神性である。動的に戦う男性と静的に耐える女性という対置がここでは見られる。このような二項対立をつねに作り出すことによって国民精神なるものが定義される。

危険思想と大和魂

大和魂、日本精神、国体などは万世一系の皇室を頂とするイデオロギーである。それが国民精神の根幹であるなら、天皇を否定したり、あるいはそれに代わるものを頂点としたりする思想は危険思想となる。一九二五年には「国体を変革しおよび私有財産を否認せんとする」結社・運動を禁止する治安維持法が成立したし、すでに述べたように一九三五年には天皇機関説が排斥されている。

「国体を変革しおよび私有財産を否認せんとする」結社・運動とは具体的には共産主義を指していた。そして治安維持法成立後の一九二八年三月一五日、共産主義者への国家的な弾圧事件、「三・一五事件」が起こった。小林多喜二が警察による拷問の末に殺されたのは一九三三年である。この事件の後、日本共産党の佐野学と鍋山貞親は検挙され獄中から「共同被告同志に告ぐる書」と題する声明書を公表し、政府はこの共産主義からの転向声明を配布した。こうして危険思想は徹底的な弾圧と懐柔によって押さえ込まれることになった。

他方、外来宗教であるキリスト教もまた戦時期に積極的に戦争を支持した。もちろん、外来宗教である仏教もまた次章で取り上げる楠木正成の「七生報国」を仏教の教えであるとか、「死生一如と観じて従容、死に就く武士の節も、未来を憧憬して喜んで死する野人の心境も共に仏教の影響を受けたること多きは云ふを要せぬ」（加藤 一九三四：三六頁）と、日本精神と仏教との密接な関係を強調していた。しかし中国を経てその内容を大きく変えながら日本にやって来た大乗仏教とは異なり、神とその子のイエスを絶対的な存在とするキリスト教は、天皇を頂点とする近代日本の政治システムにとっては不都合な宗教であった。そのため、聖書に特殊な日本的な解釈を施す必要があったのだ。

日本聖公会の司祭をつとめた前島潔が支那事変勃発を受けて行った講話を例に見てみよう。この中で彼は日本の国体キリスト教を重ね合わせる。万世一系の皇室が統べ治め、しかも主権者の皇室を頂点とするこの体制が選挙や武力で築かれたものではなく、「国の肇より定まつて居る天然自然の道」（前島 一九三七：一四頁）を持つ日本は、ほかの国と比べても特殊である。それは主権者を父、国民を子とする家族的国家であり、このような父と子の関係はキリスト教に表現されている自然な関係性なのだ。イスラエルは神を信じる信仰生活において正しい姿を維持し、日本は神の旨に従う国家生活において正しい形を維持してきた。そして「イスラエル国民が嘗つて救主イエスキリストを出だすことによつて世界に大使命を果した如く、日本国民にも神の救の事業を完うすべき大使命が負はされて居る」（一九―二〇頁）と神―イエスによる世界の支配を、神―天皇による日本の支配にすり替えることにより、キリスト教と国体の関係を結びつけるのである。

キリスト教の平和主義と戦争の関係について、前島は「戦争を罪悪として絶対拒否する態度には私は同ずることが出来ません」（四六頁）と日本の戦争の意義を説く。なぜならば旧約聖書を開けばアブラハム、モーセやヨシュアの戦いの記録があり「宗教と戦争とは決して矛盾するものではない」（四五―六頁）からである。そして、「今や日本人も亦「天に代りて不義を討つ」と歌いつゝ（中略）此の義戦に参加しつゝある」（四七頁）として、「日本がどうしても負はねばならぬ十字架である」（五一頁）と、支那事変を避けることのできない正義の戦いなのだと主張する。

前島のこうした言述はもちろん彼自身が責任をとるべきものではある。しかし当時の時代状況における共産党弾圧やキリスト教への厳しい視線を勘案すれば、彼だけに責任を帰すこともまたフェアだとは思えない。こうした言述や発言をすることで社会のなかに場所を得られることも考えるべきだろう。

キリスト教の教会では日曜学校を通して日本精神が教え込まれていた。ここからは日本基督教団の日曜学校教案書『教師の友』を見ていきたい。一九四二年一月に創刊された『教師の友』は、日本基督教団に属する教会の教会学校教師の指導案として現在も毎月出版されている。ちなみにこの時点で雑誌は検閲の対象となっている。というのも、一九三八年頃から内務省が中心となって新聞・雑誌の整理統合を行い、また一九四〇年からは「出版文化協会」のもとで内容の検閲・指導・資材の統制が行われ、各団体には「自発的」な協力が求められたからである。

一九四二年三月号の冒頭に「権威ある教師」を寄せた千葉勇五郎は、「強者が弱者の上に、年長者が年少者の上に振舞ふ権力は権威ではない」、「最高の権威は神のものである」（五頁）と記しながらも、「特に大東亜民衆の教化は我等のものと成らんとしてゐる」と、国策に沿った教師の権威を認めている。そして戦局が厳しくなるに従い国家への従順さは増していく。一九四四年七月号の巻頭には「立教の本義」と題された文章が掲載され、マタイによる福音書七章二四節（「そこで、わたしのこれらの言葉を聞いて行う者は皆、岩の上に自分の家を建てた賢い人に似ている」、以下は共同訳聖書）を引きながら、次のように記してある。

> 皇国の隆替岐る最大難局に際し全国民は挺身殉国の決意を愈々確うして戦争目的達成の為に総力を結集せねばならぬ秋、我等の宗教に負はされてゐる重大使命は国民を教化して深き宗教的信仰に依らしめ、以て国民生活を啓発、指導するにある。（中略）故に我等は聖書に教へらるる如くこの決戦下にありて一層神の御誘導を蒙る慧き者たるを怠らずして、我等の信仰の福音の盤石の上に立てて益々伝道報国に邁進せんとするものである。我等の日曜学校は今こそ過去の甘き夢を棄てて勇躍幼き魂の教化救拯の幻に生きねばならぬ。（一頁）

総力戦において聖書の教えに基づき伝道することで国家に貢献する、日曜学校も少国民の魂の教化に貢献する、こうした報国こそが「新しき召《めし》」であり立教の本義だと言うのだった。

　具体的には一九四四年五月に開催された戦時報国会において戦時下の教団の「活動大方針」（二頁）が決定された。その中で本書の内容にとって重要なのは、「皇国の道に則れる我国基督教の理念を明かにする」ことと、「大東亜建設に対する基督教の態度」（『教師の友』一九四四年七月号、二頁）であり、後者は「大東亜民族」の中の六億のキリスト教徒を国家的な方策に沿いながら教化することである。しかもこの年から日本基督教団は各学年に分かれた学課を設定する「分級」から全学年合同の礼拝中心主義へと移行する。もちろん、これは戦局の悪化にともなう教会学校教師数の減少や教会学校教師の負担軽減とも関わるのだろうが、日曜学校の全体主義化も大きな要素であろう。「礼拝を通して経験の感情を陶冶され、その内に持つ全精神の力を神に集中して信仰と実践の一体化による基督的人格を形成」（『教師の友』一九四四年九月号、三頁）することが重要だとされた。ここにおいて分級教師の個人的信条は抑制され、教会学校の全体において教師相互が監視をしながら、児童、生徒が同一の説教を聞くことによって同一の信仰を育成することとなる。あるいは礼拝を監視する憲兵にとって礼拝主義はもっとも好都合でもあったか。

　『教師の友』は現在でも、毎日曜日に教会学校で取り上げる聖書のカ所と話す内容を教案として具体的に示している。戦時下の教案は、幼稚科、初等科第一級、第二級、高等科に分けて制作され、聖書の物語を引きながら構成されていた。この中で日本人の精神性が語られていく。一九四二年三月号の『教師の友』に掲載された初等科第一級の三月二九日案は、ヨハネによる福音書三章一六節（「神は、実に、そのひとり子をお与えになったほどに、世を愛された。それは御子を信じる者が、ひとりとして滅びることなく、永遠のいのちを持つためである。」）を引きながら、教師には神が愛の神であると同時に正義を行う神であることを「御自分の信仰から力強く説いて下さい」（四二頁、傍点原文）とし、具体的な話の例として真珠湾攻撃の話を提示している。英米の「我儘勝手」「無理難題」を「隠忍」（四二頁）していた日本はついに攻撃を行い多くの戦艦を撃沈した。教師はこう問いかける。

此のことは私達に何を教へるでせうか。如何に沢山のお金を持つてゐても沈まぬ軍艦をどんなに沢山持つてゐても、また飛行機がどれ程あつても、神様を畏れぬ傲慢な国は滅ぶ、といふことであります。／問題は「魂」「精神」の問題です。／私達はどんなにお金があつても、又どんなに頭脳がよくても、又どんなに身体が丈夫でも、「魂」が腐つてゐては何もなりません。（四二頁）

戦争に勝つには軍艦や飛行機が要ります。然しそれだけでは勝てない。「魂」だ「精神」だ。私達は日曜学校に来てこの「魂」を磨くのです。（四三頁）

キリスト教における神の魂の救済は、日本精神や大和魂と読み換えられ、これを鍛え上げるために教会学校の意義があるとされるのだ。一九四二年三月八日の幼児科のテーマは「強い兵隊さん」。目的は「正義の戦ひに参加するものは神よりの力を与へられる事を教へる」（『教師の友』一九四二年三月号、二六頁）ことであり、教案の指針として「優しく、強く、正しくあることが最も主の喜び給ふことであり、主の足跡を踏む事であり、今後に於て、大東亜を指導する時代の国民に絶対に必要な事である」（二六頁）が記されている。キリスト教における優しさ、強さ、正義は、大東亜共栄圏建設を進める日本にとって重要だと子どもに理解させる。教師は具体的な話の例として日本兵の強さを挙げ、皆さんは、どうして日本の兵隊さんやお国の人が、こんなに強いか御存知ですね。それは、正しいお国ですから神様がみんなに勇気を与へて、護つて居て下さるのです。そして日本魂をもつた天皇陛下の子供達だから強いのですね。（二七頁）

と話しかけるように薦められている。ここでは神が天皇に読み換えられ、その天皇の子どもは大和魂を持つために強いのだと話が進められる。

一九四二年三月は真珠湾攻撃以後の日本軍の快進撃の真っ最中であり、日本の正しさ、強さを前面に押し出した説教が作られていた。しかし四二年六月のミッドウェイ海戦での敗走以後、日本の戦局は悪化すると尽忠報国、国家のための死が日曜学校の子どもに対して説かれる。もちろん、この時期の出版物には検閲がかけられており、国家の意向に添う言述が求められていたことは言うまでもない。ただここで確認したいことはどんなロジックで大和魂や尽忠報国がキリスト教で展開されていたのかである。

一九四四年二月一三日の礼拝案のテーマが「尽忠報国」だった。この時期は礼拝主義が推し進められていたため、この内容が礼拝での説教で日曜学校の小学生に提供されていた。マタイによる福音書二〇章二八節（「人の子が、仕えられるためではなく仕えるために、また、多くの人の身代金として自分の命を献げるために来たのと同じように」）は、「日本人基督信徒こそ尽忠報国の精体を発揚し得る者である」（『教師の友』一九四四年二月号、九頁）ことを説くために引用される。要旨には、

私等この祖国の民として生を与へられて居る者はその光栄に感激して、生きるにも死ぬにもどんなにしても、忠を尽し国に報ひ奉つて、神の恵ある御旨に沿ひ奉らうと固く誓はずにはをられません。特に日

本基督教団の信徒である私達は子供でも大人でもそれを毎日実行する道と力を教へられて居ります。（九頁）

とある。日本人の生命は神すなわち天皇によって与えられているのであり、命をかけて忠義を尽くして国に貢献することが強調される。説教の最後には、「「心を尽し精神を尽し思を尽して主たる汝の神を愛すべし、又己の如く汝の隣人を愛すべし」との御言葉を、基督の御力により日本人の生命と血で行ふ時に、それがそのまゝ尽忠報国となるのです」（九頁）と締めくくる。

また一九四四年三月五日の礼拝のテーマは「母の忍苦」（『教師の友』一九四四年三月号）であり、イエスの母マリアが、イエスの十字架での死に際して、「可哀さうでも悲しくてもキリストとしての使命を果させるために忍苦」し、イエスも「「御母様私は神の尊い御旨を間違なく成就することが出来ました。御喜び下さい」」（八頁）と心の中で言ったと説明される。ここでは息子を失っても耐えることが理想だと母親に説く一方、息子たちが「イエスの如く全生涯をかけて神の御旨を成就する事が、母の恩に報いる唯一の道」であり「真の親孝行」だと、つまり命を捨ててでも国のために戦うことが親孝行だと説く。

このように、キリスト教もまたその教えを日本の戦局にあわせて強引に読み換えることで、この時代の大和魂、日本精神、国体といった言葉の束に参入していったのである。

本章では近代において日本人が共有すべき国民精神が言語化されていく様子を追った。大和魂は尊皇攘夷のなかで言語化され初め、一八八〇年代後半より戦う男らしさの精神性として強調されるようになった。大和魂は日本人の国民精神の発露の一つであり、そのような国民精神は日本精神、忠孝、武士道、楠公精神、大和撫子、そして国体とさまざまな表現で主張された。もちろん子細に見ればおのおのは異なるが、日本国民の精神性の表現だったことは間違いない。国民精神という概念に言葉が収束し、そこから今度はそれぞれの発露へと言葉が拡散していった。このとき大和魂を初めとする国民精神はその歴史的起源を隠し、また日本の風土や自然と結びつけられることで、古来の不変の精神文化として本質化される。

ではこのような抽象的な精神性はどのような実践によって具体化されていったのだろうか。

第二章　受肉する大和魂

一　偉人たちの近代

節合される偉人と忠孝精神

大和魂が日本人の精神性であるなら、それが絵空事ではないことを証明するためにも、あるいは国民にそれを涵養させるためにも、大和魂を体現する人びとを明示する必要があった。彼らは国民の目指すべき「モデル像」として創り出されたのである。

創り出されたというのは、モデルとなる架空の人物を新しく創り出したということではない。歴史上の人物の業績や人となりの中から、大和魂や日本精神の視点から好ましいと思われる部分を取り上げ、それを強調することで、「偉人」やヒーローが創り出されたということである。ある人物の特定の業績を切り取り、それをある概念と結びつける。このような、切って結びつける営為を分節化・節合《アーティキュレーション》と言う。問題とすべきはどのような社会においてどのような考えが支持され、そのために誰のどのような側面が切り取られ、それが特定の考え方と結びつけられ、強調されたのかということである。

本章では大和魂や日本精神と節合される偉人たちを紹介する。この中で注目されるのが忠義、忠孝の思想である。忠義は江戸時代においても講談などで庶民に人気のあるテーマで、作品として太平記や忠臣蔵が挙げられる。庶民をいったん離れて考えてみるなら、江戸時代の朱子学もまた忠孝を概念化し、政治的支配に用いてきた。江戸時代の朱子学的な価値観では親を敬う「孝」より主君や国を敬う「忠」を上位に位置づけたことは多々指摘されてきたが、忠孝一致は単に儒教的な忠を国家への忠にすり替え、それに儒教的な孝を合わせたということではない。忠孝一致は、親子関係よりも国家や社会を優先することによって、親に対する儒教的・近世的な子の一体感や忠誠心を壊し、相対化するものだった。

教科書のなかの忠孝

忠孝の思想はその後の明治時代以降、政治的統治の中心に据えられた。国民を教化するため最重視されたものの一つが教育である。明治初期、欧化主義の強かった「学制」（一八七二年）では、修身科は重視されていなかった。しかし、一八七九年（明治一二）、元田永孚《ながさね》を通じて、それまでの啓蒙的教育政策を反省する「教学聖旨」が出され、仁義忠孝を説明する儒教教育が強化される。当初は下位に位置づけられ、教授内容も一定ではなかった修身は、その内容の基軸に忠孝を据え、しかも教科としての地位を高めた。一八九〇年には天皇による「教育勅語」が出されたが、それは日本の「国体」の現れであり、忠孝の根本だとされた（西二〇一〇）。

文部省による国定教科書以前から、民間の出版社や印刷所から修身科の教科書や参考書が出版されており、そのなかのいくつかは国定教科書よりもはるかに多くの歴史上の人物を紹介している。たとえば、一八九二年に篠田正作が著した『忠孝美談　修身教育』は「如何に国を富ますとも如何に兵を強くするとも又如何に殖産興業に熱心するとも一の国を愛するといふ心底なくんば所謂る根の無き浮草の如くなるべければなり」、そのために忠孝の美談をまず知る必要があると主張する。そして神武天皇、日本武尊から始まり、数名の天皇のほかに、中臣鎌足から西園寺公望などの明治時代の人物まで合計五六人の忠孝美談を紹介している。本書の今後の展開からすると、ここに和気清麻呂、楠木一族のほか吉田松陰が含まれていることは重要である。

では今度は文部省による『尋常小学修身書』を開いてみよう。第一学年用（一九三四年）には「チュウギ」として日清戦争で戦死した木口小平の話が紹介されている。

キグチコヘイ　ハ、　イサマシク　イクサニ　デマシタ。
テキ　ノタマ　ニ　アタリマシタ　ガ、シンデモ
ラッパ　ヲ　クチ　カラ　ハナシマセンデシタ

修身の教科書の定番だった木口小平の物語
（第三期（1918年）『修身書』より）

一九三四年改訂版の第二学年の「チュウギ」は海軍少佐の廣瀬武夫、第三学年の「忠君愛国」は陸軍大尉の小林環と部下の向後三四郎、一九三九年版の第六学年には「至誠」の項が設けられ、乃木希典を紹介している。いずれも戦争で天皇や国家のために惜しむことなく命を捨てたと言われる軍人である。名誉の戦死を遂げた軍人は「軍神」と崇められ、彼らの優れた精神性

を修身科で教授することにより、「すべての言行・心術は至誠を以て一貫すべきことを教へる」（一九三九年、一七七頁）ことを目指したのだった。

歴史に道徳を探す

ところで第一期の国定教科書である『尋常小学修身書』（一九〇四年）にも、忠義や忠君、愛国などの項目が設けられているのだが、それを具体的に表すストーリーが日清、日露戦争で軍功を挙げた軍神たちではなく、より昔の歴史上の人物に関するものであることは興味深い。第四学年用の修身の教科書を取り上げてみよう。ここには「愛国」のほか「忠君」の授業が設けられている。しかも通常は一回の授業で一つのトピックを扱うのだが、忠君は二回に分けて入念に授業を行うようになっている。

「愛国」は次のような書き出しで元寇の役を紹介してある。

> わが国は建国以来二千五百余年の久しき間、一度も外国のために国威を汚されたることなし、これわれ等の祖先がこの尊き国を愛し、国難に臨みては身を捧げて国を護りしがためなり。

日本が外国からつねに自立してきたこと、愛国心に燃えた先祖が命をかけて敵国と戦ってきたためそれが実現されてきたことが記されている。それは後の章で見るように、現在の靖国神社遊就館の最初の展示室に掲げられているパネルの語り口とほぼ同一である。

「愛国」の課は肩に傷を負いながらも敵船にわれ一番に切り込んだ河野通有《みちあり》の武勲にとりわけ注目している。その戦いの様子を紹介しながら「諸子よ河野道有等が国難に際して身を捧げて国を護りしはまことにあっぱれなる行にあらずや」（九頁）と児童に問いかける。戦うだけでなく平時に「国を愛する道」（九頁）はたくさんある、たとえば勤勉であることもである、「何となれば国の発達進歩はよき国民の力によりて成就せらる」（一〇頁）。あらゆることが国威にまとめ上げられていくとき、それに積極的に貢献しようとする者のなかに大和魂や日本精神が見いだされる。そうでなければそれらを涵養せねばならないということであろう。

愛国に続いて説かれるのが「忠君」で、体現者として楠木正成とその息子の物語を詳述している。その「目的」は児童をして「忠君の志気を起さしむる」（一一頁）ことであり、次のような書き出しで説話が始まる。

わが大日本帝国は万世一系の天皇の治めたまふ国なることは諸氏既にこれを知れり。もし陛下の大御心を悩し奉るものあらば、われ等は身を捧げて陛下のために尽すべし。（一一頁）

天皇に災厄をもたらすものがあれば、命を捨ててでも戦う。それこそが忠君であると説くのである。この説話は後醍醐天皇に「無礼」（一一頁）な振る舞いを繰り返す北条高時に対して、「勤王の兵」が起こり戦うというものである。そこで焦点を合わせられるのが楠木正成である。

足利尊氏が後醍醐天皇へ反旗を翻すなか、忠君の楠木正成は「この度の戦には生きてはかへり難し」（一五頁）と考え、桜井の駅で「われ死ぬとも、汝はわが志をつぎて必ず忠義を尽し奉れ。これ汝がわれに尽す孝行なり」と息子の正行《まさつら》に伝えて戦死する。正行は父の戦死を嘆き自殺しようとするが、正成の妻、正行の母は「成人を待ちて、忠義の道をつくし、父の教を全くすべし」（一六頁）と戒める。成人後、

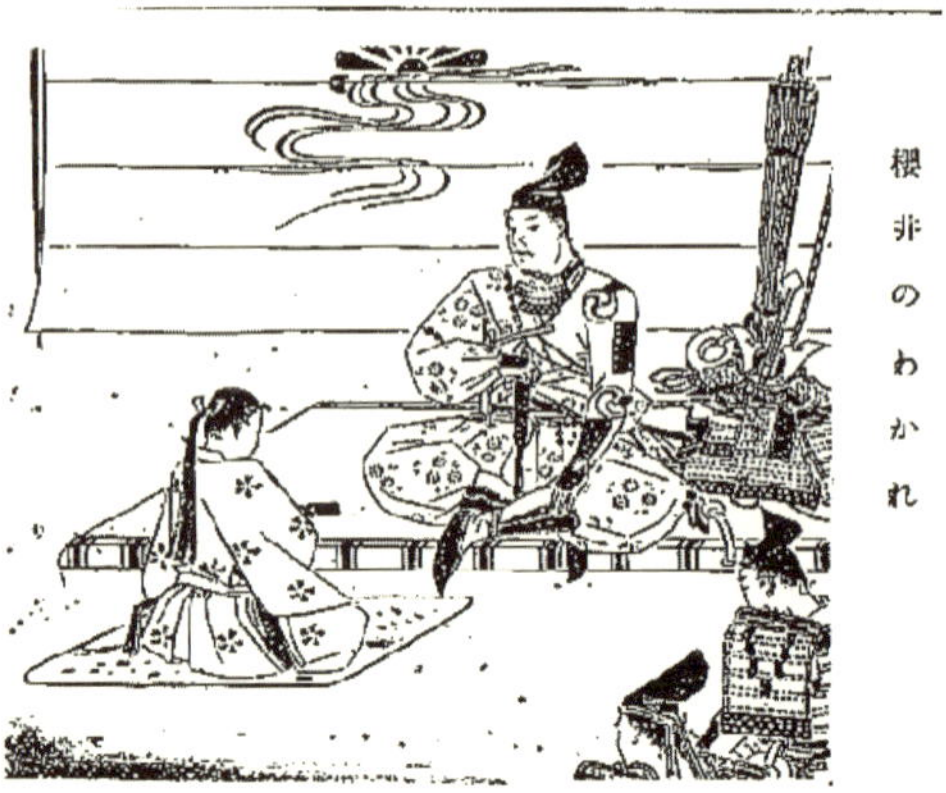

『初等科歴史』（1943年）のなかに描かれた桜井の別れのシーン

正行は「父の遺訓と母の教訓」を守り、後醍醐天皇側に立って戦い四条畷で戦死する。「嗚呼、正行の如きは実に忠臣孝子の鑑といふべし。」（一七頁）。そして教科書は次のように児童に呼びかけながら終わるのである。

> 諸子もまた常に忠君の心を厚うし、国家危難の時に当りては、正成正行父子の如く、身を忘れて天皇陛下につくし奉るべし。また平時にありては、よく学を修め業を励みて、皇恩に報い奉るべし。これ即ち忠君の道なり。

つまりここでも、自らの身を顧みることなく、国家存亡の危機に立ち上がること、日本国民として天皇からの恩恵に報いることの重要性が説かれているのである。教室において教師は児童に対して具体的な内容のほかに「皆さんは正成や正行の話をきいて、どう思ひますか。」「つねづねどんなことをするのが忠君の道でありますか。」（一八頁）と問いかける。説話を自らの日常生活における行いに照らし合わせ、それにより自らを忠君の国民として律するよう仕掛けられていく。

教育学者の中内敏夫（一九八八）は国定教科書の国語と修身における人物の記述内容を検討した結果、一九四一年の第五期教科書編纂において、先に紹介した木口小平の記載が消されていることを「新しいヒロイズム」（一一四頁）に合わなくなったためだと説明する。皇国の道に帰一する。このことが第五期教科書編纂での目標であった。そして木口だけでなくそれまで教科書で偉人として取り上げられてきた著名人に代わって、匿名のヒーローが記される。それは近代的な軍においては兵士がその出自や階層を問われず等し並みに扱われるのと同じく、近代化社会においては「「他に抜きんでる」能力としてのヒロイズムから、全体の部分として「目立たぬ位置を占める」存在に変身する能力としての新しいヒロイズムへ」（二一〇頁）と、没個性性が重視されたからだ。

優秀な人物の才能としての忠義ではなく、あらゆる国民が潜在的に有しており、集団としてそれが機能することへと変化していく。これが全体主義と深く共鳴している。そして国民すべてがこの魂を持っているだけでなく、示すことが要請されるのが、後に見る「一億楠公精神」である。

二　大和魂の権化――楠木正成

大和魂の教え

忠孝の偉人たちの中でも、楠木正成はとりわけ大和魂の体現者として重視されてきた。楠木の忠臣論がとりわけ加熱したのは、江戸時代後半から全国的に展開した尊皇思想においてである。この中で、天皇へ貢献し命を落とした者の魂を慰霊しようという思潮が高まり、招魂祭が各地で開催されるようになった。なかでも一八六八年に戊辰戦争が起こると、新政府側に多数の死者が生じたことから、一八六九年の東京招魂社を皮切りに各地に招魂社が創建されていくのである。東京招魂社は靖国神社、それ以外の招魂社は各地の護国神社へつながっていった（小林・照沼 一九六九：村上 一九七四）。

各地で執り行われた招魂祭では、数ある人物のなかでもとりわけ楠木の慰霊が重視されていた。村上

（一九七四）によれば、一八四七年に行われた楠公祭が確認できる最古のもので、それ以降、さまざまな場所で楠公祭が執り行われてきた。招魂社の思想は楠木正成の慰霊と深く関わっていたのである。

招魂祭や楠公祭が盛んに行われるようになると、散発的に慰霊祭を行うだけでなく、常日頃から参詣したり、特別な祭典を行ったりするための常設の社を求める声が高まってきた。楠木を祀る神社、「楠社《なんしゃ》」の創建が薩摩藩、尾張藩、水戸藩それぞれから建白されたのは、江戸時代末期である。薩摩藩の建白に対して朝廷は、一八六七年に湊川に社殿を創建することを聴許していた。また、江戸幕府が楠社の京都での創建を認めたのは一八六七年だった。楠社創建の地ならしが進むなか、明治政府が誕生した年、一八六八年四月二一日に太政官が神祇事務局に楠社創建を命じ、これにより日本国家による楠社創建が決定されたのである。

楠社創建過程は第三章で詳しく取り上げるが、それよりもはるか以前、湊川の地に楠木を顕彰するために部下を派遣した男がいた。「水戸黄門」で知られる水戸藩の水戸光圀である。一六九二年、光圀に遣わされた佐々介三郎宗淳《むねきよ》（テレビドラマ「水戸黄門」の介さんのモデルである）が神戸の広厳寺を訪れ、住職の千巌と対談した。水戸光圀が佐々に命じたのは、楠木正成の死地を整備し、祈念碑を建てることであった。第二代水戸藩主の光圀は歴史書の『大日本史』の編纂事業を推し進め、天皇を支えてきた歴史上の人物にも重大な関心を持っていた。その中で楠木正成の業績に注目したのだった。

対談終了後、現在の神戸市東灘区の住吉から石工の権三郎が召喚され、碑石の寸法が提示された。権三郎は、地震や雷にもビクともしない石碑を作るよう命じられたのである。荒れ放題のこの塚はきれいに整地された。そして同年七月、神戸の浜に着岸した碑石が牛十頭によって墓所に運ばれ、石が据え置かれ、表面は研きかけられた。そして現在の石碑に刻まれている「嗚呼忠臣楠子之墓」という字は、一一月に佐々が連れてきた岡村元春および彫刻の石工によって篆刻された。こうして大楠公碑が完成した。

楠公精神を言祝ぐ

大和魂を概念化した吉田松陰の「七生説」は「私を役して公に殉ずる者を大人」とし、これを体現した人物として楠木正成をことあげる。後に紹介するように、この「公」は国家へと置き換えられ、七生滅敵は七生報国と書き換えられる。

楠木正成と正行の遺業に大和魂や忠孝精神を見出す作業は、明治時代以降、本格的に明治政府によって推進される。楠社と呼ばれた湊川神社創建は次の章で具体的に記述するが、ここでは教育における楠木正成の言祝ぎ見ておきたい。

一九〇九年九月一一日に大阪府の富田林中学校講堂、翌一二日に観心寺にて、京都帝国大学の教授、谷本富《とめり》が「楠公と新教育」と題した講演を二日に分けて行った。初日は約九〇〇人、二日目は雨天にも拘わらず七〇〇人の聴衆を得たという（谷本　一九一〇）。

講演において谷本は「新人物の標準」（六七頁）の八項目を挙げる。身体健固であること、理想を持つこと、知情意があること、何事にも屈したり撓んだりしないこと、余裕を持つこと、他人と共同すること、公共心を持つこと、そして宗教心を持って物事を行うことである。楠木父子はこの総てを持っているとする。このなかで重要なのは、楠木父子の理想を「忠義」（六七頁）と位置づけていることである。屈せず撓まず兵を引き受け、討ち死にし、公共心にもあふれている。そう論じるのである。

谷本は新人物の標準のほかに、新教育の綱領を論じ、綱領のなかで「忠孝」を最も大切なものと位置づける。それを体現した「忠臣の第一」（二九頁）である楠公を「日本国全体の理想」（二六頁）と言い、「楠公は即ち新教育から申しても一大理想の人物であると思ふ」（六二頁）と記すのだ。

しかし谷本は「忠義と云ふことはたゞ戦場に於て君の御前で討死をするのみが忠義ではない」（六二頁）とも書く。仕事に忠実であることも、楠木的な忠義だと言うのである。谷本は次のようにまとめる。

たゞ欲に眩んだり、情に絡まされたりせずして各々分限相応、力相応に一生涯を何うして渡らうと云ふ方案、即ち大なり小なり包括的の目的を立てるれば、それが忠義なのであると思ふ。楠公の忠義を思はるゝ人は、又平時には各々職業上に於て忠をせらるゝことを切に希望すると申すのでございます。

すなわち、戦時においてではなく、平時において自らのなすべきことを忠実に行う、それによって各人が日本社会の重要な一構成要素となる、このことを忠義や忠孝と説く。

谷本はさらに聖徳太子にも言及することで、忠孝の効用を戦時から平時に、武士から文官にまで押し広げる。ここで注目されるのは、「神儒仏三道を合せて日本国教倫理道徳の基を開」（六五頁）いた十七条憲法である。この中に記された「和を以て貴しと為す」を、「臣下たる者の心得」（六五頁）と解釈する。これにより楠木のみならず聖徳太子もまた忠孝の人物と位置づけるのだ。

谷本の弁は滑らかに進み、「楠公は聖徳太子の感化を受けられたのでなからうか」（六六頁）とまで推察する。この妄想に近い言明は、重要な意味を持っている。それは日本の中で連綿と忠義や忠孝の系譜があることを暗示するからである。その系譜の暗示は、日本人の心性として忠義や忠孝精神があること、そして当時の日本人もまたその系譜の上にいることをさらに暗示するのである。

なお、谷本はこの演説の三年後、一九一二年に明治天皇の後を追って自決した乃木希典を時代錯誤とくさし、それが原因で翌年に兼務していた大谷大学や神戸高等商業学校のほか、本務校の東北大学を辞任させられた。

ところで、谷本がこの演説を振るったとき、文部省の国定教科書第一版が発行されていた。既述のとおり、国定教科書には楠木父子の物語が記載されていたのだが、その記述内容には時代による違いが存在する。第四期国定小学校教科書の修身（一九三三年）と歴史（一九三四年）を検討した歴史学者の海津一朗（一九八九）は、湊川出陣から死に至る場面で天皇の命令に従順に戦い死ぬ素直な忠臣の姿が描かれている一方、天皇に厳しく諫められたことや、討ち死に至るまでの内心の葛藤や反感がまったく描かれていないこと、「七生マデ只同ジ人間ニ生レテ朝敵ヲ滅サバヤ」という中世の怨念「七生滅敵」が、国家への忠誠「七生報国」にすり替えられていることを指摘する（一八五―六頁）。より詳細な検討に依れば、国定教科書の記述内容には次の四つの変化があった。

一　一八八七年ごろ、足利尊氏の九州敗走に際して、正成は即刻追撃すべしと意見したが、新田義貞に退けられたという記述が消滅
二　一八九三年前後より楠木正成個人の物語から、正行と妻を含む家族の忠義の物語へと変化
三　後述する一九一一年の南北朝正閏論を経て、正成が自決するときに「七生滅敵」あるいは「七生報国」を誓い合ったという記述が出現
四　一九四〇年以降、湊川の決戦の前に作戦を奏上したが退けられたという記述が消滅（相川一九九八）

教科書はこのように理想的な楠木像を作り上げてきた。それは決して「事実」を教育するためのもので

はなかったのだ。
楠公は教科書で読まれるだけでなく唄われた。一九〇三年に国文学者の落合直文が作詞、兵庫県師範学校教員の奥山朝恭が作曲した文部省唱歌「青葉茂れる桜井の」はもっともよく知られる唱歌の一つである。この歌は全部で一五番まであり、桜井の別れの様子を紹介している。一番から六番までの歌詞は次のとおり。

一番　青葉茂れる桜井の　里のわたりの夕まぐれ　木の下蔭に駒とめて　世の行く末をつくづくと　忍ぶ鎧の袖の上に　散るは涙かはた露か

二番　正成涙を打ち払い　我子正行呼び寄せて　父は兵庫へ赴かん　彼方の浦にて討死せん　いましはここまで来れども　とくとく帰れ故郷へ

三番　父上いかにのたもうも　見捨てまつりてわれ一人　いかで帰らん帰られん　この正行は年こそはいまだ若けれ諸共に　御供仕えん死出の旅

四番　いましをここより帰さんは　わが私の為ならず　己れ討死なさんには　世は尊氏のままならん早く生い立ち大君に　仕えまつれよ国のため

五番　この一刀はいにし年　君の賜いし物なるぞ　この世の別れの形見にと　汝にこれを贈りてん　行けよ正行故郷へ　老いたる母の待ちまさん

六番　共に見送り見反りて　別れを惜しむ折からに　またも降り来る五月雨の　空に聞こゆる時鳥　誰れか哀れと聞かざらん　あわれ血に泣くその声を

父と子の理不尽な突然の別れ、その悲哀の情景が見事に歌詞になっている。歌詞を見て興味深いのは四番である。この四番の最後は、父正成が息子に、君主に仕えよ、それは国のためだと諭している。そもそもこの時代の「国」という語が指すのは南朝のこと、あるいはそれが統べ治める領地のことであり、日本全体ではないはずだ。それは私たちが今「国」という語を聞いてイメージするものとは別物なのである。

演劇としても演じられていた。全国的な動向は不明だが、愛媛県愛南町立城辺小学校の一〇〇周年記念誌で、戦時中にこの小学校の児童だった男性は、学芸会において「大楠公」で正行役をしたことを回想している。当時、学芸会のほかに重要な行事として正月、天長節、紀元節、明治節の四大節を彼は挙げ、そのときには天皇と皇后の御真影が飾られた講堂にて校長が教育勅語を読むと説明する（城辺小学校一〇〇周年記念事業期成記念誌編集委員会 一九九三）。大楠公と皇室に関わる行事が小学校において重視されていたことがうかがわれる。

南北朝正閏論

歴史教科書における楠公の記述内容の変移は、南北朝正閏論争に大きく影響を受けている。話を一八八六年に遡ってみたい。文部省による教科書検定制度が始まったこの年、歴史学者の重野安繹《やすつぐ》は東京学士会館で「大日本史を論じ歴史の体裁に及ぶ」という講演で、水戸藩が編纂した『大日本史』における南朝正統論を批判した。同僚の久米邦武もまた一八九一年に「太平記は史学に益なし」という長編論文を掲載し始めた。歴史学では実証主義的な史実既述を進める中で『太平記』の記述を他の史書や日記などの資料と比較していった。そのなかで、小島高徳の存在、桜井の駅での納公父子の別れ、さらには湊川における正成の覚悟の死などの史実性が疑問に付されたのだった。

歴史学における史実実証研究を受け、一九〇三年と一九〇九年の小学校の国定教科書改訂では南北両朝は並立していたと書かれていた。ところが、一九〇一年の教師用教科書改訂にあたって、この記述スタイルが問題だと批判され始めた。一九一〇年は、天皇暗殺を企てたという理由で多くの社会主義者や無政府主義者が逮捕され、処刑された大逆事件が起こった年でもあった。この中で天皇への忠誠の正当性が大きな問題になったのである。

教科書が南朝と北朝を並列に扱っていることについて、一九一一年一月一九日付の『読売新聞』社説が問題視した。さらに、二月二二日付の『読売新聞』に掲載された「論議　歴史教科書改訂の如何」は、大逆事件以後、「講演演説を催す際は危険思想の伝播に就て十分取締を為すべし，若し其演説が不穏当と認むる時は学校長又は監督者断然之を中止せしむるか其他適当の処置を採るべし」と文部省が通達を出したにもかかわらず、「逆賊尊氏の徒輩たらしめんとする行為」を教科書がしていると激しく批判する。歴史教育とは「国体の大要」を教えることで国民の「志操を養ふ」ことを目的とするのに、

曰く楠公父子の訣別、曰はく湊川の殉戦、曰はく藤島の戦没等、南朝の忠臣が丹心国に報いて、千載の下尚烈々たるは、最も同胞の国民的情操を涵養する好教材にして、南朝の史実は即ち三千年史の神髄なり、之をして唾棄せば、国民的情操乍《たちま》ちにして破壊し、国体も亦従ひて滅裂せんのみ

と、つまり、太平記に記されているような内容こそが日本国民の思想や情操の涵養に重要なのであり、これを教授しなければ国民の情操が崩壊し、国体もまた破壊されるとかなり強い調子で論じている。

すでに一九〇三年に『日本制度大要　国民教育』を上梓し、尽忠報国の国民教育において倫理道徳の重

要性を説いていた、後に東京府議会議員となる小池素康《そこう》は、史学を根拠として北朝正統説あるいは南北両朝対立説を論じる人たちを「自然派」、国体論者もしくは大義名分論者であり、南朝正統説を論じる人たちを「規範派」と呼び、自らを規範派として次のように主張した。つまり、「吾々日本人が、本国の歴史を論ずるには、我国体を大前提として論じなければならぬ」、したがって国体を揺るがすような「革命国の思想」（四六頁）で歴史を論じることは罷り成らない。

自然派と規範派の代表的な論は、小池のものも含めて『南北朝正閏論』（一九一一年）にまとめられている。規範派の優位によって論争が幕を閉じたこともあり、『南北朝正閏論』には規範派の意見が多く掲載されている。たとえば先の章で取り上げた井上哲次郎は南北朝の問題を「歴史にも関係があり、道徳にも関係」があるもので、「単に歴史の一方ばかり論断すべき性質のものではない」（三七四頁）という前提に立つ。そして、歴史家としては事実の研究をすることが当然の態度ではあるが、それが「国民教育の範囲にまでも矢張りさう云ふ態度で押遠さう」（三七五頁）とすると「名教《みようきよう》」（道徳）と衝突するのは当然だとする。そしてその場合、「道義の前には歴史事実だけを楯にして居る者は膝を屈して降服しなければならぬ」（三八七頁）、つまり、道徳教育のためには歴史的事実に目をつむるべきであるとまで記しているのである。というのも「道徳観念の基礎」（三七七頁）は普遍であり、日本においてそれは「日本国家の成立の第一義諦即ち根本主義」（三八〇頁）だからだ。

先に紹介した小池は、自然派の一人である歴史学者の久米邦武を「我国体に背くの議論」として厳しく批判する。『南北朝正閏論』に掲載されたその久米の談話を要約すれば、「臣下の党争に帝室を引入るべからず」（六八頁）というものである。つまり、「正成が忠臣であるから南朝を正統」（七一頁）、尊氏が「逆臣である故それで此方は閏統」だと言うことは誤りであると主張する。もちろん、歴史学者のすべてが自然派であったわけではなく、後にみるように一九二〇年代から三〇年代にかけて日本の国粋主義をリードすることになる帝大教授の黒板勝美は、「史実」の検証をとおして、南朝が皇位継承においては正統だと主張する。

論争は南朝を正統とする方向で収束する。「史実」はともかくとして、教育過程での「歴史」は、国家の意向に添って政治的に決定されたのである。南朝の側に立って戦った楠木正成は国家の忠臣として高く賞賛される一方、南朝を「裏切り」北朝に立った足利尊氏は激しい憎悪の対象とされた。そして教科書においても「七生報国」を旨とし、死ぬと分かっている命令を甘んじて受け戦死する大楠公のイメージが形成されたのである。大和魂の理想的体現者はこうして画定された。

大楠公を言祝ぐ

大楠公六百年祭記念事業について、一九三五年一月一二日、大阪朝日新聞社はそのための協議会を開催している。そして会終了後に「大楠公を語る座談会」を行い、その様子は翌日一三日の紙上で公開された。協議会のメンバーは、掲載された順に黒板勝美（東京帝国大教授）、白岩秀夫（湊川神社禰宜）、宇多川昇（四条畷神社宮司）、中村直勝（京大助教授）、魚澄惣五郎（大阪府立女専教授）、大北樟雄（大阪府社寺兵事課局）永島眞龍（河内観心寺住職）、曽我部俊雄（金剛寺住職）、江崎政忠（大阪史蹟調査委員会）、岡山広次（建水分神社社司）、大谷澄（大日本楠公史蹟八勝会）、五十嵐夏次郎（神戸史談会）、葛城貢（金剛山葛木神社社司）、加藤鎮之助（楠妣庵）で、このほかに九名の朝日新聞関係者も含まれた。

メンバーの顔ぶれをみると、湊川神社や四条畷神社など楠木正成に由縁ある寺社関係者が多いこと、しかもそれぞれの寺社の序列に基づいて順番に紹介されていることがわかる。そのほかに、大学関係者や調査委員会関係者や郷土史研究者などの学術研究者たちも名前をつらねている。ここに名前のある黒板勝美、中村直勝、魚住惣五郎は、一九三五年三月七、八、九日の三日間に、それぞれ大阪、神戸、京都で大阪朝日新聞社によって開催された「大楠公講演会」で講師を務めている（三氏のほかに、西田直二郎（京都大教授）、林彌三吉（元第四師団長）、平泉澄（東京帝大助教授））。

座談会のメンバーの一人、黒板勝美は、古文書学を専門とし、古社寺保存委員、史跡名勝天然記念物調査委員などを務めるほか、いくつかの研究会を組織したり研究機関を設立したりした。特に、『新国史大系』を吉川弘文館から刊行するなど、第二次世界大戦前の日本国史学の権威であり、官学アカデミズムを最も代表する人物であった（松島 一九七六）。とくにそれ以前の歴史学への反省期である一九三〇年代前半において、アカデミズムを代表する黒板の言説は拡張するナショナリズムとの親和性を持っていた（成田 二〇〇一）。

『朝日新聞』（1935年1月8日付）に掲載された大楠公の講演会

黒板は座談会において、楠木正成が建武の中興に果たした役割を高く評価し、楠木の戦死した旧暦の五月二十五日を大楠公記念日として全国的に統一すべきだと言っている。彼は、楠木正成を天皇と国家に忠誠を勤しむ日本武士道をもっとも具現化した人物だと見なしていた。その楠木正成観は神戸での公演においてもさらに展開された。黒板は（おそらく太平記を参照しながら）、後醍醐天皇が楠木の功績を讃えたとき、自分の功績を誇ることがなかったことを例に挙げ、「自分の命を投げ出して働いて、それに対して少しも功を誇らない」この行為をみならい「吾々は皇室に忠なる臣民であり得るといふことを信ずるのであります。大楠公はつまり天皇陛下の御為に、皇室の御為に、自分の一身を断ち、一家を捨て、一族を滅ぼして差支えない、それに対し少しも求むるところがない」として、現今の日本国民にも楠木のような天皇への忠誠を求めたのである。

ただし、黒板は講演会以外ではあまり大きな役割を果たしていない。むしろ大阪女子専門学校教授の歴史家、魚澄惣五郎が楠木正成やそれに関わる事柄を日本の国民精神と結びつけるという重要な役割を担った。たとえば、魚澄は一九三四年三月七日から一〇日までの四日間にわたって「建武中興の回顧」と題した文章を朝日新聞紙面に寄せた。この中で彼は、後鳥羽上皇による朝廷の権力奪回の試みを国体の本質とした上で、それ以降、王朝政治回復の意識が国民思潮の底流となっていたとする。そして、建武の中興はそのような国民思想が顕現する契機だったと指摘している。また、先に述べた座談会では「大楠公の偉大なる点はむしろ朱子学を日本的に取入れた点にある」(『大阪朝日新聞』一九三四年一月一三日付)と述べ、密教を日本流にアレンジして取り入れた弘法大師、仏教を日本流にアレンジして取り入れた聖徳太子という語りのスタイルと同様、楠木正成は朱子学を日本流にアレンジした人物としても紹介される。すなわち、楠木であれ弘法大師であれ聖徳太子であれ、それぞれの人物が取り上げられるのは彼らを規定する日本的なるものを称揚するためであると言えるだろう。さらに大阪在住という地の利を活かして、楠公の史蹟を紹介したり、その周辺で講演したりもしたのだった。

神戸新聞社が一九三五年五月に神戸市で主催した講演会では、例えば、陸軍歩兵大佐池田賢十郎が「戦術上から観た湊川合戦」という講演を行っている。彼は楠木の戦略が今日の軍事的見地からしても優れた

ものであったことを述べる（『神戸新聞』一九三五年五月一〇日付）。そして池田は、

大楠公はすべての戦ひに決死の覚悟で出陣せられた、この決死の覚悟といふのは日本人だけにあるもので外国人にはこの精神がないのであります、（中略）まづ第一に決死といふことを考へてをる、この精神がわが国のもつとも偉大なる誇りであり、且つまた名誉とすべきものであります、上司の命には絶対そむかない、命令なら火の中、水の中でも飛込むといふ精神は武人の唯一の生命とするところで、全く自己の利害をかへり見ず、何等の不平も云はずに誠心誠意命令を実行するといふ此の精神が武人の第一義でなければならない（『神戸新聞』一九三五年五月一二日付）

と語る。日本人の精神が戦地に赴く楠木の心持ちにすでに現れており、そうした日本人の精神を持っていたからこそ日清戦争、日露戦争、上海事変、満州事変を乗り越えてきたと言う。軍人からみた武人の犠牲精神を再評価することで、楠公精神の非常時における重要性を際立たせるのである。

皇室と大楠公のつながりの再確認

宮内省は大日本楠公会の事業を協賛することを一九三〇年一〇月に表明した。大日本楠公会は本部を楠木正成首塚の所在地である河内観心寺において一九二七年に発足したもので、一九三〇年の時点で会員は三万人に達していた。

観心寺の恩賜講堂は、一九二八年の昭和天皇即位礼において京都御苑に建てられた饗宴場建物が宮内省より大日本楠公会に下賜されたものである。この建築部材を建築家であり大阪府の史蹟名勝天然記念物調

観心寺には1934年7月に大楠公像が設置された。（筆者撮影）

発見される地域の忠臣

査委員でもあった池田谷久吉が再設計し一九三〇年五月二五日に講堂として竣工した。この建物は国民教化と思想善導をめざす大日本楠公会の収容会館として機能した（河内長野市教育委員会 二〇〇二）。

宮内省と大日本楠公会は共鳴しながら活動を行っていた。たとえば、宮内省はこの会が企画する楠公六百年忌法要記念の『楠公伝』の出版に協賛の意を示している。当時の宮内省次官はこの出版によって、全国民が楠公について深く知ることができるよう期待している。また、文部次官は新聞紙上で国民精神の作興は国史の研究に負うところが多く、国史研究によって世界無比の日本の国体も明らかになるのだが、その国体を如実に体現したのが楠木であるため『楠公伝』の刊行は意義あるものだとする。彼は歴史を研究する行為によって、国民共通の普遍的な歴史が立ち現れ、それが日本人のアイデンティティ形成に寄与することを理解していたようである。

この大日本楠公会は後述する一九三五年の大楠公の六百年祭に際して、記念事業として五月二五日の祭日前後に軍人会館を会場として、六百年祭執行記念博覧会、講演会、団体での遺跡巡拝、武道大会のほか楠木正成出生地とされる大阪府河内郡赤坂村に楠公歴史館を建設した。

楠木の功績に寄与した当時の武士たちの何人かもまた、一九三五年前後に「忠臣」として見いだされ、顕彰された。たとえば、楠木が赤阪で挙兵したときにそれを支援し、落命した南河内郡白木村平岩城主平岩左衛門尉茂直とその部下の忠誠心を讃えるとして、南河内郡にある高貴寺で一九三五年四月二六日に慰霊法要が営まれた。法要後には平岩氏の居城であった平岩城に関する講演や現存する平岩家の家宝も展覧された。

また、同年五月には大阪府泉北郡和泉町にある尽塚で、楠公や北畠顕家卿に従い忠死した千余名の英霊を慰めるために、尽忠祭が執行された。『大阪朝日新聞』一九三五年五月二五日付の記事によると、そもそもこの塚は泉寺に死者を祀るために作られたものだが、江戸時代の明暦年間に泉寺が廃寺になり、塚は同町の土橋の一部に利用されていたという。一九三一年、泉寺跡地を調査のために訪れたある調査員がこの塚石を発見し、泉寺跡地にこれを移動させ再度祀った。以後、この尽塚は和泉市にある泉井上神社の宮司と氏子によって管理され、毎年祭典を行っていた。そして、一九三五年の楠公六百年祭に当たり、この塚の前にさらに新たに「尽忠之碑」が建立され、盛大な尽忠祭が行われた。

さらに同年六月には南朝の側に立った「忠臣」を偲ぶために設立された「大阪ゆかり会」が大阪市住吉区にある阿倍野神社外苑に仮設の祭壇を設置し、北畠顕家をはじめとする南朝の武士の霊を慰めるための慰霊祭を挙行した。これに参加したのが、忠臣の一人安藤之信の子孫と、阿倍野神社が所在する阿倍野青年団の団員であった。

このほか、『大阪朝日新聞』一九三五年五月二六日付によると、一九三五年五月には楠木正成の御師とされる瀧覚坊という僧侶に関する研究成果が、南河内郡上村の研究家によって『瀧覚坊と大楠公』という小冊子にまとめられ、日本楠公会から発刊された。この小冊子がどのようなものかは現在確認できない。

しかし記事に従えば、楠木正成にこの僧侶は多大な影響を与えた人物であるにもかかわらず、それまでほとんど知られることがなかったので、それを遺憾に思った人物がまとめたという。

人びとに受け入れられる楠公

こうして象徴化されていった楠木正成を、当時の人びとはどのように認識していたのだろうか。一八九二年、宮内省が楠木の血統を調査したところ、五〇名以上が自らを楠木一族の血をひくものとして系図や古文書等を添えて届け出た。しかしながら「未だ一人の正統者なし」であったという（『読売新聞』一八九三年三月二三日付）。

自らを楠木一族であると名乗り出た人びとの家に古くより伝えられていた文書類が偽物であったのか、それとも名乗り出た人びと自らが偽造したのかは定かではない。一方で天皇へ忠義を尽くした人物として人びとに広く受け容れられていたからこそ、宮内省の呼びかけに五〇名以上が名乗り出たのだと考えられる。

次のような新聞記事もある。

京都下京区廿八組下馬町の中野源助方に祖先より伝はる二個の宝物あり、一は鎧の片袖にして他の一は兜の前に装うべき直径三寸計りの古鏡なるが、共に楠河内守正成公の遺物なりと称し此上なく珍重し居るよしにて先年九鬼宝物取調委員長が巡回の砌り鑑定を請ひしに鎧の方は一応取調の上ならでは何とも判断し難しとの事なりしよしを伏見稲荷神社の宮司某が打ち開き頻りに所望すれども源助は頭を振り楠公を祭れる湊川神社へ寄附せんと決心したる由を神戸の同神社へ申し入れたりと（『読売新聞』一八九二

年八月一三日付）

京都市の旧家に伝わる兜が楠木正成のものである可能性があるため、九鬼隆一が調査したという。楠木の兜である可能性が否定できないとなり、それを伏見稲荷ではなく、次の章で紹介する神戸の湊川神社に寄付しようとした。

九鬼が宮内庁臨時全国宝物取調委員長に就任するのは一八八八年、帝室博物館長に就任するのは一八八九年であり、日本の文化財行政を一手に握る人物であった。その九鬼が京都の一民間人の家に伝わる鎧と古鏡をわざわざ鑑定した理由には、当時の日本の古物が海外へと流出する状況に対する危惧に加え、楠木正成に関わる事物の当否が重要であったことも挙げられよう。

鎧が楠木のものである可能性が捨てきれないという判断が下ったとき、所有者へ伏見稲荷神社の宮司がそれを所望したことは、楠木に関わる事物に対する人びとの高い関心を読み取ることができる。さらに、所有者がその要求を拒否し湊川神社へ「寄附」したことからは、楠木とそれを祀る湊川神社に対するさらに高い関心が理解できる。

三　日本精神の体現者たち

日本流のアレンジ能力

日本精神の体現者も既述のとおり国定教科書で紹介された。彼らの天皇や皇室への貢献が忠孝精神の現れであるとされただけでなく、日本の文化や法制度の礎を築いたこと、外国に屈せず対等に渡り合ったこと、さらに外国の文化を鵜呑みにするのでなく日本流にアレンジしたことが高く評価されたのである。

和気清麻呂、藤原鎌足、北条時宗などが歴史や修身の教科書で褒めそやされるが、この節では聖徳太子と弘法大師に注目し、いかに彼らが日本精神を発揮したと語られたのかをつまびらかにしていきたい。彼らはともに異国の宗教である仏教を日本に導入した人物として明治以前には儒学者や国学者により批判されていた。それが日本精神の権化へと変わっていったのだ。

聖徳太子も弘法大師もその死後五〇年ごとに御遠忌《ごおんき》法要が営まれていた。しかし明治初頭の廃仏毀釈や国粋主義のため、聖徳太子の一八七〇年（明治三）の「太子一二五〇年遠忌法要」、弘法大師の一八八四年の「弘法大師一〇五〇年御遠忌法要」はかなり低調であった。国粋主義も落ち着いたその五〇年後の御遠忌事業は、華やか盛大に執り行われた。

一九二一年（大正七）の聖徳太子一三〇〇年忌事業においては、聖徳太子奉賛会が結成され、それが聖徳太子に関わる諸事業を執行した（増山 二〇一〇）。この事業で聖徳太子と皇室を積極的に結びつけたのが、当時の東京帝国大学助教授の黒板勝美であった

一三〇〇年忌事業で黒板は一九二〇年前後の日本を「国体の危機」とした上で、この状況を改善するため聖徳太子を皇室と結び付けた（新川 二〇〇七）。ただし当時はまだ日本精神という言葉がほとんど用いられていなかった。黒板は聖徳太子が外来宗教の仏教を日本に取り入れ、それと日本古来の神祇祭祀とをうまくつなぎ合わせたことについて、次のように講演している。

この旧信仰を捨てずして、新信仰を採用するといふことは、実に大切なことである。我々日本人は連綿たる皇統を上に戴くばかりでなく、連綿たる古信仰に生きて居るのである。そして外国文明と共に入来

る外国の信仰を拒むことが出来ぬ以上、それを採用する必要を認むると共に、旧信仰を尊重することが、民族として、国民として、緊要であることを信じざるを得ない。（黒板 一九一八：一七頁）

つまり異国のものを拒むのではなく、それをどのように日本的な文脈に即して受け取るかが重要であると言う。その上で「太子が仏教を日本的たらしめんと努力」したことにより「仏教も神祇崇拝もその帰趣を得た」（一八頁）と聖徳太子の日本流アレンジ能力を高く評価する。黒板はさらに美術や音楽を聖徳太子が咀嚼して導入したと主張するのだ。

黒板勝美は同じ方法で弘法大師を高く評価する。一九三四年に大阪朝日新聞社は大阪府内で弘法大師文化展覧会を開催し、黒板は大阪市の大阪朝日会館と京都市公会堂の両方で講演を行った。その黒板の講演内容は、大阪朝日新聞紙上に五回に分けて掲載された。黒板は、仏教の伝来が、日本古来より存在する「国体」へ影響を及ぼしたという見解を踏襲した上で、弘法大師も儒学を研究したとして、

日本人として何を中心として進まなければならぬか、いふまでもなく日本の国体を理解いたします上から申しますれば、それは忠孝といふことに帰するといふことは今日も昔も少しも違ひはありません（『大阪朝日新聞』一九三四年二月二四日付）。

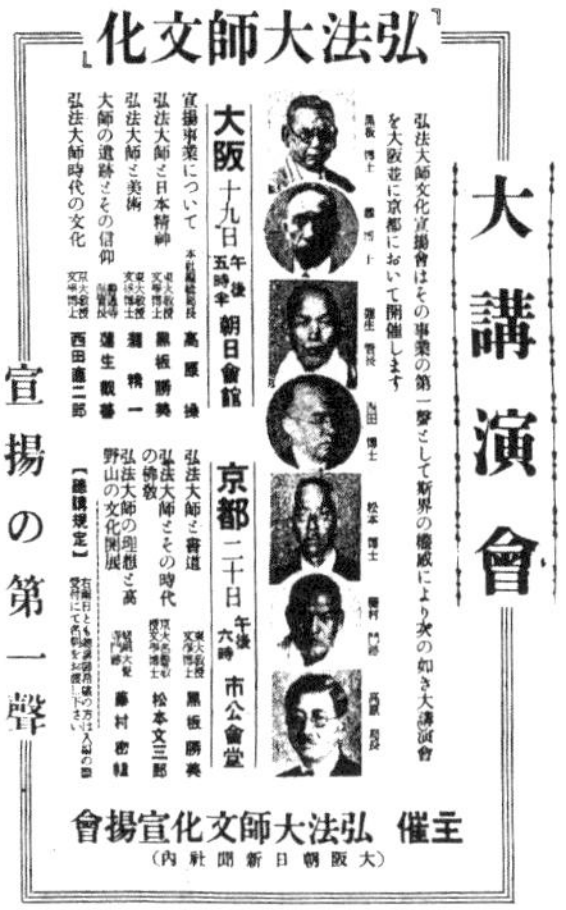

弘法大師文化展覧会に際して行われた講演会の告知（『大阪朝日新聞』1934年２月17日付）

と、弘法大師が儒学を学んだことを、国体への従属へとスライドさせている。しかも国体へと問題をすり替えることにより、忠孝の祖型を弘法大師に求めているのである。また、仏教などを日本に導入したことについては、

自分のものにして、日本式にして、日本国民をいかにして救ふかといふ意味において、真言宗をお採りになった。（中略）採ってさうしてこれを立派なものに仕上げて行くといふことがわれわれの行くべき途である。これが私は日本精神であると信ずるのであります（『大阪朝日新聞』一九三四年三月四日付）。

と、海外のものを巧妙に日本に流用したと評価される。京都府での講演では、弘法大師が中国の模倣を越えて「日本書道」を樹立したとして（『六大新報』一五五八号　一九三四：一二―三頁）、弘法大師に学ぶべき「日本精神」を、海外の粗野な物を「立派なものに仕上げ」ることであるとしているのである。

日本文化への貢献

黒板は弘法大師がいろは歌を作成したことを取り上げ、日本文化の形成に大きな役割を果たしたことを褒め称えた。聖徳太子についてもまた、「国語の上に於てもまた日本国民を救はれた」（黒板　一九一八：一九頁）と褒める。聖徳太子は中国文明を輸入したが、そのとき漢字の読みを「支那音」（二〇頁）、すなわち音読みではなく、日本風の訓読みを用いたのであり、「我国固有の言葉を以て之を呼び、大に国語を尊重したまひし太子の事業は、また実に自主的日本の民族結合を益鞏固ならしむる」（二二頁）という。

しかもこの聖徳太子の態度は、近代化以降の日本にとって大きな意味があると指摘する。というのも、日本銀行の兌換券、鉄道の高札、店舗看板は「まるで英米の植民地でもあるかのやうに、必要以上に英語を併用して居る」（二三頁）からだ。反英米と日本語が節合され、聖徳太子が賞讃される。

さらに、黒板は弘法大師が唐に渡るとき、福州の監察使の命令に反した行動をとったことを紹介し、外圧に屈しない弘法大師の姿勢を高く評価している（『大阪朝日新聞』一九三四年二月二八日付）。この姿勢がより鮮明に語られるのが聖徳太子である。聖徳太子は朝鮮半島の新羅を征伐するため「国土守護、敵国降服」（黒板 一九一八：二七頁）のため四天王寺を建立し、これを成功させた。さらに自らを世界の中心として他国を見下す中国の隋に小野妹子を国書とともに遣わせた。「すべての事に於て、日本中心、皇室中心であらせられた」（三〇頁）太子によるこの国書は、「進んだ文化を有せる支那も、国としては日本と同様であるといふ信念、独立的国家観念」（三〇頁）を確立させる。それにより「我が国の独立的位置は立派に確定した」のであり、それにより「我国が大陸の勢力に屈服せずに済んだといふのは、我が国民が牢記して、必ず永く忘れてはならぬことである」（三二頁）と主張するのである。

日本的なるものをめぐる言葉の系譜

黒板が聖徳太子や弘法大師の事績を評価するときの語り口は、もちろん古文書学者、歴史学者としての訓練をとおして獲得されたものであるが、同時に歴史的かつ社会的な所産でもある。つまり、彼が語る内容や語る人物は特定の歴史的背景を持ち、特定の社会的背景においてそれが強調される一方、ふさわしくない内容は隠されている。

弘法大師への語り口が持つ歴史的系譜を見てみよう。「弘法大師」は、真言宗の開祖であり宗教者である一方、いろは歌の作成や書の達人といった一般民衆によって支えられ、講組織が形成されるに至るような「大師信仰」の対象という側面を持つ、いわば民俗的知の代表人物であった。

一九三四年の弘法大師一一〇〇年御遠忌事業において真言宗各派は宗祖弘法大師に関する研究を特に精力的に行い、弘法大師に関する書籍を多く出版した。この中で重視されたのが科学的な方法での弘法大師の事績理解である。たとえば、『真言宗年表』（守山 一九三一）は全七五七ページにわたる年表であり、それは七七四年の弘法大師生誕から始まり、弘法大師の生誕と真言宗との関係を通時的に示している。この年表の作成には東京帝国大学の史料編纂所の諸資料が重要な役割を果たした。そしてこの書籍は、真言宗の歴史を僻撤するものであり、御遠忌事業の中でも最も重要な事業として評価されていた（中野 一九三一）。

また、この時期の弘法大師研究において、日本文化の中に弘法大師を位置付けることが試みられた。天皇の神権的絶対性を維持する国体神学では、仏教や「民俗信仰」などが排斥されたからである。ここでは二つのことが強調された。一つは日本の皇室と弘法大師との関係、もう一つが弘法大師による日本文化の創造物語の強調である。

第一のものから確認しておこう。真言宗各派の統合的な組織である六大新報社は「祖風宣揚会」を設立し、一九一五年に『皇室と真言宗』を刊行している。ここでは弘法大師が嵯峨天皇の病気に際して加持祈商を行って以降、皇室を真言宗がつねに支えてきたとされる（祖風宣揚会 一九一五）。巻頭に「例言」を寄せた石堂慧猛は、「我が宗祖弘法大師に至ては、無情頓悟の大法を伝播すると供に恒に護国的観念を主と為し、開化を助け道徳を盛にせるは勿論、鎮護国家宝作延長の為に宮中に法を修すること五十一度」と、皇室と真言宗との関係のほかに弘法大師が大陸の文明を日本にもたらしたことを記している（祖風宣揚会一九一五：一―二頁）。

また先に紹介した『真言宗年表』の様式に注目すると、年表の上部から順に皇紀、天皇の名前、年号が記載され、「重要事項」として真言宗に関わる事項が記載されている。皇紀や天皇を最上部に記載していることは、この年表が弘法大師や真言宗と皇室との関係を絶えず保持していることを示しているといえる。本書に収められた豊山派管長による序文には弘法大師が国家安寧の祈願を五一回行ったことを紹介しながら「真言宗是が常に鎮護国家を標的としてゐる」と述べられ、そのため真言宗は「国体観念を明徴にし、国民精神を作興して、国家興隆の為に敬虔奉仕することを念じなければならぬ」とされる（守山 一九三一：四―五頁）。この書籍は出版に際して、天皇、皇后、皇太子のほか、宮内省を通じてその他の皇室関係者にも献上された（豊山派弘法大師一千百年御遠忌誌編纂委員会 一九三八）。

日本文化創出の物語として、一九〇〇年代初頭の講演を見ておこう。「文化の開発につきては、いろは歌や五十音図を製作せられ、教育の普及につきては綜垂種智院を開きて学問の奨励に努め」た（蓮生 一九三一：四四四頁）という語り口によって、真言宗内部においても日本文化と弘法大師との関わりが確認されていた。

先の章で楠木正成に関する講演を行っていた谷本富は、弘法大師についても一九〇七年に講演していた。この講演は「弘法大師降誕会」という団体が京都の東寺で毎年、講演者を招いていたものの最初のものである。谷本は「日本文明」が外来の諸文化を流用してできあがったことを認めた上で、「弘法大師は我国の文明を創造された人と云ふよりも寧ろ大陸の文明を日本に承け伝へ輸入をされた事に於て偉大」（谷本 一九二九：八頁）であると、弘法大師が日本を「文明」へと導いていったことを強調した。この講演内容は『大阪毎日新聞』第一面で講演の七日後（一九〇七年六月二三日付）から一〇回にわたり掲載されたことから、都市部で新聞を購読していた中産階級以上の人たちの目に触れることとなった。

このような歴史的系譜を有する日本精神の語り口は、他方で共時的、社会的なものである。というのも、本章で取り上げた偉人たちを賞賛する語り口は、個々の事績に違いがあるものの、ほぼ同一であるからだ。人びとの忠孝精神、日本への誇り、日本文化への貢献といったものは、楠公、聖徳太子、弘法大師に限らず、教科書で取り上げられる「忠臣」についても語り出されるのであり、それは特定の社会的要請において取り上げられ、強調されるものなのだ。たとえば、国外から伝来するものを無批判に受け入れるのではなく、「日本流」に流用する技芸を賞賛する語り口は、明治時代後期に西洋によるオリエンタリズムの反転として日本精神論が生じる中で醸成され、近代化への疑問と社会への不安から一九三〇年代に「国民の物語」として多方面で確立されるものである（姜 一九九六、成田 二〇〇一）。実際、前章で取り上げた一九三七年の文部省による『国体の本義』には、海外の文化を国体に基づいて「醇化」し、新たな日本文化を建設したという記述がみられる。

本章で何度となく繰り返してきたように、忠臣たちは皇室との関係において策定され、それが日本の「国体」への寄与として褒めそやされる。しかし先の章で確認したように、国体とはいったい何であるのかということは極めて曖昧である。というよりも、枠組みとしては社会に存在していたその言葉の中身は、真空であった。したがってその中には常に意味が詰め込まれなければならなかったのである。そのため、忠臣たちの具体的な事績がスポットライトを当てられ、それこそが国体を護持してきたのであり、その行為が日本精神や大和魂によって支えられてきたのだというように、意味が積分されていったのだ。

本章では忠孝の思想が大和魂や日本精神と結びつけられ、さらにそれが具体的な歴史上の人物と結びつけられていくことを確認した。国民教化のための学校現場では、あらゆる教科の教科書において忠孝、その発露としての大和魂や日本精神の重要を説くために、具体的な人物の物語が教授された。また一九三〇年代半ばにはこれらの人物を紹介する展覧会や講演会が行われたのである。楠木正成、和気清麻呂、弘法大師、聖徳太子。彼らは近代にその眠りから呼び起こされ、日本国家の国民精神と節合された。それぞれの人物の生涯は異なるはずなのに、その物語のある部分は驚くほど似通っている。それはその生涯のある側面を切り取り、国民精神と結びつけ、しかもその部分を大きく強調しているからである。こうして抽象的な国民精神は日本社会の中に存在しえたのであり、またそれぞれの地域の人びとにとって受け入れ可能な概念となったのだ。

第三章　国民精神の物質・視覚性

一　展示される大和魂と日本精神

敵の兵器と大和魂

大和魂、日本精神、国体、忠孝といった国民精神はすべて不可視である。そのため、近代の日本はこれらを言葉で概念化し、歴史上の人物を選択することで具体化してきた。抽象的な概念はまた、遺跡やモニュメント、展示品によって物質化されてもきた。これらは入念に選ばれ、不都合な事実は捨象されている。そしてまた、こうして物質化された抽象的な概念は、社会の中にあたかも事実として実在してきたかのような錯覚を人びとに抱かせるのである。

とはいえ、展示されたり作られたりする事物そのものは無価値であり、特定の説明を付されることによって、特定の物語の「証拠」となる。たとえば戦前の遊就館は戦利品を展示し、日本の軍力を誇示していた。兵器という事物は選ばれ、ある解釈や物語を付与されることで、別の象徴物へと変化し、しかもそれが見る人に「証言」する。展示品は特定のプロセスを持つのだ。

例として一九三七年七月七日に引き起こされた盧溝橋事件に続くいわゆる「支那事変」における鹵獲品展示を見ておこう。鹵獲品展覧会には伏線がある。一九三七年九月二二日付の『朝日新聞』（東京版）は、「海の荒鷲」岡島威大尉の戦死を告げ、それが日本兵の勇猛さを同時に称えている。彼は南京空爆後に消息を絶ち、戦死と認定されたのである。こうして戦争における大和魂が褒めそやされる傾向が強められていく社会的状況に、鹵獲品展示は位置づけられるべきである。

この記事の下に「北支戦線鹵獲品展覧会」開催を告げる記事が掲載された。展覧会は東京の日本橋にある三越百貨店の屋上特設館において九月二四日から三〇日まで催され、終了後は「地方銃後の人々の観覧に資するため」、各地に巡回して展覧会を催している。なお、三越百貨店においてこれが催される意味は次章で検討する。

北支戰線鹵獲品展覽會
南北支戰線ニユース寫眞陳列
場所　日本橋三越屋上特設館
日時　九月廿四日―卅日（朝九時―夜六時）
陳列鹵獲兵器

北支戦線鹵獲品展覧会の開催案内（『朝日新聞』1937年９月22日付）

「鹵獲」とは敵の軍用品や兵器などをぶんどることを意味する。この場合は中国軍から奪った品々であり、それらを広く国民の目に供することは、日本軍の強さと中国軍の弱さを同時に示すとともに、それを獲得するのにいたる日本軍兵士の「労苦」に思いをはせることを求める。このようにして銃後と戦線は結びつけられ、さらに国民の情緒的一体性が醸成されるのである。

九月二五日には閑院若宮妃直子殿下が会場を訪れる。記事のタイトルは「大人気の鹵獲品　閑院若宮妃殿下も御成り」である。「が」ではなく「も」が用いられたことは、この展覧会が広く国民に訪れられるべきであるという意味をほのめかしている。

物が語る支那軍の「物語」

鹵獲品は、単に中国軍（支那軍）がどのようなものを使っているかを紹介するために展示されたわけではない。それらは中国軍の性質を体現するものとして、そしてそれと日本軍（皇軍）との埋めがたい差異を解説するものとして展示されたのである。

鹵獲品展覧会が開催されると朝日新聞社は展示品を解説する記事を掲載していく。展覧会へ実際に足を運ぶことのない人たちに対しても、これらの記事は鹵獲品をとおして見える中国軍の性質や日本軍との差異を解説していった。記事を見てみよう。

九月二五日付の記事のタイトルは「如実に物語る抗日　嘘八百を並べたポスター　まち〳〵な銃器」。「排日、侮日、抗日に支那当局が大童になつたか。幼稚だが愚民を十分に扇動することの出来る各種ポスターが何よりも証拠です。」とこのポスターは中国人の愚劣さと幼稚さを明示するのだと説明されている。幼稚さとして記事が紹介するのは、日本軍が日章旗を掲げて済南白に攻め寄せたことと中国人を死刑に処した様子を示す「日本武力侵害中国国恥掛図」と、満州国成立に反対するために本庄将軍、土肥原大佐の肖像とともに「首造傀儡日軍指令本荘」「陰謀之日軍大佐土肥原」と書いたもの、さらに日本軍が中国人を虐殺し家屋を壊したことを告発する上海事変のポスターである。これらは「「嘘八百」侮辱的な扇動の絵と文字を並べて」いる。

武具は中国軍の野蛮さと幼稚さを示すものとして紹介される。九月二六日の記事では鉄兜、旗、青竜刀が取り上げられている。鉄兜は「呪はしい通州事変を起したき東保安部隊の将校」がかぶっていたものである。解説文によると、「東政府は日本と協調協和を主義として居たのですが、保安隊が反乱して暴虐な血に呪はれた惨事」を引き起こした。「こんな立派な鉄兜をかぶつた将校が指揮して力なき子供、婦人まで虐殺したかと思ふと腹立たしくなります」。日本の武士はカブトの美しさを傷つけないようにするのだが、「支那軍には武士道があらうはず」もないと、日本の精神性の高さと比較している。また、女子供に手をかけない日本軍が前提とされている。この通州事変はその後の日本軍による中国内での戦い方や振る舞い方に影響を与えた。威虐で狡猾な「支那人」への正当な報復は南京事件へとつながる。

同記事で紹介される青竜刀も見ておこう。「見たところ物凄い青竜刀」は、「日本刀の斬れ味には敵」わず、「ことに正義の刃、忠烈の刃である日本刀の前には、（中略）何の威《おど》しにもなりません」と続く。記事は青竜刀と日本刀の単なる対比では終わらない。青竜刀が鹵獲されたということは、それが奪われたり、それを置いて逃げたりしたことを意味する。それはやはり日本の精神性と質的に異なるとされる。「戦ひは武器も必要でせうが軍人の精神です、「尽忠報国」の大和魂の日本兵の前にはおそれるものはないのです」と記事は締めくくられる。

家庭
人道無視の實證
呪ひのダムダム弾
東京ミシン

ダムダム弾の非道さを伝える記事（上）と仲間に対してそれを使う中国軍の漫画（下）
（『朝日新聞』1937年9月27日付）

青竜刀のほかに、洋刀や銃剣を中国軍が所有していることも伝えられる。九月二七日の記事では、銃剣は日本軍のものと類似しているが、「所詮かざり物に過ぎず勇敢な日本軍のやうにこの銃剣を鉄砲につけて喊声ををあげつゝ、砲弾を潜つて突撃するような勇ましいことは出来ません。」とそれを所有する中国人の心性の低俗さをくさす。それは鹵獲した銃剣がすべて錆び付いていることから分かると言う。

戦い果てれば先づ剣を磨くやうな心掛けのない支那軍、塹壕の中で賭博するといふ支那軍は剣の錆びている如く精神も赤く錆びて居るのです。

と記事は結ばれる。

「外国から輸入した新兵器」（九月三〇日付）の軽機関銃は持ち運びが容易であり、「しかも、吾に数倍する大軍、人道を無視する暴戻《ぼうれい》なる輩を撃破する皇軍の辛苦は感激の外はありません、連戦連勝は日本軍があまりに勇敢で強いからです、鹵獲品の前で皇軍の武運を祈り万歳を三唱しませう」とある。辛苦にあえぎながらも勇敢に、数の上でも圧倒的な暴戻なる中国軍を撃破する。圧倒的な数を前にしても強い精神で勝利を重ねるのは国民精神が優れているからだと主張される。

中国軍の野蛮さは二八日付の記事で「暴戻な支那軍は人道を無視して使用禁止のダムダム弾を使用し毒ガスまで放つて」いると紹介される。ダムダム弾なる「呪いの弾丸」が命中すれば、弾頭が裂け人体を貫通せず中に止まることで体中組織へはげしいダメージをあたえて殺傷する。「突撃、猛進、肉弾戦が得意」な日本軍と対極にある卑怯者の支那軍の営為が強調される。

支那軍兵士の漫画

中国人の「愚劣さ」は記事に置かれた漫画にいっそう明瞭に表されている。鹵獲品展覧会に際しては漫画家の小関まさき、片岡敏夫によって描かれたものが、九月二五日から掲載されている。重要なのは、ここで描かれる対象は日本軍ではなく、九月二六日を除いて中国軍であること、その中国軍の不統一さや幼稚さが強調されていること、漫画で描かれるのはつねに「漫画のような風景も続出したことでせう」（九月二五日）というように漫画家の想像物であり実際に見聞きしたものではないことである。

九月二五日は中国軍の武器には、旧式と新式の入り交じっていることを紹介する。漫画では戦線に到着した弾丸を見て「弾丸は着いたが、さて俺の弾丸はどれだつけ」と迷う中国軍が描かれている。

たとえば機関銃には重機関銃と軽機関銃があり、それらには水冷式と空冷式があるという。鹵獲されたのは水冷式で、熱せられた銃身を冷却するために水がかけられる。しかし、九月三〇日付の記事に置かれた小関まさしの漫画では、この水冷のための水を飲んでしまう中国軍人が描かれる。記事は「戦線で精鋭なる皇軍将士がもつとも不自由するのは清水だといひますが、支那軍陣営では漫画みたいな情況が続出し機関銃身も焼けたことでせう」と、冷却水を飲んでしまったため銃が使えなくなり、鹵獲されたことがまるで真実のように錯覚させようとしている。

ダムダム弾を紹介する漫画では、戦場で青竜刀を背負った「前近代的」な兵士が「日本軍なか〳〵強い、退却するよろし」と言うのに対して、「ダメ〳〵、支那督戦隊ダムダム弾使つてる、なほこわいある」と別の兵士が答える。味方をも殺傷する中国兵の残虐さが強調されている。（一〇七頁の図参照）

少国民の体験記

鹵獲品の展示会は戦地での日本軍兵士の奮闘と、敵国である中国軍、そして中国人の劣等さを、日本国内の人びとに広く知らしめるために行われた。とりわけ、これからの国を担う若者、少国民がこの展示会を見ることはとても重要だった。そのことがうかがえるのは、一〇月二日付の朝日新聞紙上に掲載された中等学校生徒の感想文である。記事は「東京三越で開催のこの展覧会を観た男女中等学生の感激文を募集しましたところ応募文は殺到」という説明書きのあと、東京高等商工本科の男子生徒と、女子学院の女生徒の感想文を紹介する。

男子生徒は展示会を訪れた人たちの様子を「鹵獲品を見て廻る人々の顔はみんな緊張して兵隊さんの苦労を察してゐるかの様だ。」と描き出す。彼は「心は勇んで」会場を訪れた。というのも「支那軍が皇軍を悩ます武器はどんな物か」知りたいと思ったからである。ポスター、新旧式の鉄砲、カブトのほか「野蛮人の持ちさうな多数の青竜刀、物騒なピストル、錆びた銃剣、モダンな洋刀」が彼の目に入る。

これらの武具は、朝日新聞が繰り返し意味づけたとおりに、生徒たちによって読み解かれていった。女子生徒は「日本兵と支那兵との違ひがこれを見てゐる中にはつきり分ります」と記す。その理由は次の通りである。

真赤に錆ついた青竜刀、惜しげもなく曝された軍旗、迫撃砲からダムダム弾、小銃、長刀までこんなにも沢山お土産を置いて逃げる支那兵の弱さ、日本兵は小銃一挺失《なく》しても死を考へるといふのに之は随分呑気だと思ひます。勇敢な我軍の突撃にあはてふためいた敵の様子が想像されて痛快です。

武器を捨てて逃げまとう中国軍、戦う日本軍が対象的である。男子学生は「これらの武器を支那軍が幾百万持つて向つても大和魂の前に出ては何の価値もないと思ふ時僕は思はず涙と共に万歳が出て来た。」

と、日本軍の高い精神性が中国軍の武器を凌駕する様を想像し、心を震わせる。女子生徒もまた、「忠勇といふ言葉そのまゝの塊になつて飛込まれては支那兵がいくら愛国心を持つてゐても防ぎやうがないではありませんか。」と記している。

そして、武具を鹵獲する日本兵の強さが最後には称えられ、銃後の少国民の戦意を高揚させる。男子生徒は

こんな新式の武具を持つ支那兵を追つめて連戦連勝の日章旗を高く掲げるのも一に上御稜威の賜と一死報国を念とする兵隊さんの武勇によるものと思ふとき、我ら第二の国民は兵隊さんの苦労をわが身に受入れて銃後の護りを固くし東洋平和の確立に一死を捧げようと僕は心に誓つた。僕だけではない。この鹵獲品を観た人々は等しく感じた事である。

と自分もまた国のために命を捧げる覚悟であることを確認する。女子生徒も感想文を「終りに非常な辛苦を重ねてゐる皇軍の方々の武運長久を祈ります。」という言葉で締めくくる。

この二つの感想文は氏名と学校名が明記されているが、実在する人物が書いた本物の感想文なのかどうか定かではない。ただし、それが本物であろうと偽物であろうと、このように鹵獲品展示会の品々を読み解き、日本の正統性と精神性を誇ることを、朝日新聞社が期待したことは分かる。こうして戦争は事物をとおしても人びとに見せつけられたのである。

日本精神の展示

忠孝は弘法大師や聖徳太子などの忠臣によって具体的な身体を与えられた。身体だけでなく、彼らに関わる事物が収集、選別、展示された。とりわけ一九三一年に満州事変が勃発し総力戦体制が敷かれた社会状況において、国民の思想統合を図るため、忠臣に関する博覧会や展覧会が重要性を帯びる。しかもそれは当時の政府によってだけでなく、輿論形成に大きな影響力を持っていた新聞社によっても行われていた。大正・昭和期になると新聞を購読する者、新聞に接していた者を合わせると、日本の都市・農村において相当数存在したと推測され（山本 一九八一）、多くの人びとに国民精神や忠臣に関する情報が広められたと考えられる。

たとえば、大阪朝日新聞社。一八七九年に創立された『朝日新聞』を一八八九年に『大阪朝日新聞』と改題して登場したこの新聞社は、当時同じく大きな販売力を持っていた『大阪毎日新聞』に先行し、大阪近郊農村においても最も多くの読者数を獲得し、日本において最も影響力を持つ新聞社であった（山本 一九八一）。当初は知識人階層に多く読まれていた大阪朝日新聞は、上記の販路拡大においてそれ以外の階層を取り込んでいった。そして満州事変が勃発すると、その翌月の一〇月、会議において政府の対策に対する積極的な支持を表明し、新聞報道も国家の意向に添うものとなっていくのである（朝日新聞百年史編修委員会 一九九一）。その新聞社が一九三四年から三六年にかけて毎年、日本精神、日本文化を物質的に提示するため、忠臣を一人ずつ毎年選び、その「偉業」を紹介する展覧会を行った。一九三四年には弘法大師文化展覧会、三五年には大楠公、三六年には聖徳太子を紹介する飛鳥文化展覧会を開催した。しかも、宗教界、奉賛会などと連携を取りながらこれらを催行している。

日本の文化や精神性を称えるという自己賛美的な展覧会は日本国民の自国文化に対する誇りを強める効

果を持っていた。一九三七年の七月に盧溝橋事件が引き起こされると、先に見た鹵獲品展示のような戦争を前面に押し出す展覧会が始まるのだが、それ以前に日本精神や日本文化を称える、いわば「柔らかいファシズム」のための事物がどのように選ばれたのかを考えるために、ここでは大阪朝日新聞社による弘法大師文化展覧会と大楠公展覧会、そして神戸新聞社による大楠公展覧会を跡づけたい。

まず大阪朝日新聞社による弘法大師の展示会を例にしてみよう。この展覧会は既述の一九三四年の弘法大師一一〇〇年御遠忌の年に開催された。この年の前半、真言宗各派は弘法大師に関する法要を各地で行

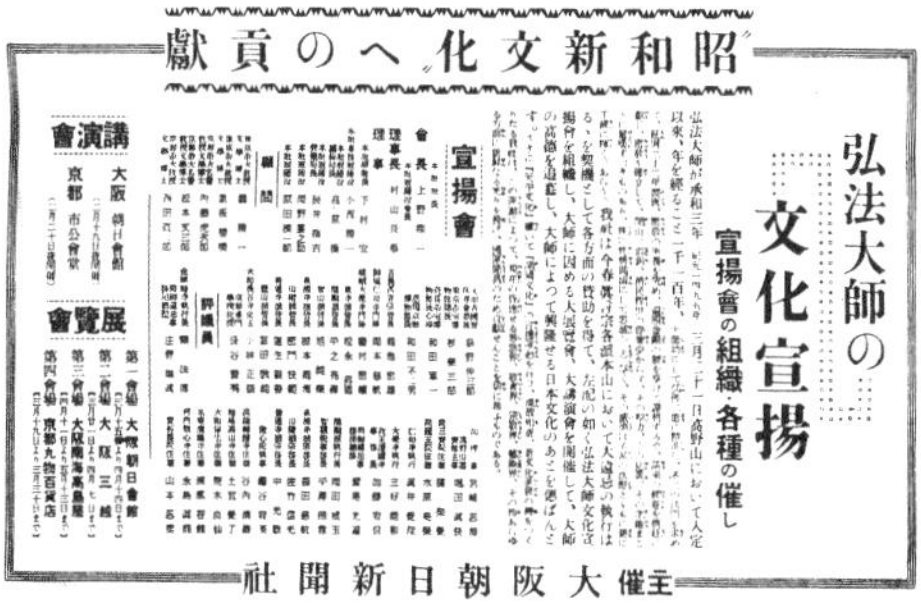
昭和新文化への貢献
弘法大師の文化宣揚
宣揚會の組織・各種の催し
宣揚會
講演會
展覽會
主催 大阪朝日新聞社

弘法大師文化展覧会と講演会の告知（『大阪朝日新聞』1934年 2 月16日付）

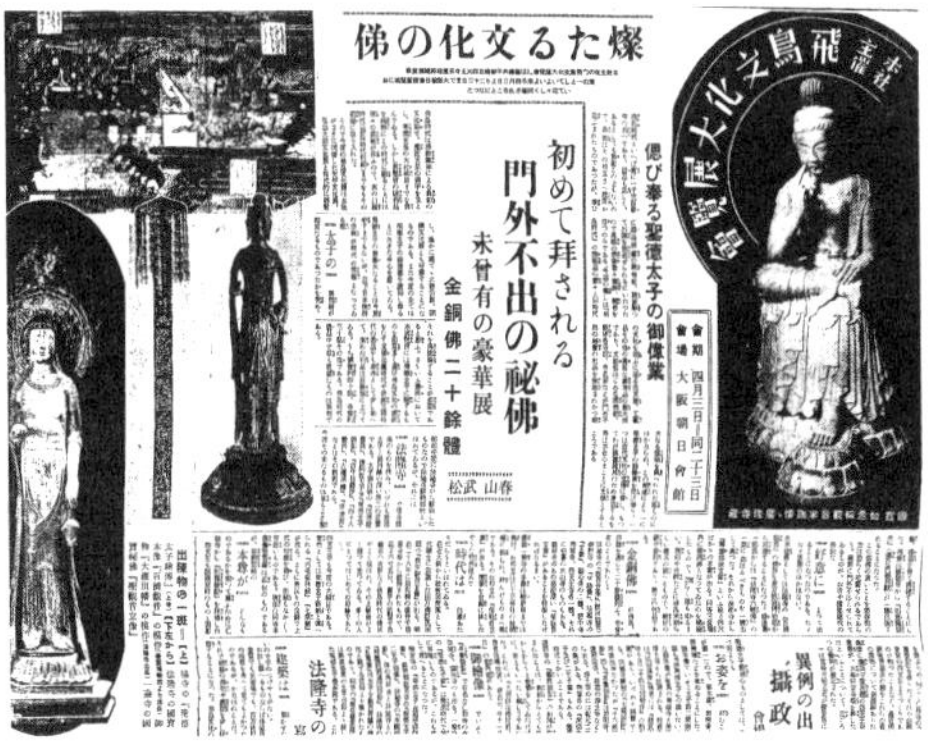
燦たる文化の佛
初めて拝される
門外不出の秘佛
未曾有の豪華展
金銅佛二十餘體
偲び奉る聖德太子の御偉業
主催 本社
飛鳥文化大展覧會

飛鳥文化大展覧会の告知記事（『大阪朝日新聞』1936年 3 月20日付）

い、大阪朝日新聞社に限らず多くのマス・メディアが真言宗とタイアップしたイベントを催していた。また、報知新聞社は高野山金剛峯寺と報知新聞社が合同で、東京の日本橋にある三越百貨店で「弘法大師壷一一〇〇年記念展覧会」を開催し、弘法大師に関わる物品を展示した。会期には七万人以上が訪れたという（『六大新報』一五五五号 一九三四：一一頁）。また、同年三月二〇日より二九日まで東京上野の帝室博物館においても「弘法大師関係資料展覧会」が行われ、国宝二六点を含む全四〇点が出陳されるなど、大阪朝日新聞社以外も弘法大師に関わる展示を行っていたことを付記しておこう。

一九三四年の弘法大師文化展覧会を前にしてその年の一月、真言宗と大阪朝日新聞社の関係者が京都の教王護国寺（東寺）に集まり協議をしている（『大阪朝日新聞』一九三四年一月一三日付）。これを受け、同月に、朝日新聞社の編集局長、計画部長らのほか、学芸部員が高野山を訪問して出品する品目について打合せをし、「出来得る限り大師並びに密教に関係ある貴重の画像〔主として国宝〕、仏像、古文書類の多数を出品」（『大阪朝日新聞』一九三四年一月二五日付）することになった。

展覧会に際して朝日新聞社の編集・刊行の図録『弘法大師文化大観』に掲載された品目を見てみよう。『弘法大師文化大観』の表紙は、高野山金剛峯寺所蔵の「螺鈿蒔絵中庸櫃」であり、また「弘法大師文化大観」という表紙の文字は弘法大師の『濯頂歴名』と『風信帖』から文字を集めたコラージュである。この図録には各寺院が所有する宝物一〇二点が掲載されている。最初に掲載されたのは、東寺所蔵の「後宇多天皇展筆御賛弘法大師像」であり、続く五ページにわたり東寺所蔵の「真言宗七祖像」五体が掲載されている。真言宗の由来や正統性を主張するために弘法大師を始祖とする歴代の真言宗の「聖人」がまず示されていると考えることができるが、弘法大師像は複数存在するにもかかわらず後宇多天皇により描かれた弘法大師像が最初に示されていることは、皇室を媒介して弘法大師が日本文化の形成に関わったことを示そうとしていると考えてよいだろう。
『弘法大師文化大観』見開きには大阪朝日新聞による序文が掲載され、

この大観によって弘法大師が仏教の上のみといはず牢乎たる日本精神の上に、日本の新文化を進める上に、すぼらしい力をいたされたことが、まざまざと建ったやうにも感ぜられ、この偉人の偉業に対し、思いを新たにして感謝せずにはゐられない次第である。殊に大師は忠誠の念あつく、常に皇室の御繁栄を祈り、国家の安康を巽ひ、事ある毎に、壇を設けて修法を行ひ、鎮護国家を祈願した。

と国家・皇室との関わりが再確認された。

とりわけ興味深いのは、弘法大師に直接関係すると思われるものは実は五つしかなく、仏像や天皇に関わる物品がそれを上回っていることである。つまり、主として各派の総本山や有名な寺院から出品された一〇二の品目のうち、九八が単なる国宝として紹介されているのだ。もっとも九八のうち実際に戦前には指定されていなかったものが七品、「不明」のものも六品存在する。「金堂内部」も除外すると、結局、出陳されたもののうち確実に国宝として確認されるのは八四である。

「後宇多天皇展筆御賛弘法大師像」（東寺所蔵）

いうまでもなく「国宝」とは日本国の「宝」である。しかし「日本国」が所与でない以上、「宝」もまたある意図のもとで指定されたものである。国宝指定制度の歴史的系譜を跡づけてみよう。一八八八年に宮内省に設置された「臨時全国宝物取調局」による調査をうけ、「古社寺保存法」（一八九七年）では絵画・彫刻・美術工芸・古文書・書蹟等に分類しながら宝物と特別保護建造物が指定された。これらが、一九二九年の「国宝保存法」において明確に保護されるべき対象となる。国宝保存法では古社寺以外に国・地方公共団体や個人の所有する事物も対象とされ、古社寺保存法で定められていた宝物および特別保護建造物は、この法律によって「国宝」に指定されたものとみなされたのである。この一八八八年の調査を支えたのは、当時海外に流出していた文化財を保護することが、皇室の権威伸張につながり、また国民の愛国心を滴養するのだという思想であった（高木 一九九七）。つまり国宝とは天皇制イデオロギーと結び付きながら等級付けされた物品であり、その存在が日本文化を示す記号だったのである。

図録には「信仰の上に、思想の上に、芸術の上にどれだけ多くの貢献をなし、日本の文化をして今日あらしめるに至つたか、測り知れない」と、日本文化との関わりが示されていた。そのうえ、弘法大師と皇室との関わりが強調され、「非常時を突破」する方策とも記されている（朝日新聞社 一九三四）。すなわち、展示品は単に弘法大師の事績を示すものでも、あるいは有力寺院の寺宝であるだけでもなく、それをとおして弘法大師と日本文化や国体とを結び付け、さらに日本国民のアイデンティティや誇りを強化する「テクスト」の一つなのである。

ただし、この展覧会は朝日会館とその他の三つの百貨店で時期が重なりながら開催され、また先述の帝室博物館での「弘法大師関係資料展覧会」（三月二〇～二九日）にも国宝を含む物品が展示されていたため、実際の会場では『弘法大師文化大観』に収められた品目以外のものが展示された。三月一九日には、朝日会館に展示されていた金融峯寺普門院の勤操僧都像、金剛峯寺の大日如来像、善女龍王像などが帝室博物館に移されたため、醍醐寺その他から別の品目が搬入されている（『大阪朝日新聞』一九三四年三月二〇日付）。また四月八日には、帝室博物館に出品中であった子島寺の仏具五個と智積院の孔雀明王像が出陳されている（『大阪朝日新聞』一九三四年四月八日付）。このほか、第三会場の南海高島屋百貨店では、香川県の萩原寺蔵の国宝「急就章」が、「弘法展へ初めて出陳」された（『大阪朝日新聞』一九三四年四月二九日付）。

三つの百貨店での展覧会は次の章で紹介することとして、ここでは本会場である大阪朝日会館の展示室において中央部に皇室に関連する事物や国宝が置かれ、弘法大師を強調する展示がこれらを取り囲むように配置されたことを確認しておきたい。数々の品目が国家と結び付けられると同時に、皇室と関わりを持つ弘法大師を経由して、間接的にも結びつけられていることがわかる。そして観客や読者には「漫然たる参拝では、みいれぬ国宝の数々だ、せめて一箱を、一日かけて見てもらひたい」（『大阪朝日新聞』一九三四年三月一七日付）と、ゆっくりと展示者側の意図を読み取ることが要請されたのである。

大楠公展覧会と楠公精神

前章では戦時中に大和魂が「楠公精神」として表現されたことを確認した。この楠公精神は展覧会によって物質的にも示された。

大阪朝日新聞社は一九三四年の建武中興六百年祭に際してはそれに関する論説を掲載し、また先に述べたように一九三五年四月には体育大会を主催した。このほか、一九三五年に大阪朝日会館で大楠公展覧会（四月四～一八日）、京都、大阪、神戸の三ヵ所で大楠公講演会（三月七～九日）、楠木のゆかりの地が大阪府内に存在することを利用した史跡臨地講演、さらに記念体育大会や催し、劇、映画などを行った。また夕刊では『東京朝日新聞』で一九三五年四月五日より、『大阪朝日新聞』で四月九日より、大佛次郎作、荒井寛方画の小説「大楠公」が掲載され始めた。

このような楠木に対する観念を事物の配置をとおして提示したのが大楠公展覧会であった。それによって「日本精神の作興に貢献」することが目指された。

展覧会の構想は一九三五年一月一三日に紙上で発表され、以降、文部省宗教局国宝調査室、甲冑鑑定の権威や、黒板勝美、西田直勝、魚澄惣五郎などが展示品の選別や陳列に関して指導を行った。開会直前の四月二日には文部省宗教局国宝保存係と魚澄が陳列を指導し、翌三日には黒板が「最後の監査」を行った。

この展示会の様子は明らかでない。しかし、新聞記事によると、参観者は「何れも尽忠無比の聖将の遺業を偲びつゝ一筆、一品に眼も心も奪はれ、俄に会場を去りやらず釘づけ」だったと紹介している（『大阪朝日新聞』一九三五年四月一〇日付）。抽象的な説明よりも、楠木と関連づけられたさまざまな具体的な事物を見学する方が、楠木の功績、なかんずく国家への忠誠の重要性は理解されやすい。

この大楠公展は重要な教育の装置でもあった。実際、魚澄は展示会の最終日に大阪女子専門学校の生徒十数名を引き連れて参観を行った。また、魚澄はこの展覧会期間中の一六日に大阪府下の歴史教諭七〇名あまりを会場に集め、各陳列品を詳細に説明する講演を行っている。講演会は閉会の二日前に開かれたので、教員が自らの生徒や児童を連れて展覧会を訪れて説明するということは難しかったであろうが、この場で説明を受けた教員は、それぞれの教育において楠木の功績を事物の紹介をとおしても説明することが可能になる。しかもその説明内容は、魚澄の講演をとおして画一化されていったのである。

神戸市における大楠公展覧会

一九三五年三月二三日より三〇日まで神戸市の三越百貨店六階で「大楠公展覧会」が海軍省、文部省、兵庫県、神戸市の後援を得て、神戸新聞社によって主催された。入場料は無料だったが、後述する銅像建設のための寄付金を集める賽銭箱が設置された。

アジア太平洋戦争中には楠公精神は戦意を前面に押し出した。しかしこの展覧会では戦闘意識を高めるよりも、楠木正成に関する物語を、事物をとおして分かりやすく伝えることが重視された。紙幅の都合ですべての展示品を紹介することはできないが、『神戸新聞』の記事から三月一九日には吉野神宮から「楠家世譜」「楠正成公の手紙」「正成公の書」「正成公祈願文」の四点、同じく吉野山吉水神社から「大塔宮御所用御湯呑」「楠正成公所用矢筒」「後醍醐天皇玉座御写真」「吉水全集」等、金剛山葛木神社より「大楠公画像」、四条畷神社から「小楠公咏懐詩」が搬入されたことが確認できる。

特に学生や児童の教育効果の向上を目指して、会場入り口を入って正面には湊川合戦のパノラマ一一場面が設置された。パノラマで用いられた正成公及び家臣の鎧、兜や、それぞれの場面は史実に基づいたものだと紹介された。大楠公六百年祭関連の一つとして須磨遊園地内でこれに先立って開催されたイベントでも、「楠公婦人」「桜井駅訣別」「小楠公と辨の内侍」「菅原伝授鑑車曳」「酒呑童子大江山」「源平扇屋熊谷」「地震加藤」「鵯越逆落し」「源平一ノ谷合戦」等の歴史物、戯曲のほか、「弘法大師波切不動」「親鸞上人石枕」「日蓮上人龍口法難」など信仰に関するもの、さらには「日露召集令」「日本海海戦の三笠艦上」等の戦争に関するもの等のジオラマが設置された。

こうした目玉となる展示品以外は絵画や彫刻や文献などで、寺社や個人から出陳された。神戸市からの出品が多いものの、近畿、中国地方からのものも見られる。近畿地方は楠公生誕の地である河内地方から

1935年の大楠公六百年祭に合わせて印刷された湊川神社絵葉書

が多い。全体としては民間人が所有する事物の方が寺社のそれよりも多かった。資料的価値のある個人所有物もあったようで、例えば楠本家からの出品は「天下の逸品で国宝以上の真価あり神戸には未だ一度も出陳された事なく今回初めて」(『神戸新聞』一九三五年三月一九日付)と紹介されている。

展覧会場がある六階への階段中途から現れる千早城を想起させるデコレーションは、来訪者に建武中興や楠木が活躍した時代を感じさせようとした。また会場の正面には河内の楠妣庵にある大楠公と婦人の御像を祀った木造の祭壇を据えた。こうして配置されたさまざまな事物によって、分かりやすく楠木正成の歴史を解説し、楠公精神を広く人びとに知らせるという主催者の意図は完遂されていった。別言すれば、来訪者の経験は、こうした事物の配置によって方向付けられようとしたのである。

一九三五年四月から五月末にかけて、神戸市の湊川公園で「楠公六百年祭記念神戸観光博覧会」も開催された。設置された多くのパビリオンの一つが歴史館であった。歴史館は「大楠公の没後、大楠公思想が日本国民に如何なる影響、感化を与へたかを如実に知らせよう――との方針のもとに」(『神戸新聞』一九三五年四月六日付)物品が収集された。ここには、瀧野の脇坂家が所蔵する大楠公愛用の南蛮鉄製兜や、全国から集めた貴重な資料、国法、湊川神社の宝物も展示された。さらに、数千百の楠木に因む史料も年代順に陳列された。これらの史料は二つに大別される。第一は古代から現代にいたるまでの「郷土資料」で、神戸市初等教育研究会手工部に委嘱して作成された。第二は、「大楠公関係及大楠公祭典年譜」と称されたもので、それには資料約二〇〇筆、絵画二〇点、写真三〇点が含まれる。具体的には楠木に関わる史料（吉田松陰や旅人の参拝、大楠公五〇〇年祭、碑域拡張等）、横山大観をはじめとする六〇人の大家の筆による楠公讃迎画、神戸市内小学校の図画の教員が描いた楠木に因む洋画と日本画、さらに豊臣秀吉の検地の史料、さらに全国各地の楠公社写真などが含まれる。

こうした文献資料の内でも湊川上流絵巻、会下山絵巻、大楠公画像、正成公所用の矢筒、霧山城趾実測図、東御所実測図、楠公史蹟図文禄三年片桐市正検地、秀吉朱印状、南狩録、大日本史編纂記録などが見るべきものとして新聞紙上で紹介された。一見して分かるように、楠木に関連しない豊臣秀吉関連の文書（大地震の復興等で神戸の発展に尽力したとの理由）まで陳列されているが、注意すべきことは、「今日全日本に溢る、大楠公精神発揚の源泉は遠く之等の人々に遡り得べきもの」である史資料が、大日本史編纂記録という、すぐれて日本の一国史を顕示する書物と併置されていることである。そうすることで、楠木は日本の単線的な歴史の中に位置づけられる。

二　大和魂の物質的土台

展覧会や博物館はある特定の歴史背景に沿って事物を選別し展示する。すなわちその時代における社会的要請が変われば展示される物品は変化する。そうした不安定性は、恒久的な建築物や記念碑などによって固定された。

たとえば、「英霊」を祀る靖国神社は東京の場所を占め、訪れる人に大和魂を物質的に提示している。

これは、戊辰戦争（一八六八年）において新政府側に多数の死者が生じたことから一八六九年（明治二）に建てられた東京招魂社に起源を持つ。東京招魂社は一八七九年（明治一二）に「靖国神社」と改称され、その他の招魂社はその後の神社へつながる（小林・照沼 一九六九、村上 一九七四）。靖国神社に祀られているのは一八五三年（嘉永六）以降、日本国家を護るために命を落としたと認定された人びとの霊である。この東京招魂社を皮切りに各地に招魂社が創建された。

国内での戦いではなく、異国という明確な「敵」と戦った日清戦争、日露戦争を終えた日本において、国家に殉じた兵士の英霊という概念は強まっていた。たとえば、一九一〇年に出版された子どもへの教訓をまとめた書籍で靖国神社は次のように記されている。

> 男児生れて、国事に殉す。死して尚余栄ありといふべし。靖国神社の拝壇に額ける遺族の感、果して如何。戦死者は一家末代までの言ひ伝へ、誇りとして、子孫を感奮興起せしむるの力、亦偉大なり。即ち知る、靖国神社は国民教育の大道場にして戦死者は卓抜なる教育家なることを。（下田 一九一〇：二六二頁）

第二章で確認したように、国家に殉じることは日本人の持つ精神性、大和魂の発露だと説かれていた。そしてそのような殉死者を家族から輩出することは、名誉だと考えられたのである。アジア太平洋戦争が始まると、靖国神社に祀られる「英霊」の数は一気に増加する。

日露戦争に従軍し失明した瀬谷和一（一九四二）は日中戦争の勃発を受け、家系図や家憲、戸籍や一族からの従軍者、勲功などを書き留める『聖戦従軍我が家の誉れ』を出版した。筆者は「由来我等の家と皇国とは、全く緊密不離の関係にあり、我家の興隆は君国に奉ずる所以であり、同時に祖先の遺訓に遵ふ所以でもありました」（一二二頁）と家族と皇室との関係を確認した上で「即ち忠節の全きを一家一門至上の栄誉となし、若し誤つて家名を汚し、一家一門の面目を傷けるやうな事があれば、歴代の祖先に詫び、中には死をもつて罪を謝したのであります」（一二二頁）と、忠義を家の名誉とし、その延長線上に皇室や国家を置く。家系図や従軍者を書き記させることは、国家のために戦うことが家の名誉であることを強く意識させることであった。そしてこの書籍の最初には靖国神社を参拝する昭和天皇の写真が置かれている。

息子の英霊を訪ねる両親（『写真週報』1943年5月5日号）

忠義の兵士の霊が帰るべき靖国神社は忠義の風景と言祝がれる。修身科の教科書『初等科修身　第二』の「靖国神社」には「君のため国のため」（九頁）忠義をつくして亡くなった人びとを神社に祀り、祭礼を行うのは「天皇陛下のおぼしめしによるもの」であり、「天皇陛下の御恵みのほどをありがたく思ふとともに、ここにまつられてゐる人々の忠義にならつて、君のため国のためつくさなければなりません」（九頁）と締めくくる。天皇と国のために忠義を尽くす精神を受け継ぐことが強調されている。それらの死は何によってもたらされているのかは触れられることなく、天皇からの一方的な恵みが語られているのである。

こうした語り口はほかに見いだすことは簡単であ

る。たとえば靖国神社宮司の監修によって記された『輝く靖国物語』には、

日本に、男児として生れて来たといふことは、国を護る為の誕生なのです。日本の国の輝かしい歴史を作るために生まれて来たのです。我々の祖先は、みんなさうだつたのです。(横山 一九四四:二二六頁)

と、日本人男性と国家との関わりの歴史的連続性を説く。その上で、「国民《くにたみ》の国思ふ切々たる意志が、凝集して不滅の光となり、祖国に捧げた純潔な誠心が世界を照す輝きともなるのです」(二二六頁)と、靖国神社を国民の国家への忠誠心の現れだと書き付ける。

楠公眠る社

先の章で記したとおり、湊川の地には水戸光圀によって楠木正成の忠孝を称える石碑が置かれていた。そしてこの地に楠木正成を祀る神社を建立することが一八六八年にすでに決定されていた。一八七一年二月には地ならしの儀式が執り行われ、本格的に創建が着手された(藤巻 一九三九)。

話を前に進める前に、その場所の由来について振り返っておきたい。江戸時代の佐々から報告によると、この石碑建立の総経費として一八三両三分と銀八匁三分八厘かかった。石碑に字を刻んだ京都の石工には銀一貫五四三匁と金一分の祝儀を与え、住吉の石工には銀七貫八八〇匁と金一分の祝儀を与えた。墓地周囲の木柵を作った大坂の富田屋太郎右衛門には代金の銀三九四匁が支払われた。そのほか、石碑が建てられた兵庫や坂本村の人たちもこれにあずかったようだ。兵庫の鍛冶屋仁右衛門は銀五匁三分、同じ兵庫の久左衛門は木柵の中に敷く栗石代を納めたということで銀五〇匁を手にした。坂本村庄右衛門には工

事のため田畑を踏み荒らした補償として銀二八匁五分三厘が支払われている。

こうした莫大な費用をかけて楠木の碑石ができあがったのだが、それを覆う碑亭までは手が回っていなかった。そこで、広厳寺住職の千巌は碑亭建立を水戸藩に願い出た。藩はその願いを聞き入れるばかりでなく、広厳寺の修復費まで含めた一五〇〇両の大金を寄進したのである。堂の四方に格子戸を入れた工事は一六九二年七月一三日に終わり、広厳寺の修復も一六九五年一一月に終了した。以後、広厳寺がこの堂を実質的に管理してきた。

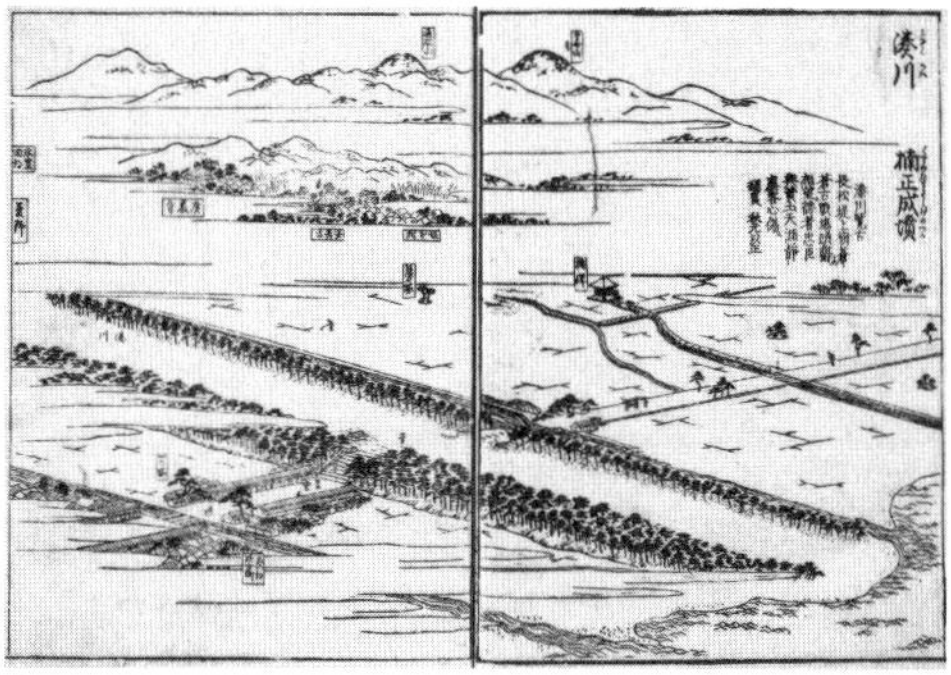

「摂津名所図会」（1796～1798）の中の楠木の墓。石碑周辺には何もない。

この堂は四方葺き流し、四本柱に四方格子のない碑屋であったため、長い年月の中で腐朽した。広厳寺住職大年方丈は一七八二年、翌年に控えた楠木正成の四五〇年忌執行の発願のために江戸で出開帳を行った。すると江戸だけでなく鎌倉の人までもが寄進

「西国名所之内」（1865）　湊川の楠木の墓周辺に番所が作られている。

を申し出るなど、この四五〇年忌は好評を博したのであった。結局、一七八三年、水戸家の手によって新たに堂が建てられたのである。摂津名所図絵に描かれたこの新たな堂を見ると、屋根が設置され、四方には格子が入れられていることが分かる。この石碑の置かれた一帯が、湊川神社の敷地となったのだ。

ところで、一八七〇年四月四日、当時の最高行政機関である太政官の下に設置された軍事管轄の兵部省から太政官へ伺いが提出されている。そこで一八六八年より招魂社の造営が開始されたことを感謝する文言とともに、楠木だけでなく彼に連なった者たちへの贈位、さらに楠木を祀る招魂社造営が速やかになされることを願い出ている。

兵部省は、一八六八年より招魂社へ配祀されるべき人物のリスト作成を開始していた。同文は、先行する戦死者のリスト作成が終了すれば、楠木の部下であった名和、菊地両氏をはじめとする武将も招魂社にできるだけ速やかに配祀するよう求めている。また戦死者だけではなく、たとえば江戸時代中期の勤王思想家である高山彦九郎といった人びとも配祀しなければ「不相済畢克御不相当ノ事ニ相成候」であるとも申し出ているのである。これに対して、同年四月一三日に神祇官は「別紙兵部省ヨリ申出候楠公以下南朝忠節ノ輩招魂社へ配祭ノ儀ハ既ニ去辰年楠社御造営御布告ノ通ニ付不及其儀事ト相考候」という文書を送付している。つまり神祇官の最終的な判断は、戊辰戦争で天皇のために戦った複数の英霊を配る招魂社に楠木正成を合祀することは不適であり、建設中である楠木正成個人を神として祀る湊川神社がそれにふさわしいというのだった。そして、「兵部省ノ心得ヲ以右社境内へ新杜取建候儀ハ格別ノ事」であるが、「過日諸官員葬地モ御渡相成候儀ニ付官員埋葬且小社取建ノ儀ハ見合候方ト考候」と、華族百官の神葬地についても同様の要請があったが、楠社敷地内に楠木の部下たちを祀る社殿を建設することとともに見合わせることが望ましいと指摘する。

新設された招魂杜は当初「楠杜」と呼ばれた。国学者であり当時神祇官に出仕していた矢野玄通が名称を「大楠霊」とするように提案し、また他の人びともその名称を思案していた（森田一九八七）。さらに堺県知事の小河一敏はこれを「南木神社」と称し、楠木の息子、楠木正行を祀る「小南木杜」を河内に作る案を提出している。これが後の四条畷神社の創建につながる（森田一九八七）。名称に関する一連の議論は、一方で過去との連続を示し、他方で国家における新たな再位置づけを端的に示しており、さらに敷衍すれば新たに誕生した国民国家における神話の創出過程を示しているとも言えよう。

一八七二年四月二二日に福羽教部大輔と嵯峨教部卿が、その年に新たに設置された最高政治機関の正院に湊川神社の神霊代について意見を提出している。それによると、楠木の遺物だけでなく「同氏ハ忠烈出群ノ儀ニ付正成神霊ト寅筆ニ被為染」を神霊代とするのが適当ではないかというものであった。

一八七二年五月二四日、湊川神社は盛大な鎮座祭を行い、楠公忌日にあたるその翌日には初の例祭が開催された。この日、太政官はこの神社の名称を「湊川神社」、社格を別格官弊社とすることを正式に達している。湊川神社創建の動きは、楠木の家臣である菊池氏を祀る菊池神社（熊本県菊池市：一八七〇年創建）、北畠・児島両氏を祀る阿部野神社（大阪府大阪市：一八八二年創建）等に影響を与えた（森田 一九八七）。

天皇との再会

楠木の体現する天皇への忠誠の重要性をさらに視覚的に示すために、天皇の日本行幸中における「再会」の機会が画策された。君と臣の時を経ての再会は、忠孝の精神を象徴的に示すのである。

一八七二年、伊勢、京都、大阪、九州、香川、神戸というルートで明治天皇が行幸し、湊川神社へ立ち寄ることが期待された。しかし、暴風雨のために予定が狂い、これは実現しなかった。この次の行幸は一八七七年に行われ、神戸港よりの帰航に際して湊川神社へ立ち寄ることが再度期待された。二月五日、湊川神社より兵庫県令森岡昌純へ

就テハ今般聖上西京行幸還御ノ時、日本港停車場ヨリ御通輦ノ御路次門前筋ヨリ当社正門マテ聊《いささか》七拾間、何卒本社ヘ御臨幸被為在ニ於テハ、本県ハ素ヨリ全国ノ人民愛国忠義ノ赤心ヲ服膺仕、当今人道世教ニ於テ幾分ノ恩頼ヲ可奉蒙儀ト存奉候間、宜シク御執奏可被下（以下略）

との要望が出され、兵庫県はこれを行在所へ伺いとして送付した。式部寮はこれに対して

本文湊川神社奉幣ノ式既ニ相済候上、更ニ臨幸相願候ハ厚キニ過キ候儀ト存候、然共思召ヲ以テ臨幸被為在候儀モ或ハ可有之哉、尚宮内省ニテ評議有之度候事

と、同年一月二八日に神武天皇陵参拝および孝明天皇十年祭に際して、神戸港に上陸した天皇が勅使を湊川神社に遣わし奉幣を献じているので、これで十分、天皇の立ち寄りは不要だという認識をいちおう示している。同年二月には西南戦争が勃発し、天皇は京都に約半年滞在することとなった。そのため予定は大幅に狂い、結局、同年七月二八日に天皇は神戸を出港し、湊川神社へ立ち寄らないという通達が式部寮より兵庫県に出されたのは七月二〇日だった。

天皇による湊川神社への臨幸がかなったのはその三年後、一八八〇年七月一一日であった。六月に山梨

県、三重県、京都府を行幸した天皇は、神戸港にて東京へ向かう軍艦に乗るために神戸市栄町に宿泊し、兵庫県庁、神戸師範学校、神戸地方裁判所とともに湊川神社へ立ち寄った。しかもこれに際して、楠木正成は当時の太政大臣の位階に相当する正一位を贈位され、これを祝して湊川神社は翌月二日に臨時大祭を行った。

なお、湊川神社は東京へ進出していった。湊川神社創建の一年後、一八七三（明治六）年六月四日に、当時の宮司折田年秀が教部省へ湊川神社の遙拝所を東京に建築する許可を願い出たのである。折田は、西洋から文明とくに学問が流入する近代化の過程において、日本の国体危機に陥る可能性があるとして、「教化ノ一助」として楠公遙拝所を東京都に設置したいと述べている。場所は、東京都第一大区十三小区二丁目に住む牧野康民の邸内であり、それを譲り受け、東京府へ申請も済ませており、あとは教部省からの許可を得るだけであった。教部省は「全ク私祭ノ儀ニテ差支無之筋」として聞き届けた。ちなみに湊川神社だけでなく、霧島神社等の多くの神社がこの時期に東京府への遙拝所設置を願い出ていたことが、国立公文書館の保管する文書から分かる。

忠孝の可視化

少し時間を遡って、湊川神社鎮座祭三日後の一九七二年五月二八日、湊川神社を造営・管理する兵庫県は、教部省へ次の文書を送付している。

湊川神社境内ニ有之候楠公石碑、従来両覆屋根外圍専別紙甲印図面掛紙ノ通修理有之候、追々及破損不潔ニモ有之且同社御造営及落成候ニ付テハ、堂宇ニ等シキ建物ヲ設ケ、衆庶ノ拝見ヲ妨候ハ不都合ト相

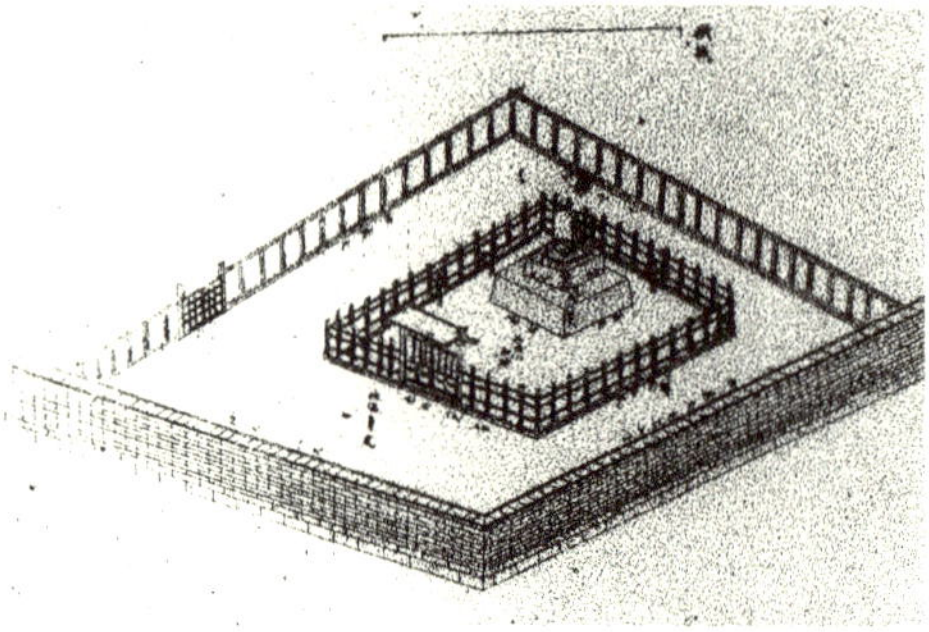

公文書に残された石碑を取り囲むフェンスのデザイン

考候間、在来ノ分取除乙印掛紙ノ通取建可申哉、又ハ両覆ナクシテ元図ノ通取計候方ニ候哉、相伺申候否至急御差図有之度候也

つまり、湊川神社境内に存在する楠公の石碑は、湊川神社竣工にともないそれが堂宇（堂の軒《のき》）で覆われていた。しかしこれでは人びとがせっかくの石碑を拝み見ることができないので、これを取り払うかあるいは従来の状態に戻す方がよいと考えるので至急指示してほしいということである。これに対して一八七二年六月二三日、教部省の教部少輔の黒田清綱、教部大輔の宍戸王幾、教部卿の嵯峨実愛から正院へ次のような文書が提出された。

兵庫県管内楠公石碑建物ノ儀ニ付別紙ノ通図面相添伺出候、右ハ尋常石碑ノ比ニ無之候ハバ、左ノ通及指令度存候此段相伺候間速ニ御評決有此度候也（傍点は引用者）

これを受けて、兵庫県六月二四日、兵庫県にフェンスを取り付けて管理するよう指令がなされた。文章からはこの石碑が「尋常石碑」とは比べものがないという国家の高い評価を読み取ることができる。

天皇への忠誠を人びとに直接的に見せつけるということが、健全な国民の育成にとっては必要なのであり、その石碑をはっきりと見せつけるのに十分な施設が必要であったということをこの文章は暗示している。ましてや、それが汚された堂宇に囲まれているという事態は、決して好まれざる事態に違いない。だからこそ、兵庫県の伺いに対して教部省は早急に回答したのだった。

皇居前への楠木銅像設置過程

現在の皇居周辺には二体の忠臣の銅像がある。大手町の大手濠緑地内にある和気清麻呂と、二条橋の馬上の楠木正成の銅像である。和気清麻呂のものは紀元二六〇〇年記念事業として一九四〇年に設置されたもので、これに先だって設置された楠公像とともに文武の二忠臣とされる。

二体の銅像は国民に大和魂や日本精神、忠孝精神を語りかける。たとえば、和気清麻呂の銅像設置は、「日本精神の発揚」と「誠忠顕彰のため」であり、「宮城外苑の尽忠の無精楠公の銅像と遠く相対して大手門外に至誠の文臣の気高い姿が仰がれ」（『東京朝日新聞』一九三九年三月一〇日付）ることが期待されていたのだ。

楠公像は愛媛県の別子銅山の開抗二〇〇年を記念した三井財閥が、一八九〇年に銅像設置の費用を宮内省へ寄附したことで製造された。しかし銅像の完成は一八九六年で、一八九四年から一八九五年にかけての日清戦争により一時制作は中断されこともあり、五年もの歳月を要している。

一八九一年の『読売新聞』新聞記事から、「皇城の正門外に古来名士の銅像を設置するの議　一と度宮中に起りて」と、楠木正成だけでなく歴史的な人物の銅像を設置するという議論が起こっていたことが分かる。そして、鎧兜に身をまとい乗馬する楠木の姿を銅像にするというアイデアは岡倉覚三と川端玉章によってひねり出され、「最も優等なり」と評価された。両者には賞典金五〇円が支払われたのである（『読売新聞』一八九一年八月五日付）。さらに同記事には、当時、銅像制作費におおよそ三万円必要だと予想さ

皇居前の楠公銅像（撮影筆者）

和気清麻呂蔵（撮影筆者）

れているものの、それを帝室が出すのか美術協会が出すのか、あるいは別の団体が出すのか未決であると付されている。おそらくこの段階で、三井財閥が製造費寄附を申し出たものと考えられる。

一八九二年五月二〇日付の記事で、この銅像制作を東京美術学校（現在の東京芸術大学）に委託したことが知らされた。具体的なスタッフとして、楠公の木型制作に高村光雲、山田鬼斉、石川光明、馬の木型制作に後藤貞行、鋳造に岡崎雪斉が記されている。そして実質的な鋳造は大阪造幣局が担当した。またこの時点で、一万五千円あまりの費用を要して鋳型の半分程度ができあがっていた。

一八九三年三月の時点で銅像の木型が完成しており、同月二二日に宮内省の大広間で展覧に供された。

銅像制作は順調に進んだように見えるが、鋳型の製造においてふたつの問題が生じていた。

ひとつは、楠木の面貌に関するものであった。一八九二年一一月五日付の『読売新聞』の記事によると、足利尊氏が「天下一統の後厳《たかし》く其子孫を捜索して後患を絶たんと力《つと》めたれば足利氏百五十余年間楠のくすとも言ふものなく其の血統遺物もまた殆んど全く跡を失ふに至」ったため、楠木がどのような容貌であったのかについて議論が生じたのであった。そこで人相学あるいは骨相学者にも「或は知勇を主とし或は徳望を旨とし甚しきは之に加ふるに一挙数千人を殺戮するの残忍なる気象《ママ》を以てし終には不幸短命の相も写す」面貌を占わせたが、やはり納得のいく結果を得ることはできなかった。最終的に可決された、高村光雲のデザインは、「忠節・知謀・勇敢及び徳望にして年齢は四十二歳恰も金剛山勝軍《かちいくさ》の時代に在りと云ふ」ものであった。銅像の口を真一文字に結び、ある一点を見据える表情こそ、忠節、知謀、勇敢、徳望を備える面貌としてこの時期に理想化されたことが推察される。ちなみに高村はこの一年後の一八九三年、現在の東京都の上野公園に置かれている西郷隆盛像の鋳型も手がけている。

楠木の相貌の問題は、当時の名彫刻家高村によって解決された。それは、高村が有していた技術と権威によって解決しうる問題だったと言えるかもしれない。しかし、高村をもってしても解決できない難問が存在した。それがどの馬の種類を銅像で作るかという問題だった。

先に示した一八九二年一一月五日の記事には、次のような文章が続いている。

　其乗馬は実際何れの馬匹を用いたるやを詳《つまび》らかにする能はざれとも先づは木曽馬なるべしとの推測より初めに其骨相を写せしも之以て確乎たる拠り所するに非れば目下馬匹に明達の聞えある同校教授の馬場氏が木曽・薩摩及び陸奥産馬匹の優所を収集し在朝在野の伯楽の評論を経て之れこそ日本良馬の標準な

りと言ふべきものに作りたりと当事者の苦心誠に想ひ見るべし

木曽産、薩摩産、陸奥産はもちろん日本馬であり、日本国家の象徴となるべき銅像において馬が日本馬であることは自明であるはずだった。しかしながら「在朝在野の伯楽の評論」を惹起するほど、銅像の馬がどの種類なのかは大きな議論であった。

これはすなわち、当時の人たちにとって実際にデザインされた銅像の馬が日本産ではなく西洋馬であると認識されていたことを意味する。ではなぜ日本産の馬を採用しなかったのか。それは銅像制作が西洋美術のジャンルで行われていることと関連している。言うまでもなく、「美術」は近代日本における西洋化に深く状況づけられている。様々な美術のジャンルや制度や用語は近代日本における西洋との接触という歴史的産物なのである（佐藤 一九九六）。こうした当時の日本美術の問題について『読売新聞』は、「九鬼隆一氏の西洋流の観念を以て日本美術を評下《ママ》してより当事者中に日本西洋の両派を生じ絵画の上に軋轢を来したるよしは嘗て聞く所なり」（『読売新聞』一八九二年一一月一四日付）と示している。銅像という西洋美術のひとつのジャンルでは、西洋美術の技術とモチーフが前提される。したがって、「楠公乗馬の銅像は全く西洋馬匹の骨相を写したるものなり」という同日の記事は当然の帰結であった。

しかしながら、楠木が騎乗する馬が「西洋馬」をモデルとしていることは「怪説」とされ、「先頃一旦組立てたる同肖像を写真したるものなれば西洋派の美術家をして親しく之を熟覧せしめ以て怪説の根を絶つべしと言ふ人々少からずといふ」（『読売新聞』一八九二年一一月一四日付）とあるように、それが西洋馬であっては決してならないと認識する人が多かったのである。つまり、西洋美術の「系譜」は「怪説」として秘匿される。なぜなら、この銅像は日本国家の象徴となるべきものだったからだ。それゆえに日本の固有性を指し示す日本馬が希求されたと考えられる。

一八九六年に四月にこの論争に終止符を打つべく、馬の彫刻を担当した後藤貞行が自ら説明を行った。ちなみに新聞記事において紹介される後藤は、元陸軍人であり、日本画、油絵、写真芸術を学ぶものの、薬品により失明したが、それでもその後高村光雲のもとで彫刻を学び、馬の彫刻にかけては当代随一であったという。その、後藤による説明は次のようなものだった。

而して楠公の乗馬は一見亜刺比亜種の如くなるより或人古実に違へりと咎めけるに氏曰く余が此の馬を彫むに当り余は種々の図に依り遺骨に依り馬具に依り又は自身飼育せる経験によりて古今を参照せり。去れば此馬たる余が理想の馬にして従来の日本産とは稍々異る処無きに非らざれどそは未だ飼育の宜しきを得ざるの致す所なり。若し日本産にして従来最良の飼育を得んか正に此銅馬に等しき者を造り得るに至るべし。故に余が彫刻は日本名馬の標本と見倣して可ならん（『読売新聞』一八九六年五月三日付）。

つまり、後藤が刻んだ馬は、最良の飼育条件で育成した完璧な日本馬であり、その完璧さゆえに歴史上一度も現れたことのない、したがって誰も見たことのない「理想」の日本馬だというのである。だからこそ、日本馬ではない、古実と違うという批判が生じるのだということなのだろう。

この一見荒唐無稽な回答には、近代化を目指す日本の立ち位置が見事に示されている。天皇制の復活により立ち上がった明治政府は、古代の政治システムを再現し、日本の伝統と純粋性を強調することにより国家の正統性を打ち出した。およそ六百年も以前に生存し、後醍醐天皇への忠誠を尽くした一武士の銅像が建てられたのは、天皇への忠誠を広く国民に啓蒙するだけでなく、当時の政権や朝廷と現在との連続性を強調する必要があったからでもある。よって、日本的なるものの象徴である銅像の馬に日本馬が求められたのである。

しかしその一方で、近代国家システムを取り入れた日本は、到達すべき目標としての西洋をこの時点ではまだ持っていた。西洋にはない固有の日本らしさを強調することで「近代の超克」が可能だという議論はまだこの時代には訪れていなかったから、日本の立ち位置はつねに目指すべき西洋との距離によって、つまり西洋で生まれた近代国民国家の枠組みにおいてのみ検証可能なのであった。銅像や彫刻などの西洋美術の一ジャンルの到達度もまた、西洋美術の枠組みにおいてのみ可能だったのだ。したがって、銅像では「日本馬」ではなく「亜剌比亜種」「西洋馬」でなければならず、日本の伝統と純粋性を強調するための銅像であるために、それが歴史上一度も登場したことのない理想の日本馬であるという弁明も必要だったのである。

楠木の銅像制作における馬の論争に見られたのは、まさに近代国民国家をめざすため、一方で西洋を模倣し、他方で自己の独自性を主張せねばならないという日本のアンビバレンスな立ち位置だと言えるだろう。

聖地化される楠公の物語

楠公の「故郷」の千早赤阪村、親子の別れをした桜井の駅、正成が討ち死にした湊川、そして正行が戦死した四條畷。こうした楠木親子の物語において重要な場所が史跡として指定されることで、物語は現実世界においてつねに演出される。

千早赤阪村を含む南河内での楠公顕彰は一八七五年に大阪での会議を終えた大久保利通が赤阪村楠公生

誕地を訪れ、これを機に同生誕地の整備が行われたことにはじまる。この時、随行した堺県令によって一八七八年に、同生誕地に楠公誕生地の碑が建てられた。また、千早赤阪村周辺の五つの寺院や城址は一九三四年の建武中興六〇〇年に際して新たに史跡に指定され、その年の暮れ、翌年の大楠公六〇〇年祭を前に楠公史蹟を紹介するために楠公史蹟河南八勝会が設けられた。八勝地は史跡順に、第一蹟天野山（天野村）、第二蹟楠批庵（東条村）、第三蹟観心寺（川上村）、第四蹟千早域社（千早村）、第五蹟金剛山、第六蹟水分神社（赤阪村）、第七蹟赤阪誕生地（赤阪村）、第八蹟藤井寺（藤井寺村）である。

楠公誕生地保勝会作成の楠公誕生絵葉書（発行年不明）。河内地方の楠公ゆかりの地は絵葉書として視覚化されていった。

また、一九三四年から三五年にかけては、楠木正成にちなむ石碑なども作られた。一九三四年四月に大阪市の天神橋が三年あまりの歳月と一〇五万円の予算を投じて作り直されると、それにあわせて中之島近辺が楠正行の渡邊合戦の古戦場であることから、中ノ島の剣先に史蹟碑を建設し、さらに楠の大樹を植樹することを大阪市教育部が計画した。

楠木正成と息子の正行が最期の別れを行った桜井駅址には、一八九六年に撮影された写真のように、松の木とそれを取り囲む柵だけが残されていた。その後、この地にはいくつかの石碑が著名人により建てられた。一九三五年三月には両者の別れのシーンを表した石像を建てることが決定された。発起したのは桜井駅址がある三島郡の小学校長楠公顕彰会で、この石像をとおして「大楠公父子の尽忠を仰慕すること」（『大阪朝日新聞』一九三五年三月二

○日付）をもくろんだ。石像設立の基金は三島郡の小学学童約二万が年額十銭ずつ積み立てたものと、教職員月俸の百分の一、さらに強制ではないが郡内中等学校生徒の希望者からも集められた。

石像の制作は三島郡の茨木町内に居住するある人物が担当し、楠木親子が桜井の駅で今生の別れをしたと伝えられる日に合わせ、一九三五年五月一五日に完成した。そしてこの翌日の一六日、大阪府三島郡各種団体連合会ならびに桜井楠公会は、桜井駅址で大楠公六百年記念祭を挙行したのである。会場には郡内の学童代表をはじめ青年団、青訓生、婦人会、処女会員など約二〇〇〇名が参列した。そして、記念祭終了後の午後一時から島本小学校では林弥三吉中将が楠公精神顕彰の講演が行われた。この日、同郡内小学校では授与された菊水旗が国旗掲揚台にかかげ楠公精神を偲んだ。また、一九四〇年には新京阪電鉄（現在の阪急電鉄）の桜井の駅前に青葉公園が建設され、駅前にやはり桜井の別れの情景を

1896年印刷の写真絵葉書に表れる老木

再現する銅像が建設されたが、第二次世界大戦に銅像は供与された。

さらに、同年五月一三日には大和吉野山で六百年記念碑の竣工式が行われ、記念碑会長有馬良橋大将、宮西副会長、吉野神宮大橋宮司のほか、小学児童や一般参拝者合計数千人が押し寄せたとされる。千早赤阪村では徳島県の画家で楠公崇拝者の森下白石が発起人となり、全国の小、中、青年学校の児童、生徒、教師などから十余万円の寄附を集め、奉献塔の建設を一九三五年一〇月より開始した。塔の高さは楠木正成が四三歳で自害したことから、四三尺（約一三メートル）にされ、一九三九年に完成した。

楠公六〇〇年祭の一九三五年には、現在の大阪府富田林市の楠妣庵門前には「楠母子像」も設置された。これは足利尊氏より届けられた父親正成の首級をみて、父の形見の菊水の短刀で自決しようとした正行を、久子が諭している場面を再現している。ひれ伏し目を閉じる正行を、左手に取り上げた短刀を持ち、右手を息子に差し出しながら落ち着いた表情で諭す。それは賢母であると同時に聖母のイメージでもある。

こうして現出した風景と場所は、そこを訪れる人たちに「この場所」で楠公がたしかに生き、別れ、戦ったこと、そしてそれが大和魂の発露であることをつねに物語ってきたのである。

桜井の別れの銅像は戦争に供出され、現在の石像は2004年に有志が寄贈したもの。（撮影筆者）

桜井駅楠公決別所全景

各地に設置される楠公像

忠孝精神、大和魂の涵養は、小学校時代から修身科や歴史教育をとして行われていた。少国民の思想涵養は、大人へのそれよりも重視された。当時の日本では小学生の大半は農村の貧しい家庭出身であったため、農民出身であっても勤勉によって出世した二宮金次郎少年が一番の理想像とされ、一九三〇年代を

千早赤阪村に残る奉献塔。「非理奉献天」という楠木の旗の文句が刻まれている。（筆者撮影）

ピークとして日本各地の小学校に二宮少年像が設置された（井上 一九八九）。この二宮少年像に次いで設置されたのが、楠木正成像であった。そしてこの像設置のピークもまた一九三〇年ごろだったと考えられる。一九三五年五月一〇日付の『神戸新聞』に掲載された湊川新開地周辺のある店主の言によると「自分は大楠公戦死の地神戸に公の銅像のないのを遺憾としてその建設実現を常に念願してゐた」とあり、楠木の死地である神戸での銅像の設置を求める人が存在したことが分かる。

詳細は不明だが、神戸市内のいくつかの学校の校庭にはすでにこの時点では楠木の銅像が設置されていた。というのは、一九三五年五月二〇日に、神戸市の蓮池尋常小学校では、銅像祭りが行われているからである。祭りでは、校庭内の楠公銅像前を各学年の書いた「非理法権天」の旗印、楠公に関係した絵画や書道の作品を貼付した灯籠で飾りつけ、その前に全校児童が整列して「大楠公奉賛歌」を合唱し、楠木に関する映画会を開いた。

　また、楠公六百年祭に際して、一九三五年に湊川神社の近くにある湊川公園に銅像が神戸新聞によって設置された。この企画は、一九三四年五月の湊川神社例祭前後に社内会議で決定された。これを受けて社内に建設委員が設立され、銅像原型の製作が構造社の彫刻家、斎藤素巌《そがん》に委嘱された。斎藤は翌六月下旬に神戸新聞社を訪れ、楠公の武装立像、武装乗馬の二種を提示したものの、神戸新聞社側がそれらに満足することがなく、両者は検討を重ねた結果、「公の誠忠に対する追慕崇敬の念を新たにすると同時に、楠公精神の宣揚を図り、皇室を中心とする国民精神の涵養普及を企つる」（『神戸新聞』一九三四年五月二二日付）デザインが決定される。つまり、この景観は国家イデオロギーの装置としての期待を担ったのである。このイメージ作りには、関保之助が斯道考証の見地からアドバイスを与えた。

　湊川公園の銅像は、二条門前の銅像とは全く別のものだと主張された。神戸新聞社によると、二重橋前楠公像が元弘の聖駕奉迎時の姿であるのに対して、湊川公園のものは湊川奮戦時のものであった。当初は銅像設置場所として、湊川神社、会下《えげ》山公園なども考えられていた。しかし、湊川神社への設置は同一社内に一つの神を二つの形で祀る事が法規上不可能であること、会下山公園は湊川公園と同様に古戦場であるが、湊川公園よりも地理的に遠いということで、斉藤の来神に際して踏査がなされた結果、湊川公園に決定された。

　神戸新聞社はこの計画を一九三四年八月に紙上で発表し、一九三五年よりそれを積極的に読者に伝えていく。例えば、新春の読者奉仕として福引きを行った際、一等と二等は大楠公銅像模型、三等は楠公史蹟の図、四等は楠公父子桜井駅訣別図であった。また、一九三五年三月には湊川新開地北部本通りの商店街を中心とする湊川公栄連合会では三〇日までの一五日間、「大楠公銅像建設協賛大福引き売出し」が行われた。この収益から、銅像の建設費が寄附された。

神戸新聞社の計上した予算二万五〇〇〇円のうち神戸新聞社は一〇〇〇〇円を支出した。不足分については市民に寄付金の供出が求められ、三月からは銅像への寄付者の氏名と金額が神戸新聞紙上で公表され始めた。それを見ると、滑川商店をはじめとする湊川神社周辺の店舗からだけでなく、姫路や城崎郡や豊岡群などからも寄附がなされたことが分かる。しかも姫路の場合、姫路会議所から議員や職員から醵金されているし、軍是といった工場や機関庫といった職場で集められた金銭も寄付金として送られている。また、学校からも職員や生徒・児童からの寄付金を送付した。四月一〇日付の新聞紙上には城崎郡の三〇校からの寄付金が紹介されている。

さらに、風水害の被害にあった飾磨郡家島においても、「大忠臣の銅像建設に漏れてはならぬ」と銅像建設の寄付金が拠出された。とりわけ家島内の坊勢では、風水害で漁船が全部大破あるいは流出する被害を受けたにもかかわらず、二〇〇戸強から一五円の寄付金が集められた。こうした寄付金の収集に対して「さうした中からも楠公に捧ぐるこの尊い純情的美挙には一般県民も自ら心を打たれるものがあらう」（『神戸新聞』一九三五年四月二七日付）とあり、より一層の町を挙げての醵金の必要がほのめかされている。このほか、先述した「大楠公展覧会」会場に備え付けられた賽銭箱に集められた金銭が寄附された。

一九三五年三月二〇日、銅像建立のための地鎮祭が、湊川神社宮司を斎主として執行された。その後、東京で構造社によって製作が続けられた銅像は、四月三〇日に鋳工を終え、五月二日に巣鴨駅に搬出され、鉄道とトラックによって一〇日朝に湊川公園に到着し、一一日に据え付けられた。当初の予定では、銅像の設置は一九三四年一二月二〇日までであったが、遅延して大楠公六百年祭直前に仕上げられたのである。銅像の原型製作者と鋳造担当者も一一日に神戸を訪れ、台座の取り付けに立ち会った。そして、一九三五年五月二二日午前一〇時、銅像の除幕式が行われた。式では林陸相、大角海相、松田文相、湯澤知

事らが祝辞を伝えている。式の様子として

午前正十時湊川公園入口正面に屹立する銅像前祭壇を中心に、その南方及び西方に設へたる大天幕、紅白の諒幕あざやかなる所定の場所に藤巻斎主以下祭員並に参列諸員着席、先づ国家君が代の荘重なる修祓あり、次いで恭々しく進み出た祭主進藤本部長の手で花崗岩十七尺台座城、白布に覆はれたる銅像はするすると除幕され（以下略）（『神戸新聞』（夕刊）一九三五年五月二二日付）

とある。

忠孝の身体化

忠孝精神や大和魂は歴史的な忠臣によって身体を与えられた。戦時中には軍人の身体もまたこの魂の容れ物として描写される。一九三八年に創刊されたプロパガンダ週刊誌『写真週報』一九四一年一二月一七日号は、真珠湾攻撃の戦果を伝える。この号の二ページ目に置かれた「時の立札」という記事には、空を飛行する飛行機の写真とともに、次のような言葉が記されている。

対米英戦線の大詔は渙発せられたり
聖恩に応へ奉り　国難を完爾として享ける大和魂は一億　心に剣を執り銃を抱け！
今ぞ敵は米英だ！　米英を葬場に送らん!!

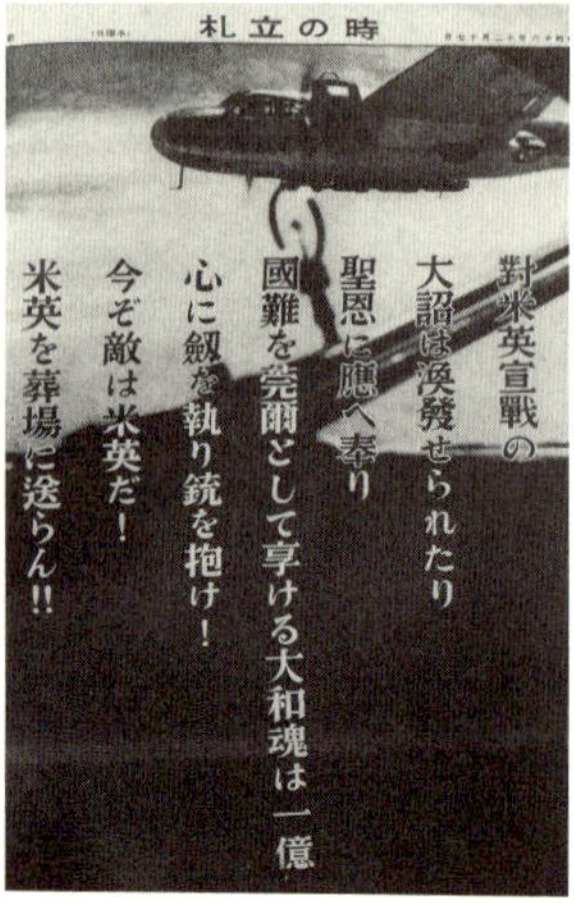

真珠湾攻撃による日米開戦を告げる『写真週報』（1941年12月17日号）

一九四二年二月二五日号にはイギリスの東亜「侵略の拠点」であるシンガポールへ迫るため決死の覚悟でジョホールバルとシンガポールをつなぐ「水道」を強行突破する絵が掲載されている。上空には敵機の黒い影、そこから投下される爆弾をものともせず向こう岸へとわたる日本軍の勇ましさが強調されているのである。

軍人だけでなく、銃後の国民の身体もまた忠孝の現れとして選択される。たとえば『読売新聞』一九四三年三月六日付（夕刊）は、大阪府南河内郡「楠公由縁の地」で夫を亡くしながら、その遺志を継いで「産業青少年特別錬成道場」を開設し、徴用工を錬成し、「その全部を見違へるばかりの模範士に更生させ」た女性が紹介される。彼女は錬成において「禊行を中心として勤労しつゝ、日本精神、皇国勤労精神」を感得させ、見事に少年を忠君精神に満ちた国民に育てる「母」として描き出される。ここで彼女は、夫を亡くしながら子どもを忠臣に育て上げた楠木正成の妻と重ね合わされている。

個別具体的なイベントで忠孝の国民が選び出されることもあった。楠木正成のイベントが各地で開催された一九三五年、神戸湊川神社での大法要を企画・運営した大祭奉賛会が、五月一日に全国の忠孝節義者表彰式も行っている。これは全国を東北、関東、北陸、東海、東山、近畿、中国、四国、九州、沖縄の十区に分けて、各区で孝子の部、節婦の部、義僕婢の部、義士の部、忠臣の部にあてはまる人物、合計三九名を選んで表彰するものであった。これらの人びとは「非常時日本を背負う中堅国民としての熱情にたぎる人々」（『神戸新聞』一九三五年五月一日付）だとされた。選出基準は不明だが、表彰された人は女性を含む。すなわち、この表彰式をとおして非常時の日本を支える忠誠の意識を普通の国民も持つことが求められたのである。

このような国民は自律的に育つわけではない。そのため、五月二三日と二四日に神戸市で開催される第十二回全国小学校教員会総会のプログラムの一つに全国小学校教員精神作興大会が加えられた。午前に湊川神社参殿前に集合した各都市小学校教員会代表六百数十名は、さらに山手小学校講堂に移動し、日本精神涵養方法に関する文部省諮問案に対する答申案、楠公精神顕現振作案などを満場一致で可決した。またここで安東海軍中将、三上文博士が楠公に因む講演を行った。

ちなみに神戸市はすでに、全市の小学校教員約二三〇〇名（男性一七〇〇名、女性六二〇名）を対象に、五月五日に湊川神社社殿前で小学校教員精神作興大会を独自に行った。性別と所属する学校の地区によって教職員は楠校、橘校、湊川校に午前六時に集合し、そこから湊川神社へ行進し、午前六時五〇分に参集して式典が開始された。男性教員はモーニング姿、女性教員は紋附き袴の礼装で、「非常時を正しく導く教員精神を宣揚」（『神戸新聞』一九三五年五月六日付）したのであった。

教職員が学校で児童や生徒を正しく育成する役割を果たしていたのに対して、地域でそうした役割を担っていたのが青年団であった。そこで五月二二日から二五日にかけて、神戸市で大日本連合青年団主催第十一回全国青年大会が開催された。これに集まったのは各地から選抜された代表五〇〇名で、宿所は七生館、楠寺、安養寺が充てられたが、必ず一夜は楠公の忠節を追慕するために七生館に宿泊させられた。なお、大会では懇談会、授賞式、会議、交歓会、楠公を偲ぶ夕べ、体験発表、講演会（講師は林彌三吉と中村直勝）のほか、楠公史跡見学と臨地講演、神戸港見学などが七生館、学校、商工会議所などで行われた。

こうして銃後の国民のなかに大和魂や日本精神を見いだし、それを称揚することで、抽象的な日本人の精神性は具体化されたのである。

ローカルを／が作るナショナル

愛国心や忠孝精神を涵養するための事物の選別・展示は決して国家によってトップダウン的に行われただけではない。国家の意を汲み忖度《そんたく》する新聞社などのメディア、偉人や宗祖の威信を回復しようとする奉賛会や宗教界の思惑が複雑に絡まっていた。これについては次章で述べるが、それだけでなく、神戸市における銅像設置の過程からは、国家《ナショナル》と地域《ローカル》の重層的関係もまた理解できる。ナショナリズムは国家レベルにおいて遂行されると同時に、地域レベルでのアイデンティティを刺激することでも絶えず醸成されるのだ。

湊川神社は地域の人びとを巻き込んで創建された。創建時、周辺の四九町から七〇四九本の手ぬぐいが献納され、さらに東方は深江や槍屋、西方は須磨や妙法寺などからも出仕された。各戸が自主的に行ったのか、はたまた各町で何らかの力が働いたのかは不明だが、地元地域を巻き込みながら楠社が創建されたことは確かである。既述のとおりそもそもそれほど楠公の石碑に関心を持っていなかった地元住民は、こうした建築作業に参与することで、事後的に国民アイデンティティを強く感じていく。別格官幣社という国家的な象徴物の建築に地元は大きく関与したことを示している。桜井駅の石碑建立に際しては三島郡という行政単位が、石碑建立の資金拠出の範囲として設定されていた。同様のことは一九三五年に神戸市に設置された楠木正成の銅像においても見られ、このときは兵庫県という行政単位が重要であった。

また、楠木正成に関わる人びとの慰霊祭の催行などでは、神社の氏子や青年団といった特定の地理的範囲と結びついた団体が中心的な役割を果たしている。個人的な家系に拠らない忠臣の慰霊は、ゆかりのある地域を単位として行われたのである。特定の神社の氏子は「菊水の流れを汲む氏子たち」(『大阪朝日新聞』一九三五年五月二五日付)と紹介され、人びとの地元の神社への帰属意識と同時に楠木正成への連帯感を醸成していた。それによって強化される地域への愛着は、国家の忠臣という次元で国家的スケールと結びつけられる。だからこそ、地元の青年団は重要な担い手だった。

また、楠公の遺跡が多く存在する大阪府は楠公のお膝元としての役割を演じた。建武中興六〇〇年に当たる一九三四年、大阪府は大阪市の中央公会堂で林弥三吉陸軍中将と中村直勝京都帝国大学助教授を招いて建武中興の講演会を行った。千早村、赤坂村、四条畷、天野山など楠公に関わる場所でも同じく記念講習会が行われた。さらに、この日、府下の中等学校では建武中興に関する訓話をして非常時の国民に輝かしき「皇国の歴史」を再認識させようとした(『大阪朝日新聞』一九三四年一月一二日)。国家の大きな政策において、大阪府、兵庫県から、神戸市、三島郡などの地理的範囲が重層的に機能していたと言える。

一方、国家事業に参与することで国民アイデンティティだけでなく、地域アイデンティティが強化され、結果的にそうした地域アイデンティティの積分として国民アイデンティティが強まるという回路も存在する。楠公の「遺跡」や聖地の数々が「地元」の小学校によって顕彰され、維持されてきたことは、この証左である。また、神戸市における楠公銅像に際して一般からの寄付金が募られたことは、神戸新聞社の金銭的な問題もあろうが、寄付金を通して人びとの銅像への愛着心を育もうという意図もあった。除幕式の模様を伝える一九三五年五月二二日付の『神戸新聞』には、

社内会議において現下の非常時局に処して適々六百年祭に相当し楠公精神の再認識を全国民に求めて之

を宣揚することが主要の目的なるが故に、少数の人士の財による事は適当ならず、極めて零砕の資金をより多くの人士より集め全兵庫県民が、この銅像を仰ぎ見る毎に、彼等の拠出せる少額資金の集積によりて完成したるものなることを痛感せしめ是によりて恒に楠公精神宣揚に関心を繋がしむるにあらざれば意味をなさずとの結論に達し（以下略）

とある。つまり全国民に楠公精神を宣揚するためには、多くの兵庫県民から少額の献金を集め、全県民がこの銅像を仰ぎ見るたびに自分たちがこの銅像を造ったのだと誇りを持つことが重視された。実際、神戸新聞紙上では県民や市民の「総意」としての銅像という表現が次のように用いられている。

これこそ兵庫県民の総意はこゝに見事な結晶となって現はれた、僕らの一銭、俺らが五十銭、県民の赤誠こもる零細な浄金が積り構って出来上ったその偉大な刀、楠公銅像は金の尊さをも教へてゐる（『神戸新聞』（夕刊）一九三五年五月二二日付、傍点は引用者）

子どももまた地域の誇りを介して国民アイデンティティを強化することが求められた。新聞には

「こんな銅像が神戸にできたなんて！　僕かて十銭寄附してこの銅像を憶へたんだ」

少年たちが十銭の浄財を出したことによってこの銅像を仰ぐたびに楠公精神が少年達の頑に波打ったのだ、これ以上の有効且つ適切な実際教育が他にあらうか（『神戸新聞』一九三五年五月二二日付）

とあり、やはり銅像を通した「地域」へのアイデンティティが示されている。記事ではこの少年たちの描写の前に、銅像に対して挙手する海軍士官の様子が描かれている。これは軍神として崇められる楠木に対する、軍人の畏敬の念を示している。こうして地域へのアイデンティティと国家へのアイデンティティが併置されているのである。

地域への愛着意識は、国民アイデンティティへとつねに拡張される。『神戸新聞』の社説（一九三五年五月二三日付）には「兵庫県民有志の協力に或を言ひ、之が吾等の期する楠公精神を宣揚し、合せて国民精神を作興する所以である」とある。同日の別の記事には東久遠附事務官池田亀雄の「今後永久に独り本県市民のみならず全国民親しくその威容を仰いで国民精神作興の上に益する」という談話、兵庫県知事の「郷土徳化」と「国体の明敏」を併置する談話も記されている。

しかし、先の引用文の「僕ら」「俺ら」、また別の記事の「誰かが「これを見てほんとうに我等の楠公だ、といふ気がする」とつぶやく」（『神戸新聞』一九三五年五月二七日付）という文は、「誰か」も「我等」もそれがいったい誰なのか明示しない。それは市民でも、県民でも、はたまた国民でもあり得る。それら自身が担う意味は状況に応じていくようにも解釈が可能である。意味が固定されないこうした主語は、浮遊するという意味で限りなく軽く、それが重大な帰結をもたらすという意味で重いのだ。

本章では大和魂や日本精神が事物化されていく過程を詳述した。展示会ではその目的にそって事物が選別され展示される。一方、神社や祈念碑など半永久的に存在する事物もまたある目的にそって建設、設置され、さらに見せられた。事物は価値中立なのではなく、その物が作られ置かれるプロセスを除けば特定の思想がその基盤に存在するのである。そしてある場所を占めるようになった事物は、国民精神の物語をあたかも「真実」であるかのように語りかける魔力を持つのだった。

第四章　快楽としての大和魂

一　大和魂と体験

大和魂の視覚性

大和魂や日本精神は言葉だけでなく、事物展示や建造物によって物質的に提示された。のみならず、大和魂や日本精神のイデオロギーが人びとに強制されると同時に、愉楽や快楽として経験された。本章では、娯楽的装置であるジオラマ展示や百貨店での展覧会、観光と健康な身体における愉楽や快楽、スペクタクルな体験をとおして国民アイデンティティが涵養される様子を考える。

大和魂を視覚的に提示するイベントとしてまず考えられるのは、戦争美術展である。日中戦争後に戦地へ従軍した画家、彫刻家によって結成された大日本陸軍従軍画家協会は、陸軍省の後援を受け、一九三八年、三九年に展覧会を開催した。好評を博したこの展覧会は各地で巡回展示された。陸軍従軍画家協会での従軍画家と彫刻家の数は増加したため、一九三九年に陸軍の外郭団体として陸軍美術協会が結成され、会員の美術作品は一九四二年、四三年に陸軍と朝日新聞社が共催した大東亜美術展覧会で展示された。

朝日新聞社は一九四二年に開催された大東亜戦争美術展覧会について、「聊か皇軍将兵の活躍と労苦を美術を通じて銃後に伝へ、国民の精神作興に資すると同時に、戦史未曾有の大業に我等同胞の健闘する姿を後世に残」（朝日新聞東京本社 一九四二）すために開催する旨を記している。このように戦時下において朝日新聞社は戦争美術展覧会を数多く開催した。太平洋戦争よりも前の日中戦争開戦後の一九三八年五月にはすでに「戦争美術展覧会」を開き、合戦図や武具など戦争に関する古美術と近代日本画、洋画を展示しているが、洋画はすべて日清・日露戦争を主題とする「戦争画」だった（増子 二〇〇六）。

こうした絵画では大和魂が発揮される戦場の様子が肯定的に描かれてきた。軍の作戦を記録する絵画がとくに人気を博したのである。とくに、戦局が悪化の一途をたどりはじめた一九四三年で大東亜戦争美術展覧会が打ち切られ、一九四四年と四五年に開催された陸軍美術展は、陸軍の作戦記録画を発表する場所として機能した。これらに展示された兵士の苦闘を描く作戦記録絵画は銃後の国民の大きな関心を呼び、絵画を前にして頭を垂れる観客もあったという（増子 二〇〇六）。絵画の持つ圧倒的な視覚性は国民の大和魂に対する崇敬の念を喚起していた。

とりわけ、一九四三年の国民総力決戦美術展に出展された藤田嗣治の作戦記録絵画「アッツ島の玉砕」をはじめとする殉死の絵画は、戦争の悲惨な状況を伝える絵画であるにもかかわらず、まるで宗教画における殉教図のような、「蹂躙される正義」のイメージを伝える（河田 二〇一四：八頁）。蹂躙される正義の典型が、一九四三年ごろから相次ぐ玉砕の詳報と特攻隊であり、こうした殉死の美学は、これまで論じてきた大和魂やより具体的な楠木正成の物語をとおして日本人の心性の中にインストールされていた。それを分かりやすい形で、現代的な文脈で刺激するのが戦争絵画だったのである。

大和魂の映像

戦時中には国民精神を鼓舞するため、多くの国策映画が製作された。たとえば、一九四二年に海軍省の至上命令により東宝映画が製作した『ハワイ・マレー沖海戦』は、一九四一年暮れの真珠湾攻撃と、マレー沖海戦の大勝利を描き、国威を称揚させることを目的としている。物語の主役は平凡な少年である友田義一。彼は予科練において海軍精神を教え込まれ、厳しい訓練を耐え抜いて、晴れてパイロットとして搭乗する。物語の中盤には予科練での訓練のシーンを背景に一九三七年の支那事変以後の数々の事件が文字で映し出され、彼らの訓練が非常時に意義あるものであることが示される。そして物語は支那事変、上海事変と戦争への機運の高まり、真珠湾攻撃を経て、仏印基地から発進した攻撃機がイギリス戦艦プリンス・オブ・ウェールズを撃沈し、大本営が米英軍との戦闘状態突入を発表するまでを描く。

特撮を用いた航空機からの空爆のシーンは、日本軍の戦時における優位性を効果的に伝える。これを見た日本人は上空を制圧し、猊下の敵艦や基地の爆撃を擬似的に経験するのである。

また物語にはしばしば大和魂を想起させる場面や台詞が挿入されている。たとえば、映画の最初には教官が、

> 精神というのは、ただ心に思い、口に唱えるだけでは何にもならん。その精神の一つ一つを、体ごとぶつけて実行することによって、初めて実を結ぶのである。

と、精神の重要さを語り、大学生ラグビーの試合での敗戦後には、別の教官が

お前たちの戦いを見ておると、日頃俺が言う、攻撃精神、犠牲的精神を十分に出しておる。ことに、我一人の功名を願わず、絶えず味方のためを考える。甘んじてその犠牲になる。これがとくに感じられた。すなわち実戦において、ことに空中戦闘においては、それは欠くべからざるものである。

と予科練性に熱弁を振るう。攻撃精神と犠牲精神の重要性が観客にも語りかけられるのである。犠牲精神は決して兵士だけに求められるのではない。戦争が現実味を帯びるなか、主人公の出征を控えて近所の人たちが母親に「大変でしょう」と声をかけるものの、「もうあの子は自分の子じゃないと思っている」と落ち着いて返答する。しかもこの母親の様子を主人公に伝えるのは姉役の原節子であり、母親だけでなく若い年齢の女性たちも、自らの思いを犠牲にして国のために喜びをもって恋人や夫を送り出すことが求められるのである。

極めつけは、主人公と出征を控えた上級生が田んぼのあぜ道を歩くシーンである。上級生が話をしている途中に、広島県呉市にあった海軍兵学校教育参考館を訪れたときの回想シーンが差し挟まれる。彼は日露戦争時に東郷平八郎が旗艦三笠から打った電報の「皇国興廃在此一戦　一層奮励努力〔日本の興廃はこの一戦にかかっているので、全員、いっそう奮闘努力せよ〕」が刻まれた扉、東郷平八郎の肖像画や遺髪を前に静かに頭を垂れる。この回想シーンの後、上級生はそれによって次のようなことを悟ったのだと主人公に熱弁を振るう。

自分は自分ではない。自分は無だ。自分の悉くは畏くも〔ここで二人は姿勢を正して空中に頭を垂れる…引用者注〕、大元帥陛下のために捧げ奉ったものであると、腹の底からはっきりと悟ったのだ。これが自分と腹を作る土台となった。この信念を腹の底にデンと据えて張ると、何をなすにも脇目も振らず、自信を持って行うことができるようになった。これは日本人なら誰でもあるべきものだ。三千年の昔から脈々として伝わった日本人の血だ。その血が大和魂だ！　軍人精神だ！　国民感情だ！　どうだ分かるだろう！

この問いかけに主人公は毅然と「分かります」と答える。

こうした国策映画は、大和魂を映画という娯楽をとおして伝える。翌一九四三年には陸軍航空本部監修『愛機南へ飛ぶ』（松竹映画）と陸軍省後援『決戦の大空へ』（東宝映画）が上映された。前者は、戦闘機部隊・荒鷲を志す息子と航空機工場で働く母親の親子物語で、息子は陸軍の航空部隊に入って南方戦線で偵察の重大な任務に就く物語。後者は土浦海軍航空隊における病弱な少年が航空兵の訓練と家族や仲間からの支えによって一人前になっていく物語。これらは少年たちに立派な皇軍兵士になるために健全な身体と精神を育成すること、それをサポートする姉や母親の役割を提示する。『決戦の大空へ』もまた原節子が主人公の姉の役を演じる。彼女は予科練の少年を見守る優しく美しき姉であった。それは銃後の女性に求められた理想像だった。

忠臣の映画

楠木正成の映画として、一九二六年、松竹キネマが製作した『大楠公』がある。これと同じ時期に日活は『忠臣蔵』を制作している。映画をとおして国民アイデンティティを育成する「映画報国」を両社が打ち出したためであり、この趣旨に賛同した当時の文相が大楠公の題字を揮毫した。また、一九二二年に兵

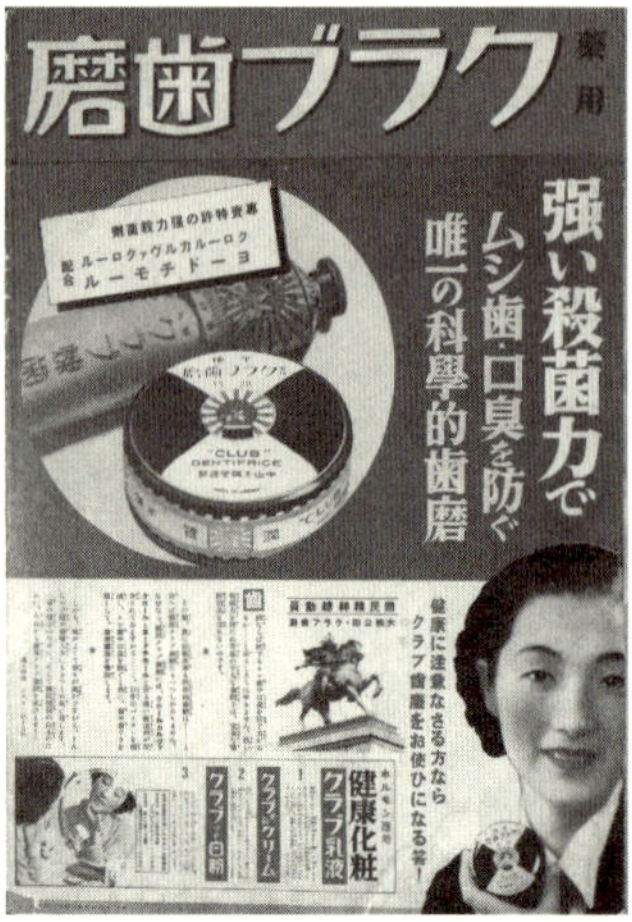

クラブ歯磨の雑誌裏表紙広告でも皇居前の楠木像の写真が用いられている。（東京日日新聞『支那事変聖戦記念写真帳』1938年7月1日発行）

庫県伊丹町日蓮宗本泉寺境内の一隅で前田正敏という檀家によって発見された楠公父子および一族の真墳墓も映画のシーンで取り入れられた。この墳墓の発見時には生い茂る草の中に埋もれていたが、古宝家が本物の墳墓であると鑑定したため、草は刈り取られ墳墓の周辺はきれいに整地されていたのである。

松竹キネマ社長自らが「映画報国」をうたったこの映画には、通常の映画制作の三倍もの予算が組まれた。予算の中で大きなウェイトを占めたのが衣装の鎧の新調だった。多大な費用をかけて作成された『大楠公』は四月一一日より浅草電気館で公開された。同年五月には、東京銀座の歌舞伎座で二代目市川左団次によっても史劇『楠木正成』が上演された。

また一九三四年には楠公の史跡を紹介する発声映画『誠忠輝く楠公史跡』が、神戸市花隈を発祥の地とし、当時は大阪市に本社を構えていたクラブ歯磨き中山太陽堂によって制作された。クラブ歯磨は楠木正成像を商品広告に積極的に用いていた。具体的な映像を見ることはかなわず、またどれくらいの人の目に触れたかは不明である。ここでは笠置山、隠岐の島、最上山、赤坂城址、千早城址、桜井駅址、観心寺、湊川神社、吉野山、四條畷神社、金剛寺、南妣庵などが映像で解説されたことが映画の台本から分かる。

映画の冒頭には次のような台詞が置かれていた。

当時幾多勤王の志士が現はれましたが、中にも我が忠烈大楠公を初め楠氏一門の遺した忠勇義烈の事蹟に至つては、実に是れ爛漫たる日本精神の華であります。（クラブ歯磨中山太陽堂　一九三五：一二一―二頁）

こうして先に挙げた一二の史跡が解説されていった。

楠公の悲劇と忠君の物語である『太平記』と同じく江戸時代の多くの民衆によって講談をとおして親しまれ、浄瑠璃や歌舞伎で演じられたのが『仮名手本忠臣蔵』である（田辺　一九九三）。初演は一七四八年（寛延元年）、大坂竹本座だった。日本映画の父とも称される牧野省三は一九一二年の日活創立を記念して制作した尾上松之助主演の『忠臣蔵』をはじめ、一九二二年『実録忠臣蔵』を公開している。その後も忠臣蔵の映画は数々制作され、国策映画としては一九四一年の『元禄忠臣蔵』（溝口健二監督）がある（『キネマ旬報』一九九四年一〇月二五日号）。

一九三九年一〇月に施行された映画法は、国民教化や国策宣伝に顕著な機能を発揮する映画の質的向上を国家的介入によって図ることを目的とした。もちろん、映画法をとおした国家による統制により、国民教化や宣伝の役割を映画は担ったが、全体としては人びとの気分転換の機会として利用され、それによって生産力や戦力の維持・回復に貢献する傾向の方が強かった（古川　二〇〇三）。しかしそうであるからこそ、映画による国民教化を押し出すのではなく、映画の娯楽性をとおして愉楽として大和魂が伝えられ、人びとの国民アイデンティティが刺激された点は重要だと考えられる。

博覧会の物

博覧会というイベントにおいても聖戦における正義と大和魂の崇高さが演出されていた。大阪朝日新聞

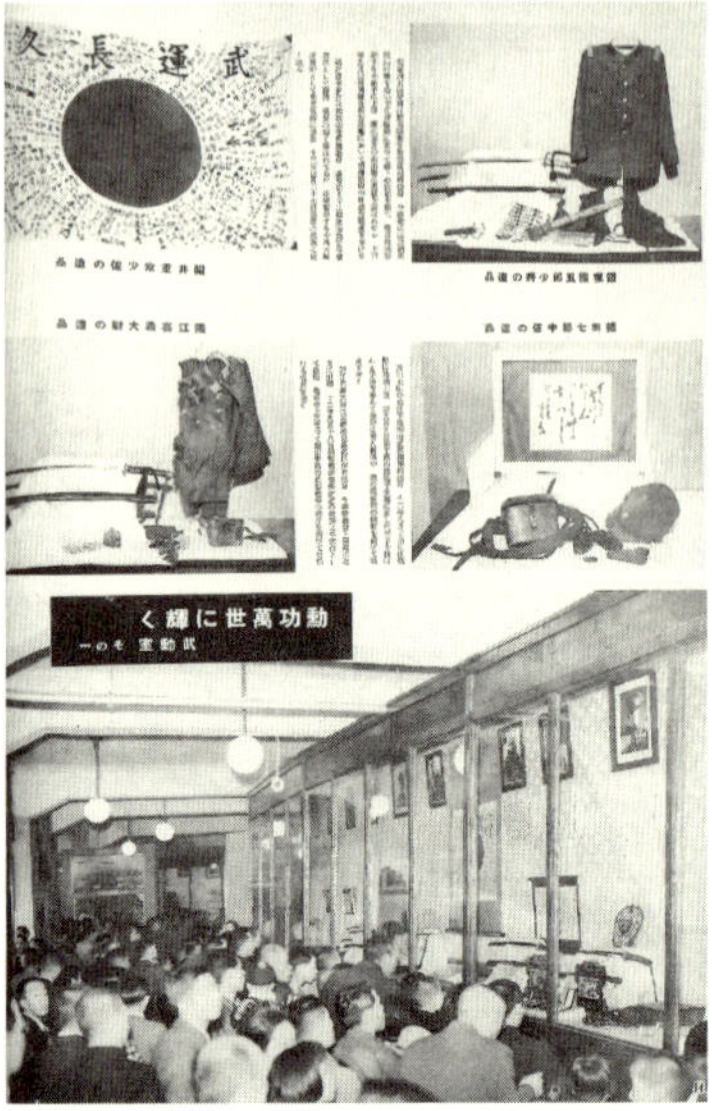

聖戦館武勲室を紹介する『大東建設亜博覧会画報』（1939年）。（以下『画報』と略記）

社によって兵庫県西宮市の西宮球場において、支那事変勃発の翌年にあたる一九三八年四月一日からの二ヵ月間開催された「支那事変聖戦博覧会」と、翌々年の一九三九年の四月一日からの二ヵ月間開催された「大東亜建設博覧会」を取り上げてみよう。これらは「聖戦」を戦う崇高な大和魂の武勲と大東亜の平和をもたらす日本精神を事物をとおして提示した。

大東亜建設博覧会を伝える『大東亜建設博覧会画報』（一九三九年）は次のように博覧会の意義を説く。

聖戦すでに第三年、今や国を挙げてこの聖業に邁進すべき秋、護国の英霊に感謝をさゝげ、皇軍将士の武運長久を祈りつゝ、東亜の現勢を正確に認識し、次に来るべき新東亜の天地を予見し、もつて国民大衆が今後に書すべき道を顕示し、聖業の実現遂行のために確乎不抜の精神を振起せんことを期して（後略）（四頁）

戦争は「日本民族」の聖業である。このように国を護るため戦った英霊に感謝し、今まさに戦っている皇軍兵士の武運長久を祈る。それを成し遂げるために「確乎不抜」の精神を奮い立たせなければならぬ。

こう言うのだ。物事に動じず、やり抜く大和魂や日本精神がここで強調される。

支那事変聖戦博覧会には靖国神社遙拝所、大東亜建設博覧会には「護国の忠魂の勲し」を偲ぶ大場鎮表忠塔が建設された。二つの博覧会の目的は、戦況や敵国の情報提供ではなく、日本軍の精神性や力強さを日本国民に提示することで国民アイデンティティを強めることだった。たとえば支那事変聖戦博覧会では五階建ての本館二階に、戦況の全貌（朝日新聞特派員が撮影した写真や戦況の解説、作戦の図解）、輝く武勲（軍事美談や遺品）、戦利品（日本軍が鹵獲した中国軍の飛行機、戦車、大砲などの展示）の展示室が設置された。ここには日本と、敵国である中国、欧米列強の間に横たわる大きな差を表す事物が展示されている。すなわち、最新の兵器、崇高な精神、武勲を持つ日本、豊富な資源を持ちながらも大事な武器を置いて逃げる弱い中国、そしてその中国の後ろで糸を引く卑怯な欧米列強である。

大東亜建設博覧会でもやはり本館二階に聖戦館として日本軍兵士の武勲や遺品のほか、戦利兵器などを展示していた。この中の「武勲室」には、出征将士の殊勲を物語る品々、廬山にて戦死した飯塚部隊長、「昭和の軍神」西住戦車隊長の遺品など「護国の英霊となつた勇士の数々の貴き遺品」が陳列された。『画報』にはこの聖戦館の写真が掲載されている。ガラスケースに陳列された遺品や遺書、国旗への寄せ書きの様子は、現在の靖国神社内の遊就館で目にする陳列方法によく似ている。

大和魂の戦いのスペクタクル

しかし本章がより重視したいのはこれらの博覧会の持っていた愉楽性である。支那事変聖戦博覧会会場の最寄り駅の阪急西宮北口を降りると、実物大サイズに再現されたラマ塔と正陽橋の模造品を左に見ながら、南京市政府楼門をくぐると外園のアトラクションへと到着する。絵画や写真で見たことのある異国の

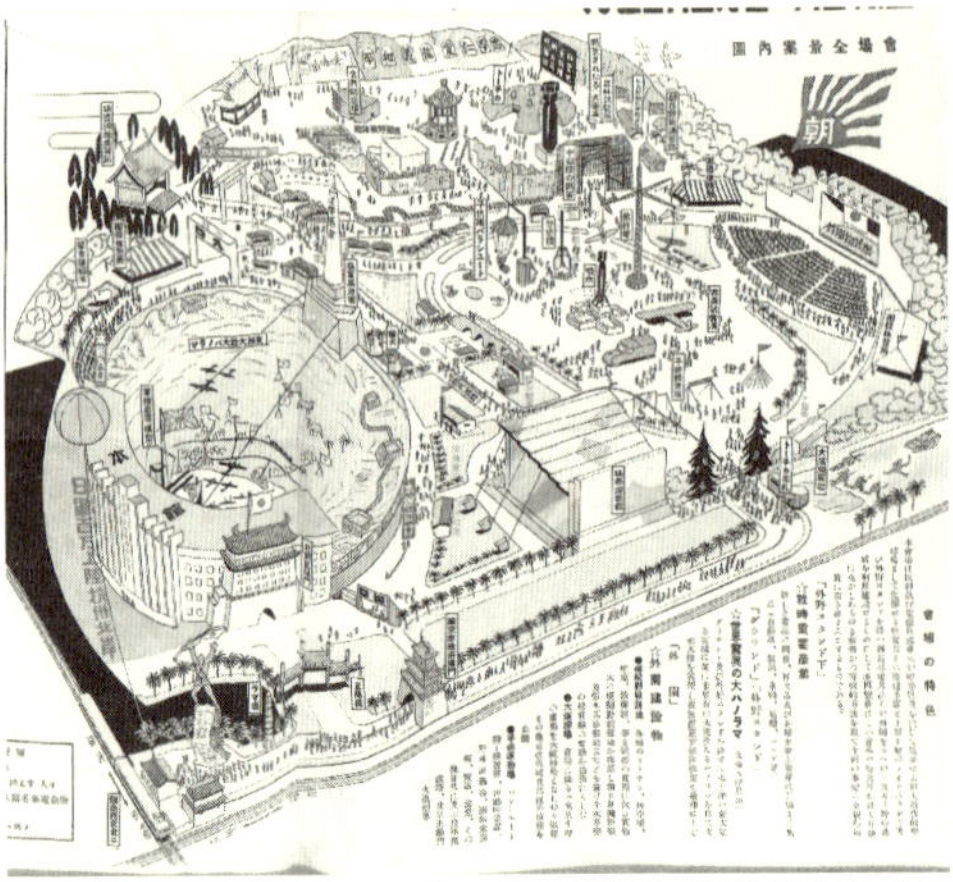

支那事変聖戦博覧会場の様子。中央部に子供運動場がある。（栞より）

風景を実際に西宮市で目にする人びとは、国家の偉業を称えると同時に、純粋に珍奇なものを楽しむ快楽を感じる。外園には子どもが飽きないように、子供運動場が用意され、そこには映画園芸館のほか、軍機義勇号の実演、飛行塔、パラシュート、潜水鏡などが置かれていた。それは娯楽空間でもあった。

大東亜建設博覧会では、日本が植民地支配を進める地域の様子がより物質的に展示された。「新東亜めぐり」のエリアには新京、北京、太原、八達嶺、海州、開封、漢関などの中国の都市を代表する建築物やモニュメント、そして地形などが再現されている。この区画には満州での開拓の状況を伝える「開拓村実況」も展示されていた。同じ「日本人」が辛苦しながら外地で開拓する様子は大人気で大混雑していると『大東亜建設博覧会画報』は伝える。蒙疆広場ではモンゴルの人を呼び寄せ、遊牧民の住居であるパオのほか、羊とラクダも展示する。多くの来場者にとってラクダは初めて見る動物だったのだろうか、柵の外側からのぞき込む写真が『大東亜建設博覧会画報』に収められている。人の展示は北京茶館や刺繍館でも行われた。当時印刷された栞には「北京の姑娘が大挙来場して嫋々《じょうじょう》たるサーヴィスをやる趣向、刺繍館では蘇州美人の刺繍実演」とある。「姑娘」「蘇州美人」は異国の女性を男性が愛でる表現である。展示されるまるで異国のような風景、そこに行くのは容易ではないがそれは今や大日本帝国の一部を構成している。こうしたことを観光的な愉楽によって人びとは知っていく。もちろん、こうした美しきもの、珍奇な物が手に入ることは喜ばしいことである。それは快楽としての植民地主義である。

本館の外側の野球グランドでは広大な敷地を用いた圧倒的な視覚的スペクタクルが両博覧会で提示されていた。支那事変聖戦博覧会では、スタンドから見れば中国大陸で起こっていることを把握することができる「支那大陸大パノラマ」が設置されていた。ここには軍艦出雲の模型も置かれ、戦場の様子を見て感じることができるようにもなっていた。スタジアムの得点ボードは皇軍万歳塔として装飾され、塔には「皇軍万歳」という言葉が記されている。

大東亜建設博覧会では、スタジアムの中に「武漢後略大パノラマ」が設置された。大パノラマを栞は次のように紹介する。

今事変最大の戦果であり世界戦史に比類なき武漢三鎮の攻略戦が身をもつて戦野にあるがごとき実感でひし〳〵せまつて来る、総面積実に一万坪、球場のグラウンドにあたるところには漢口にせまつてゐる、載家山いつたいからまさに漢口に突入せんとする将兵も無数の人形兵士の大軍である、タンクが塹壕を越えて行く、支那軍がはふり出して遁走した大砲、高射砲もごろ〳〵ころがつてゐる、戦野さながらの支那部落も樹木や竹を配してたくみに表現されてゐる

危険をかえりみずに漢口へと突進する日本兵と、恐れをなして兵器を放り出したまま遁走する中国兵が対比されている。勇猛な大和魂の現れである。また大東亜建設博覧会ではシンボルである「五族協和」の

鹵獲兵器と協和塔（『画報』より）

東亜民族協和塔周辺に中国軍から鹵獲した兵器が展示された。大東亜建設を阻む兵力を日本軍が打倒していく力強さを、これらの事物は表現しているのだ。『大東亜建設博覧会画報』には鹵獲兵器のアップとその後ろにそびえる協和塔の写真が掲載されている。その写真の上には「興亜大道に芸術的な姿でそゝり立つ　手間の高射砲は戦利品」とキャプションが付されている。こうした構図は戦いの結果として得られるべき東亜の「平和」を視覚的に示す。

大東亜建設博覧会ではスタジアムの外園に模擬野戦陣地が再現され、戦地の丘を模したハリボテには「平和義信愛仁孝忠」という語が付された。この戦争が平和や正義のためのものであること、そのために日本軍が命をかけて戦っていること、つまり「聖戦」であることが強調されている。

『大東亜建設博覧会画報』は戦争の正義とそれを遂行する日本の高い精神性について次のように書き付けている。

> 護国の英霊に感謝を捧げつゝ、また皇軍将士の武運長久を祈りつゝ、何ゆゑに日、満、支一体の新東亜建設に起ちあがらねばならぬかの世紀の大使命を顕現したこの大博覧会は、祖国愛に燃えたぎる国民に対し東亜新秩序の建設こそ大和民族に課せられた使命である事をいやが上にも強く刻むものと期待され

てゐる

大東亜建設は大和民族の祖国愛によって推進されるべき使命である。それを成し遂げるのは、兵力だけでなく精神の強さでもあると博覧会は説くのだった。しかし『大東亜建設博覧会画報』が掲載する会場の様子の写真、パノラマや展示物を人びとに緊張した面持ちはない。むしろ彼らはとても楽しそうに、物珍しそうに、会場の展示物を眺めている。それは娯楽活動の延長であったと言える。そして娯楽活動であるからこそ、国民のイデオロギーはあるときには快楽をとおして伝えられるし、別のときにはまったく違った単なる娯楽物として解釈されるのである。

武漢攻略パノラマとそれを眺める人たち（『画報』より）

視覚装置と大和魂

博覧会において採用されたパノラマ展示は、人形や植物などの事物を観客と絵の間に配置することにより画面に奥行きを与え、それによって見る者に臨場感を与える視覚的装置である。これは一八九〇年の第三回内国博覧会を機にして日本各地へと広まった（細馬 二〇〇一）。もちろん、このパノラマは大和魂や日本精神を伝える展示会でも利用されていた。

先の章で紹介したように、一九三五年に神戸市の三越百貨店で神戸新聞社によって開催されていた大楠公文化展覧会でも学生や児童の教育効果の向上を目指して、湊川合戦のパノラマ一一場面が設置された。パノラマで用いられた正成公及び家臣の鎧、兜や、それぞれの場面は史実に基づいたものだと紹介された。名前は異なるもの、先述の須磨遊園地内のイベントでも、「楠公婦人」「桜井駅訣別」「小楠公と辨の内侍」「菅原伝授鑑車曳」「酒呑童子大江山」「源平扇屋熊谷」「地震加藤」「鵯越逆落し」「源平一ノ谷合戦」等の歴史物、戯曲のほか、「弘法大師波切不動」「親鸞上人石枕」「日蓮上人龍口法難」など信仰に関するもの、さらには「日露召集令」「日本海海戦の三笠艦上」等の戦争に関するもの等のジオラマが設置された。

展覧会に戻れば、会場がある六階への階段中途から、楠木正成の立てこもった千早城を想起させるデコレーションがなされ、それによって来訪者に建武中興や楠木が活躍した時代を感じさせようとした。また会場の正面には河内の楠妣庵にある大楠公と婦人の御像を祀った木造の祭壇を据えた。パノラマもデコレーションも、来訪者の会場での経験を、できる限り主催者側の意図した方向へと導くための装置であった。別言すれば、来訪者の経験は、こうした事物の配置によって方向付けられようとしたのである。

展示会の模様は、新聞の報道に依るしか知り得ない。それによると、二日目の二四日には朝来の降雨にもかかわらず続々と観衆が会場に蝟集し、午後には前日に数倍のにぎわいを見せたという。三月二五日には学校休暇中の学生、生徒、教職員、歴史研究家の増加が見られたと言う。入口に設置された祭壇や湊川合戦大パノラマに人びとは「敬虔と感嘆の気分」を感じ、とくに会場内の事物では、天野山金剛寺から出品された楠公父子決別に関わる「銀鞘龍文の短刀」、吉野神宮が出品した楠木正成の画幅、祈願文、楠木家の世譜、楠木の手鏡が混雑していたと言う。また、入り口の祭壇、会場中央の大楠公木像と正季以下十六士の霊牌には礼拝する姿があり、「場内に楠氏誠忠には対する敬虔の気」(『神戸新聞』一九三五年三月二六日付)が漂っていたと紹介された。

翌二六日にはさらに人出が増し、終日、会場は動きが取れないほどの混雑ぶりだったと報道された。真偽の程は定かでないが、毎日のように会場に足を運ぶ熱心な人もいたとされる。この二六日より、場内ではタイヘイレコードが出版した新小唄「楠公まつり」、新流行歌「輝く忠誠」、童謡「楠公をどり」、唱歌「大楠公」、映画物語「正行公と辯の内侍」、詩吟「大楠公」、琵琶「大楠公」、教育劇「大楠公観心寺の巻」、浪曲「大楠公」のレコードがかけられた。音楽は「来場者に一層潤ひ多い気分を豊かにしてゐる」が、「場内多数の陳列出品から来る敬虔な感情は旺溢して今更に楠公の偉業誠忠を思はすもの多く満堂尽忠偉烈護国の精神教育の史料の充実を語って止まぬ」（『神戸新聞』一九三五年三月二七日付）と、展示物を

楠公館の前には多くの軍人が歩いている

楠公館での桜井の別れのパノラマ展示

歴史館で陳列を眺める人たち

（楠公六百年記念観光博覧会誌』より）

丁寧に見ることの必要性と、それを通しての国民教育の重要性がはっきりと語られてもいた。

　また、「楠公六百年祭記念神戸観光博覧会」においてもパノラマやジオラマが用いられた。博覧会場は湊川公園会場、六甲山会場、福厳寺会場の三つ。第一会場、湊川公園会場は、楠木正成の古戦場であり、立地や背景となる六甲山の色合いを考慮して選ばれた。この会場の楠公館では、湊川大合戦、正成幼時の修学、後醍醐天皇から始めて召された正成、赤坂城の戦、千早城の戦、正成公の聖駕奉迎、楠公父子の別れ、正行が母の訓戒を受ける場面、正行の出陣、瓜生野の戦、四条畷の戦の一〇場面がパノラマで展示された。それにより、楠公父子の忠誠が視覚的効果を伴って示されると考えられたのである。また、第二会場、福厳寺会場では、同寺がある兵庫区内の小学校児童が共作した二四場面の楠木の絵巻のほか太山寺から出陣された国宝の法華経三二巻、国宝佐々木四郎の甲冑、京都南禅寺の「後醍醐天皇臨幸録」、楠公関係の書画二八軸も展示された。ここでも庭隅の地蔵堂で、後醍醐天皇が楠木正成を召した場面のジオラマが置かれ、また広場に設けられた余興場では、兵庫区の青年達が隠し芸を披露した。

　このイベントはまた、観光と楠公との結びつきを示している。「楠公六百年祭記念観光博覧会」の赤色大文字を掲げた入り口正面には神戸の名所とされる布引の滝の高さを三分の一、幅を十分の一にしたミニチュアが作られた。そして夜間には五色の照明灯でライトアップされ、華やかな雰囲気を視覚的に演出したのである。

　第一会場の湊川公園に設置された木像掘立平屋造の漆喰塗仕上げの観光館には、各自治体や団体、とくに鉄道省観光局からの出品の申込が殺到したため、建設費二五〇〇円をかけて新たに第二観光館を設け、鉄道省の出品に対応し、また特設館が設けられることが決定された。新たな観光館の半分は売店として用いられることになった。第一観光館では長崎市、北陸都市連盟、山梨県景勝地協会、兵庫県観光協会といった各県、各市の観光協会や観光課、南洋郵船、日本郵船、南海電鉄や、山陽電鉄、阪神急行、六甲ロープウェー、神有電鉄、摩耶ケーブル、赤穂鉄道、洲本町、姫路市、阪神電鉄、摂陽商船などの交通会社、ホテル、トーマス・クック商会などが各地の風景や沿線などの名所などをパノラマ、ジオラマ模型で提示した。また第二は、先述の通り鉄道省観光局と国際観光局の出陳品が並べられた。これらの展示は、日本の景勝地を館内で味わうことができ、まるで日本各地を観光しているようであるとされた。

歴史館は先の章で紹介した。日本全国の特産品を模型や漫画を応用して陳列した物産展では「産業の日本」と名づけられた模型があった。これは、日本の産業の「躍進状態や観光地等が会得出来る」（神戸観

湊川の戦いのパノラマ展示

湊川公園会場のイルミネーションが夜を盛り上げた

（楠公六百年記念観光博覧会誌』より）

光博覧会 一九三五：一二三頁）ように、日本各地の名所、旧跡、風俗、大工場などにあわせて、それらの生産品、土産品等を動的かつ漫画風に展示し、模型前のケースには各地の土産物や工芸品等を陳列したものである。この「産業の日本」には東京市をのぞいては、西日本にある各市役所からのほか企業から工業品が送られた。また、この模型を統計的に示した「産業日本の現状」も設置され、全国の工場数、職工数、工産額および対外貿易額を、工業別や主要港別に点滅する電器装置で示した。こうした物産は、海外からの来訪者に対して日本の工業力を示すものとしても認識されていた。さらに、ここでは神戸市の土産物として、磯馴味噌、甲南漬、漆器、陶器のほか、新しく発案された六甲スキー餅や楠木に因んだ忠孝菓子、菊水饅頭も販売された。その他会場中央東側には、常設音楽堂を臨時に拡張した余興館を建設し、舞台でのイベントに対応した。

さらに第三会場、六甲山会場は六甲山の植物園内に設けられ、参考館、山岳館、余興館が建設された。参考館では、博物学の珍しい参考品、例えば、動植物の標本が陳列された。また山岳館では六甲山や日本各地の山岳の山岳写真数百枚の他、外に明治初めに六甲山を開いたと言われるブルーム氏の遺品などが並べられた。

観光博覧会という、すぐれて愉楽的なイベントにおいて、楠木正成の偉業を称えるための展示が行われた。そこでは分かりやすさだけでなく、人びとが見て楽しむことのできることが重視された。しかもそれはまるで日本各地や神戸市の文物を眺めて観光しているような愉楽と快楽の経験を与えたのである。パノラマ展示、ジオラマ展示をとおして大和魂は愉楽や快楽をとおして伝えられる。

祝祭空間としての観光博覧会

観光博覧会はまた神戸市における一大イベントであった。開催に向けてかなり入念な準備がなされ、多くの来場者を得た。この様子を追いながら、大和魂や楠公精神が展示される博覧会の祝祭性を考えてみたい。

一九三五年三月一日の神戸新聞記事には、観光博覧会を間近に控えた協会の状況が詳しく紹介されている。それによると、一九三五年三月の時点で、会場の湊川公園では設備の設計が終わり、勧業館から水族館にわたる土地を四角に区切って板塀の工事に着手していた。広告活動に関しては、協会は縦四尺、横三尺の三色刷りのビラを一万枚印刷し、全国の自治体や諸団体に送付していた。また、栞の他、神戸市内の三〇余りの寺の史蹟や伝説地の詳細な解説を加えたリーフレットを配布する準備を整えていた。さらに、神戸市電の車両内にはセロファン製の宣伝紙を貼付した。この他、博覧会が迫ってくると、姫路、岡山、大阪など近畿地方の都市に大アーチ、アドバルーン、ネットサインを設備し、特に阪神間一帯には飛行機を用いて空から官伝ビラをまき散らすことまで述べられている。

実際には、二月よりポスター二万枚が全国関係各方面に送られ、セロファンのポスター五〇〇〇枚が市内や近郊の街頭および、交通機関等に貼付された。また、中吊ポスター三〇〇〇枚も市電、市バス、京都市電等に貼られた。岡山市、吹田市、神崎市に野立看板が、市内各所に街頭看板が、神戸駅前には宣伝看板が置かれた。その他、宣伝マッチが二〇万箱作られ市内や近郊に配られ、駅弁のビラにも広告が印刷されている（神戸観光博覧会 一九三五）。さらに神戸市内では大倉山、三角公園、相生橋ガード下、神戸取引所前の主要場所に華麗な宣伝塔が姿を現し観光博の雰囲気を盛り上げていた。

四月一日から三つの観光博会場に白、赤、紫、黄、緑の総計五〇〇〇個の電球が設置され始め、一三日の完成にともない点灯された。第二会場の福厳寺の周辺では、観光博覧会に向けて独自の取り組みも行っ

神戸市内の野崎高等小学校も観光博覧会に際して記念の絵葉書を作成した。

ていた。周辺の寺院はそれらが持つ宝物の展示を行い、また周辺の切戸南逆瀬の商店街や御崎八幡薬仙寺附近に至る商店街は揃いの提灯で電飾し、馬上の大楠公や菊水の紋様を描いた旗をつるし、協賛の意を表したのである。

前売り入場券は、三月八日から神戸市各区長を通して販売され始めた。前売り券の大人は当日券より一〇銭安い二〇銭、小人は五銭安い一〇銭であった。また、観光博覧会と大楠公六百年記念祭に多くの観光客の訪問が予想された神戸市では、それまでの土産物であった牛肉と瓦せんべいの他に新たな土産物を開発することが神戸市観光課と商工課で議論された。これを受けて、三月九日に土産品協会が発足し、博覧会の物産陳列館を新しい土産物で飾ること、及び将来協会経営の土産物陳列館を元町通りの繁華街に設けること等を申し合わせた。

会場建設のための地鎮祭は二月二〇日に行われ、四月一一日の開会式に向けて突貫工事が進められた。開会式には九〇〇名強が招待され、開会式当日は雨天であったが空席がないほどに多くの人が詰めかけたと言われている。式では、内務大臣、文部大臣、兵庫県知事、神戸市会議長、神戸商工会議所会頭、出品人総代が挨拶を行い、また鉄道大臣と台湾総督府長官からの祝電も披露された。

近畿一円からもあったが、神有、山陽その他の郊外電車沿線からの来場者が最も多かった。四月二八日には淡路島にあった津名郡女子青年団が観光博覧会を訪れた後、大阪河内の観心寺を訪れ、後村上天皇御陵も参拝して同所に一泊し、翌日は橿原神宮、畝傍を参拝して、当所でさらに一泊、三〇日に吉野山と小楠公遺蹟を巡って神戸発汽船で帰宅した。こうした団体入場者の最高記録は五月六日に紡績高砂工場の女工一七〇〇名、七日に神戸若松小学校生徒二〇〇〇名が来場したときだった。

　四月二三日からは国際観光デーが始まり、神戸、京都、横浜、名古屋といった観光にゆかりのある日本中の二五都市でイベントが行われた。神戸市の観光博でもこれに併せて、二三日には入場者に対し先着順により土産品の贈呈、二四日は同様方法でマッチ一袋の贈呈、二五日には同様で絵葉書一組の贈呈、二五日の夜は観光映画の上映と記念スタンプの押捺が行われた。これにあわせて二四日は一万人以上の来訪者があった。

　観光博覧会の記録文書や神戸新聞からは、この会期にどれほどの人が訪れ、どれだけの収益があったのか明らかではない。しかし、「神戸新聞」の記事で観光博が始まった四月一一日から五月六日までの二六日間で、湊川公園会場での入場者数は一八万人になっていることを紹介するものがある。それによると、一日平均の入場者数は七〇〇〇人となる。また、入場者数の最高記録は五月五日の日曜日に作られ一万六一二一人だった一方、最小記録は雨天だった四月一一日で一三四六万人だった。最高の入場料売り上は四月一四日に達成され、二五六五円三〇銭であった。とくに、会期後半は楠公六〇〇年祭に近づく状況だったので、入場者は尻上がりに増加した。入場料金のほかに郊外電車、バスなどの連絡券からの収入を加味すると、合計は九万円強になると試算され、さらに観艦式記念港濬博覧会からの補助金二万円があったから、「この博覧会は儲かるといふ結論に達する」（『神戸新聞』一九三五年五月七日付、傍点は引用者）とされた。

こうした楠公のイベントの実行とその情報の流布、さらに楠木に対する感情の形成に大きく関与したのがマス・メディアだった。たとえば、タイヘイレコードは楠公を讃えるレコードを出版した。これには詩吟、筑前琵琶、朗踊、映画説明、舞踊新小唄のほか、唱歌、童謡舞踊、教育劇など子供向けのものも含まれていた。タイヘイレコードだけでない。コロンビアは、中野忠晴を表看板に「大楠公の戦」と新民謡の「楠まつり」を一枚一円五〇銭で売出した。テイチクは、楠公会推薦国民歌の「大楠公」や琵琶歌「大楠公の至誠」を一円で売り出した。この他、ニットーは子供をターゲットにした童謡「楠公さま」、金の鈴子供会の合唱「青葉茂れる」を表裏一枚で一円、ビクターは流行歌手藤山一郎の「大楠公の歌」、四家文子独唱「青葉茂れる」(一円五〇銭)を、以前から販売しつづけていた。楠公に因む場所の中でも、大々的なイベントを行っていた都市部の神戸市が楠公関連レコードの重要なキャンペーン地であった。実際、テイチクは新開地を中心として一二〇件の特約店を持ち、大々的な宣伝活動を展開していた。

また、一九三五年の五月に行われた六〇〇年祭に際しては、楠公に関するラジオ番組も大阪中央放送局によって放送された。五月二一、二二、二三日の毎夜六時から国史物語『大楠公三部曲』『菊水の旗』『七生報国』の連続物語が行われた。さらに、二二日からの四日間は新形式のマイクロフォン・ロケーション・システムによって『大楠公史蹟巡り』という番組が実況中継で放送された。具体的には、二二日午前一一時から大阪女専教授の魚澄惣五郎が楠公誕生地で講演を行い、また山本旭錦師の「嗚呼正成公」と長唄「大楠公」がそこから放送された。二三日は、千早城趾の上空機上より楠公研究家藤田精一と三上参次が講演を行い、また叶太夫の義太夫が放送された。二四日午前一一時からは、東條村楠妣庵より大仏次郎が「家庭の大楠公」と中村孝也が「楠公夫人」を講演し、また宮川松安の浪花節『大楠公と杉本左兵衛』が放送された。最終日であり、楠公六〇〇年祭の当日でもある二五日は午前一一時から湊川神社と福厳寺から六百年記念祭典実況を行うと同時に、宮地直一による臨地講演が放送された。ちなみに二六日には、河内観心寺で六〇〇年祭大法要があり、舞台劇『正成の死』の実演が放送された。

この他、五月一九日には神戸市連合青年団音楽隊が奉賛の音楽を演奏しながら、永澤町の本部より湊川神社、神戸新聞社を経て栄町通を行進した。さらに、三宮大丸の屋上、生田神社、観光博会場でも演奏を行った。楠公の音は電波と音波を通して、演じられたのである。

二　消費・地域・大和魂

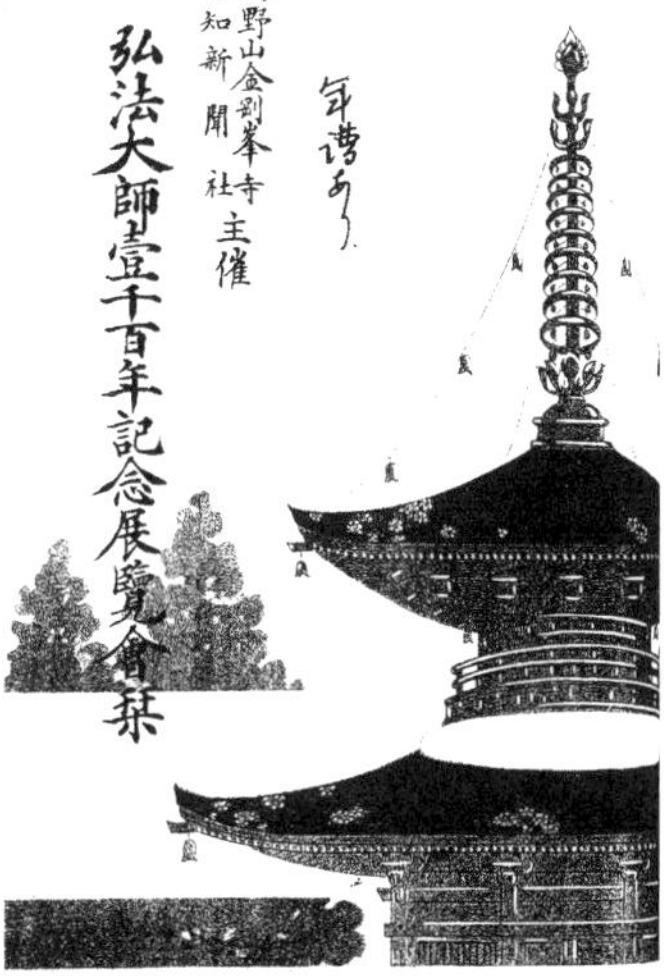

1934年に報知新聞社と高野山金剛峯寺によって主催された弘法大師1100年記念展覧会の栞

百貨店展示のなかの大和魂・日本精神

パノラマ展示は、大正時代に入ると、百貨店での展覧会に次第に取り入れられていった（神野 一九九四）。一九一〇年代からの日本における産業転換、およびそれに伴う都市居住者の再編成により、新たな「大衆文化」が形成され始めたことと深く関わりながら

朝日開館での様子。仏像を人びとが取り囲む。（『大阪朝日新聞』1934年3月16日付）

（新保 一九九五）、百貨店は大正時代以降、都市の上流階級をターゲットにしていたかつての顧客戦略を、都市に住む「大衆」へと拡大していた。この場所は、昭和に入ると単なる買物の場所ではなく、都市遊覧のコースとなっていき、その中には次第に公的な施設も作られるようになったのである（初田 一九九九）。

実際、東京日本橋の三越百貨店では先の章で紹介したように一九三四年に報知新聞社は高野山金剛峯寺と報知新聞社が合同で、「弘法大師壷千百年記念展覧会」を開催した。また、一九三四年には大阪朝日新聞社によって弘法大師文化展覧会を、本会場ともいうべき大阪朝日会館のほか、大阪三越、南海高島屋、京都丸物《まるぶつ》でそれぞれ時期をずらしながら開催された。この意義を考えてみたい。

最も長い期間展覧会が開催された朝日会館は、一九二六年に開館しており、建築様式はドイツ近世様式であった。大阪朝日新聞社は、この建物を「文化の殿堂」としていた（朝日新聞百年史編修委員会 一九九一）。この場所では先の章で紹介したように、国宝や重要な事物が展示された。もっとも、同時期に東京の帝室博物館でも弘法大師の展覧会が開催されていたため、図録で紹介された寺宝や国宝が陳列されないこともあった。

また、朝日会館での観客は、厳粛な態度が求められた。当時の会場の様子を伝える新聞記事には、規律正しい模範的な国民の様子が記されている。すなわち、開展には、「早朝から多数の人々がつめかけ（中略）開場時刻を待つといふ熱心さ」（『大阪朝日新聞』一九三四年三月一五日付）というように、多くの人が訪れ、その数は日を追って増えたと伝えられる。「文化の殿堂」と称されたこの会場は、他の会場に比べて最も宣揚会の意図を反映した展示が行われ、そこを訪れる人についても、たとえば「尊き後醍醐天皇、後光厳天皇、後宇多天皇の麗筆のまへではいづれも脱帽して仰ぎ見る」（『大阪朝日新聞』（夕刊）一九三四年三月一六日付）ことや、「中には三、四時間も会場に立ち尽くして出陳物を鑑賞するといふ熱心家もあり、また弘法大師像の前に葦銭を投げる篤信の人も多い」（『大阪朝日新聞』一九三四年三月二〇日付）と記事にある。この会場を訪れた人が実際にこのような行為を行っていたのかどうかは不明であるが、少なくともこのような行為があるべきものとしてとらえられ、報道されていたことは指摘できる。

一方、第二会場、第三会場、第四会場では国宝など「宝物」の展示のほかに、パノラマにより弘法大師の「足跡」を展示していた。第四会場の京都の丸物百貨店では有力寺院からの出展がみられるものの、国宝指定の物品は一〇品しか確認できず、国宝が多く展示された第一会場とは大きな違いがある。第二会場の大阪三越百貨店では、「中央ホールに絵伝による「応天門」を設け、パノラマの場面には、これも絵伝により「捨身誓願」「入唐求法」「高野山開創」「大塔建立」「神泉苑祈雨」など」が作られていた。また、「高野山史蹟」や「大師の略年譜、高野山開創の由来、同年代記、道しるべ、入唐経路」などを示すパネルのほか、「四国霊場の写真等百数十枚」も展示されていた（『大阪朝日新聞』一九三四年三月二〇日付）。さらに第三会場の南海高島屋百貨店では「各寺院尊き御霊宝奉展」、「弘法大師御一代御事蹟人形場面」、「電光・電動装置人形大パノラマ（三場面）」「四国八十八ヶ所霊場お砂踏み」、「弘法大師御偉業大絵図」が「主なる内容」であった（『大阪朝日新聞』一九三四年四月二九日付）。しかもこの会場は「丸物百貨店とは趣巧をかへて弘法大師時代の染織物に主力がそゝがれ、弘法大師御一代記も主材に於いて異色がある」（『六大新報』一五六四号、一九三四：三五頁）とされ、各会場の特徴が示されたのである。

このように、朝日会館とその他の百貨店の会場では品目が異なっていることは、人々に理解せしめる方法にも関係していたと考えられる。都市遊覧のコースであった百貨店には、朝日会館にわざわざ足を運ぶ観客よりも、買物のついでに立ち寄るというような広範な目的や志向を持ち、またより広範な社会階層を持つ人々の来場が予想された。それゆえに同時代に普及していたパノラマを用いて「判り易い」、「通俗的な」展示が求められたのであり、「判り易く意を用ひた陳列に朝来入場者が殺到」(『大阪朝日新聞』一九三四年四月一二日付)したのである。すでに述べた一九三五年に善通寺派が香川県高松市の三越百貨店で行った展示会においても電灯仕掛けの人形が配置されるなど、こうした手法は広く取り入れられていた。当時人気があった視覚的テクノロジーを介して国家と弘法大師の関係は開示されたのである。

刺激される地域アイデンティティ

一九三四年から三六年にかけての一連のイベントによって、国民の忠臣に対する関心は強く刺激された。もちろん愛国心を強く感じる人もいたが、偉人たちの事績を自らの周辺に探し出すことが一つの潮流となったことにここでは注目したい。先の章で国家のアイデンティティが地域アイデンティティの形成をとおして作り出されることを指摘しておいた。もう一度、楠木正成に関連する事物の発見物語を紹介しながらこのことを考えよう。

中世の人物であり、しかも朝敵とながく見なされていた楠木正成に直接に関わる事物は、明治時代においても存在しなかった。大阪朝日新聞社が開催した楠公に関する座談会で、歴史家で大阪女子専門学校教授の魚澄惣五郎は「また遺憾なのはこれだけ全国民の讃仰を受けてゐる人でありながら大楠公の権威ある肖像画がないことである、宮城前銅像や軍艦「河内」艦内にはそれぞれ肖像があるが果していかなる資料によつて作成したか明らかでない、この際是非とも純正確実なる肖像画を得たいものだと思ふ」（『大阪朝日新聞』一九三四年一月一三日付）と語っている。

大阪朝日新聞社は「あらゆる埋もれた大楠公関係の名宝はこの機会に広く一般に紹介したい意図のもとに大江計画部長らが手分けして各地を探」（『大阪朝日新聞』一九三五年三月三〇日付）した。その結果、一九三五年、建武中興の合戦屏風が奈良県郡山辺郡朝和村の旧家で発見された。おそらく慶長期、山楽前後の作品と考えられるこの屏風の左端には千早の砦や岩石を投じる僧などが描かれ、また第二面からは天王寺合戦や、乗り物に乗った後醍醐天皇が、文官らしき数人や武将などを伴い船上山に御幸する様子が描かれ、さらに、神戸の生田の森での激戦に身を投じる楠木軍なども描かれていると紹介された。

この他にも、一九三四年から三五年にかけての新聞紙上には多くの事物の発見を伝える記事が見られるのだが、それらの多くは何らかのイベントや展示会に際して発見されたものであった。たとえば大阪市が主催した建武中興六〇〇年祭記念展には建武中興にちなむ書画が集められ、そこに搬入された京都市のある人物が所有する手紙が、魚澄惣五郎により後醍醐天皇の宸翰《しんかん》（直筆文書）と鑑定された。この手紙は記念展に持ち込まれることによって、楠木に関わる事物となりえたのである。

また、事物の発見のほかに、それまでほとんど公開されなかった事物がこれを機に広く人びとに開陳されもした。たとえば、六〇〇年間、秘仏として一切開扉されなかった歓心寺が所有する国宝、不動明王が大楠公展覧会で特別に開陳されている。この不動明王は世界平和の建設の象徴と説明され、平和と慈悲を目標とする楠木正成が不動明王に帰依していたと両者は強引に重ね合わされたのである。

イベントに直接関係がないような事物の発見も記事で紹介された。豊能郡池田町の寿命寺からは楠木正成が寄付した兜、菊水の紋を持つ奉納旗、感状が発見された。これらは「斯界の権威」によって本物であると鑑定された。こうした例は、楠木にちなむイベントやその報道が、人びとをして自らの所有物が楠木に関わるものではないかと思わせ、それによって事物が発見されたのだと考えられるし、一般家庭での事物の発見は人びとの楠木正成への関心をさらに高めていった。さらに言えば、一般家庭での発見に関する一連の報道は、日常生活の中で楠木的なるものの存在を意識させ、それへの親近感をも醸成させたと考えられる。以下では新聞記事から拾ったいくつかの例である。

一九三五年三月二三日、『大阪朝日新聞』と『大阪毎日新聞』両紙は、河内郡長野町の旧家から楠木正成の三男楠木正儀より長男正行《まさつら》の四条畷での戦死を知らせるために送られた書状が発見されたことを伝えている。この旧家和田家は楠木氏の一族である和田氏の後裔で、その家の土蔵から古びた掛け軸が発見されたので、富田林中学の教諭が調べた。それによると、この書状は一三四八年の四条畷での戦いで正行が自害した翌日に送られたものであるらしいことが分かってきた。そこで、和田氏はこれを大阪府社寺兵事課に持参して鑑定を求めたところ「だいたい間違ひない」(『大阪朝日新聞』一九三五年三月二四日付)と認められたという。

大阪毎日新聞の記事にしたがって書状の内容をまとめると、次のとおりである。昨日、正月五日の四条畷の合戦で官軍が意外にも大敗し、正行兄弟も戦没した。このことは同族一同驚愕している。四条畷で敗戦し、正行が戦死したため、善後策を講じるため興良親王から御書、北畠親房卿より書状も賜ったので、急いで観心寺の行宮を参宮してどのようにすればよいかうかがってきて欲しい。もし神様が官軍のため尽力してもらえるならば、賊軍を滅ぼし、私は父兄の仇をうって無念を晴らすことができるだろう。

『大阪朝日新聞』は、社寺兵事課はこの書状が本物であろうと判断したが、念のため金剛寺に保管されてあった正儀の書と比較して結論を出す予定だとしている。ただし、その結果を知らせる記事は、以後の両紙に見つけられない。

また『大阪朝日新聞』（一九三五年四月一〇日付）が伝えるところによると、大楠公の夫人久子が信奉し、彼女が人生の最後を過ごしたとされる楠妣庵観音堂の本尊でもあった木彫十一面観世音像が、大楠公六〇〇年祭を機に所有者の松尾豊氏から観心寺に寄贈された。記事によると、この観世音像を守本尊とする楠妣庵は明治初年に廃寺となり、無住のまま荒廃するにまかせていたため、環俗していた松尾氏から明治一七年にこの十一面観音像は散逸を防ぐために観心寺に預けられた。その際に預け入れ証文が作成されたのだが、その証文は金銭貸借上の抵当となり、他人の手に渡りかける事件が起こった。このとき、松尾家は親戚会を開き、「個人の所有とするにはあまりにも尊くまた惜しい」とのことから寄贈を申し入れたのである。

本来ならこれは楠妣庵に返還されるべきなのだが、一九一五年に復興された楠妣庵は妙法寺派で像を返還するには不適当と考えられ、それまでその観世音像を本堂内に安置していた観心寺が一番妥当だとの提案が満場一致で可決された。それゆえ、松尾家は一九三五年四月二八日に奉納式と法要を観心寺で行い、その後に大阪府東條村大字甘南にあった楠公夫人の生家南江家の墓も詣でている。

史跡ハイキングと大阪電鉄

観光博覧会は神戸市に多くの人を運んできた。この観光は他所へ移動しそこでの景色や活動を楽しむ行為を販売し、消費する娯楽産業である。日本において日本人向けの観光産業が発足したときからこの娯楽産業は国家政策につねに巻き込まれてきた（森 二〇一〇）。とりわけ満州事変を経て一九三〇年代に国家は健全な娯楽を国民に推奨し、観光活動においても身体の強化と国民精神の涵養が強調された。厚生省の外郭団体として「日本厚生協会」が設立され、本格的に「厚生運動《こうせいうんどう》」がスタートする一九三八年に、「国民精神総動員に対応して勤王志士の遺跡を列記し、幾分なりとも国民精神作興に供せん」として、鉄道省は『日本精神昂揚の旅』を編んだ。ここに紹介されるのは、山縣大貳、高山彦九郎、蒲生君平、藤田東湖、梅田雲濱、橋本左内、吉田松陰、佐久間象山、平野国臣、高杉晋作、坂本龍馬、清河八郎の勤王の志士である。これらの墓やその周辺の名所史跡が地図とともに記され、勤王の志士の事蹟を旅するためのガイドブックとして用いることができる。

厚生運動ではリフレッシュのためハイキング、なかでも国家の「聖地」をめぐる旅行やハイキングが好ましいものとされた。一九三五年の暮れ、国体明澄のため鉄道省は地方鉄道局旅客掛長会議を開催し、歴代天皇の御陵を参拝したり神社をめぐったりする個人旅行客にはその運賃を三割引とした。一九三九年のジャパンツーリストビューローの『ツーリスト案内叢書一八　阪神地方』には「南河内地方（楠公の旧跡）」として観心寺など一帯の楠公事蹟が紹介されている。また聖地をめぐる徒歩旅行は「信仰ハイキング」と称された。

信仰ハイキングは娯楽活動であると同時に余暇をとおして国民アイデンティティを形成する契機だった。そして歴代天皇の御陵や神社のほかに、国家的偉人に関連する場所を訪れることもまた信仰ハイキングと呼ばれた。もちろん、ここに楠公の史跡も含まれる。

大阪府南河内地方では楠木正成に関わる事物や建造物が一九三四年に史跡として指定されていた。その年の暮れの一二月、通常大阪府会は楠公遺跡顕彰道路の整備を一九三五年から三年間で行うことを可決した。これは富田林を起点に楠公誕生地、赤阪城社、建水分神社、楠公夫人誕生地、千早神社、楠批庵、観心寺、長野町、天野山金剛寺に至る約五〇キロの行程である。そして一九三五年、大阪府都市計画課は、府民の正しいハイキングを指導奨励する目的で、史跡探勝や景勝大観の要素を込めた九つのハイキング・コースを指定した。また一九三四年の建武中興六〇〇年祭に際しては楠公の史跡巡拝の起点となる大阪電鉄富田林駅から石川橋詰にかけての沿道には緑色のアーチがかけられ、また町内には菊水旗が掲げられたし、千早村には造り物の武者人形が登場した。こうして大和魂や楠公精神を歩いてめぐるためのインフラが整備されていったのである。

大楠公六百年祭
徂春行楽の第一線
大楠公史蹟巡りは
大鐵電車に乗つて
大鐵沿線案内
吉野山
新線一入映えて
天野山金剛寺
楠公遺跡地の中心
大長野町の發展
富田林町
「すだれ」の南河内
北野製簾商會
楠公忠臣の後裔
青年善作氏の事業
東洋石綿
瀧谷不動
大楠公六百年祭
大楠公遺蹟案内図
天野山金剛寺
河合寺
觀心寺
楠妣庵
龍泉寺
千早城址
金剛山
赤坂城址
楠公誕生地
建水分神社
叡福寺
葛井寺
吉野山
あべの橋
大鐵電車

ハイキングの新聞告知（『大阪朝日新聞』1935年４月27日付）

　これらの場所は決して大阪南部においてのみ価値を持っていたのではない。大楠公六百年祭が行われていた一九三五年五月二二日、ラジオの放送でこれらの場所は日本各地と結ばれた。「大楠公史蹟巡り」と題されたこの日のラジオ番組では、大阪府南河内郡赤坂村永分にある楠公誕生地を最初に取り上げた。講師は魚澄惣五郎で「大楠公誕生地に立ちて往事を偲ぶ」と題して講演したのだった。こうして全国的に大楠公の誕生地が知らしめられたのである。

　『大阪毎日新聞』一九三五年四月一三日付は「偉業を偲ぶ楠公遺蹟地巡り　素晴らしいハイキング・コース」として観心寺、楠枇庵、河合寺、後村上天皇御陵、寄手塚身方塚、下赤坂城址、上赤坂城址、楠公生誕地、建水分神社、千早城址、金剛山、天野山金剛寺、吉野山という場所がハイキングで訪れるにも適していると紹介した。また、朝日新聞は大楠公六〇〇年展覧会を開催したおり、大阪府河内郡周辺に点在する楠公史跡を実際にめぐることが「公の生ひ立ちの地、公を育くんだ山川、公の勉学の跡何が偉大なる公を生んだか、一意誠忠東国の大群を敵にして孤軍奮闘した跡、一族の血を流し肉を削つた歴史のあとを観て追慕の念を強からしめることの有意義をしみじみと感ずる」（『大阪朝日新聞』一九三五年四月二七日付、傍点は引用者）ことができると読者に説いた（前ページ図参照）。

神戸新聞社もまた一九三五年に、阪神電鉄、阪急電鉄、大阪本鉄道を用いて、神戸市と楠公の生誕地である河内の楠公史跡を訪れる「楠公史跡巡り」を企画した。新聞読者には、神戸滝道阪神終点または神戸上筒井阪急終点と梅田、そして大阪阿倍野橋大鉄終点と河内長野間の乗車賃普通一円八六銭が一円三〇銭に割引され、また山陽バスの往復券も割引された。

グループでのハイキングも行われた。大阪市市教育部門大阪遠足連盟による一九三五年五月の第五回市民遠足デー（五月一二、一八、一九日）では、笠木山、桜井の駅、湊川神社、四条畷、赤坂付近、長野と金剛山など（そのほか九コース）楠木正成に関連する場所が選ばれた。また、大阪府連合青年団は府下の全青年団員中から一〇〇名の模範青年を選抜し、五月一〇日から一二日までの三日間、大鉄瀧谷不動竜泉寺から楠妣庵、千早城、葛木神社など楠公史蹟を巡歴し、現地で魚澄惣五郎など六講師により遺徳追慕、精神修養の講習会を開催している。さらに、大阪市連合青年団も同月一二日と二六日に、これらの史跡をハイキングとして訪れた。

この楠公史跡周遊で活躍したのが大阪電鉄である。大阪電鉄は遺跡巡拝のリーフレットを制作し、人びとに自社の鉄道を用いた遺跡巡りを推奨した。栞の裏面には起点となる阿部野橋駅から大阪府南部に伸びる鉄道沿線上に散在する史跡を描いた略図が示されていた。

大阪電鉄は阿倍野橋駅から乗車可能の楠公遺跡廻遊券のほか、富田林駅からの一二人乗りの廻遊貸切自動車も用意した。そのほかにも金剛・葛城登山廻遊券が八五銭、夏季のみ発売された金剛登山宿泊券付乗車券、バスによって連絡される大天野山金剛寺往復券が一円四〇銭で、同じくバスが連絡する観心寺往復券が一円三〇銭で販売された。

一九三五年四月二一日付の『大阪朝日新聞』には、「大楠公六百年祭　大楠公史蹟巡りは大鉄電車に乗って」として、大阪電鉄を用いるとどのような史跡をめぐることができるか紹介する広告記事が掲載された。そこでは楠木を輩出した場所をめぐり、楠木を追慕することは、非常時多難ななかで日本精神作興のために重要なのだとされている。

近鉄は絵葉書も作成した。

近鉄　楠公600年栞

まず紹介されるのは沿線の名跡である。藤井寺からはじまり、上赤阪城址、下赤阪城址、建水分神社、観心寺、千早城址、金剛寺が紹介され、また吉野山の諸名跡も紹介される。記事の右下に掲載された路線図は古市駅から二手に分かれ、一つは吉野神宮、もう一つは金剛寺や観心寺の最寄り駅となる長野駅まで至る。起点となる大長野町、富田林町が概説されその地が決してへんぴな場所ではなく「発展」していることが強調されている。

実際にどれほどの人がこの史跡を訪れたのかは明らかではないが、新聞によると、史跡めぐりの起点となる長野町には大阪電鉄や南海電車の車輌から降車する男女中学生、小学生は毎日六〇〇〇人以上だったという。これに国防婦人会、軍人会、青年団、会社、工場、講などの団体旅行者を合せると二万人に上り、観心寺や金剛寺へと続く道路はこの群集のために自動車も通れないほどであったと描写される（『大阪朝日新聞』一九三五年五月一二日付）。

消費される大和魂

健康な身体をつくる健全な娯楽として注目されていたハイキングは、人びとに余暇の感覚を与えながら、楠木正成についての関心を高めるために重要な役割を果たした。強調しておきたいのは、それが国家によってであるばかりでなく、新聞社や鉄道会社といった資本によって遂行されたことである。先に引用した神戸市での楠公六〇〇年観光博覧会は「儲かるという算段」だった。すなわち資本は国家イデオロギーを「販売」することで読者や乗客を獲得し、利益を上げたのである。

先に紹介したジャパンツーリストビューローによる『ツーリスト案内叢書一八　阪神地方』には、南海電車と大鉄電車（近鉄電車）の広告が掲載され、そこでは沿線の楠公史跡めぐりを取り上げられている。

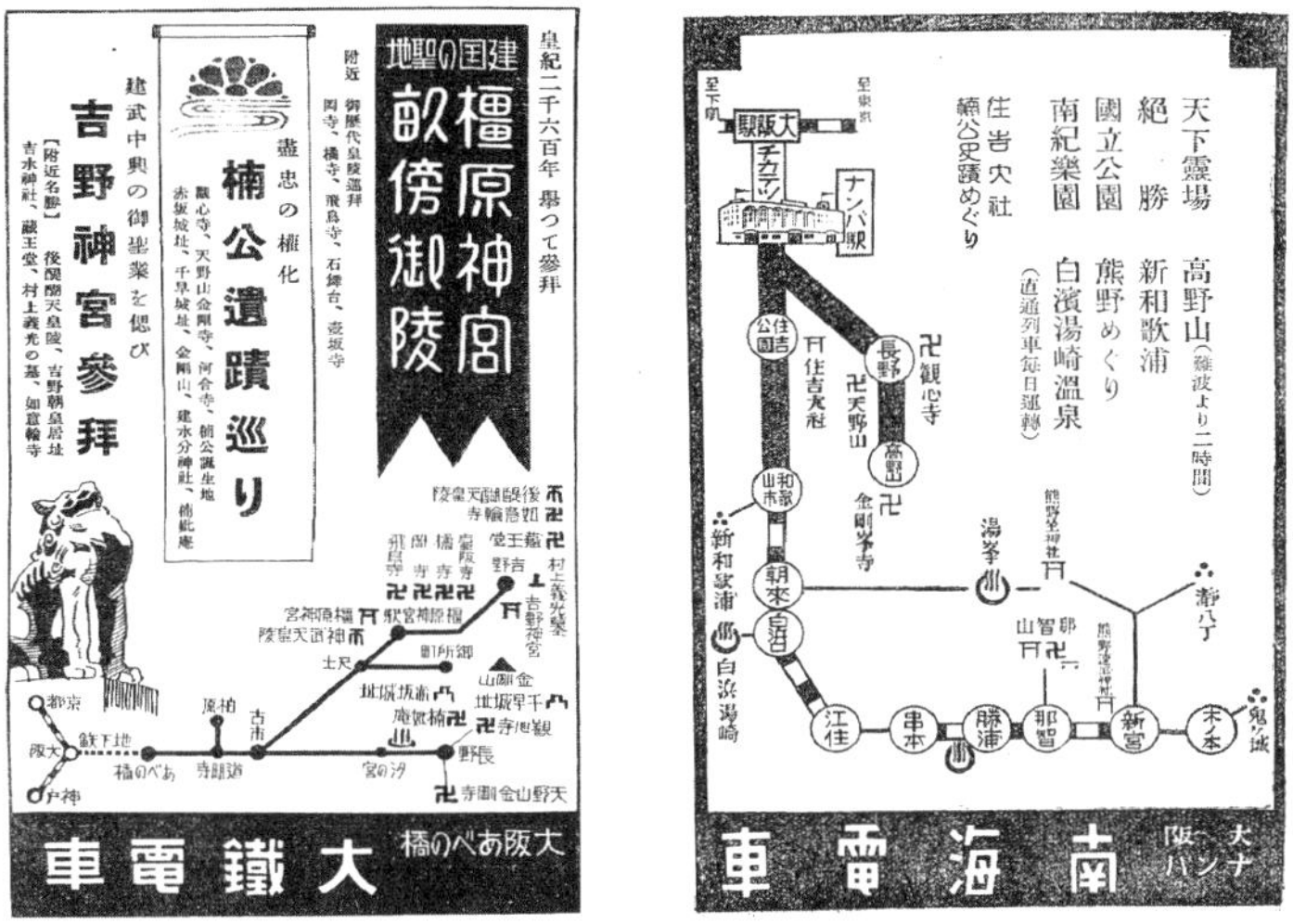

楠公史跡めぐりの広告（『ツーリスト案内叢書18 阪神地方』1939年より）

とりわけ「皇紀二千六百年　建国の聖地　橿原神宮畝傍御陵」と「建武の忠孝の御聖業を偲び　吉野神宮参拝」の間に挟まれた「尽忠の権化　楠公遺跡巡り」は、近鉄電車にとって聖蹟や楠公遺跡がどれほど重要な商品であったのかうかがわせる。

すでに見たように弘法大師に関する展覧会は、帝室博物館と同時に、朝日新聞社や報知新聞などの新聞社によって百貨店を会場として開催されていた。楠木正成の展覧会も朝日新聞社や神戸新聞社によって同様に催されていた。新聞社は単にイベントを開催しただけでなく、展覧会開催日やそこでの様子を紙上で読者に知らせ、それをとおして好ましい参観態度もまた示した。また、大阪朝日新聞社は一九三四年三月一七日から同月三一日まで紙上第二面に「弘法文化展から」という企画を組み、朝日会館で展示された品目のうち、国宝一〇点を写真入りで紹介する記事を掲載した。さらに、「天馨人語」（『大阪朝日新聞』一九三四年三月一七日付）や社説（『大阪朝日新聞』一九三四年三月一九日付）でも展覧会の意義を説いた。

　同年、大阪朝日新聞社は自主的に建武中興の記念日に飛行機を飛ばして、金剛寺、観心寺、赤坂村長、千早村長あてにメッセージを投下するなどしてこれらの祭典を祝している。また、一九三四年三月七日から四日間、大阪女子専門学校教授の魚澄惣五郎による「建武中興の回顧」の論説を掲載するなどもして、読者の建武中興六〇〇年祭への関心を刺激した。これらから、国家的アイデンティティの育成は、行政的に下位に属する地方の行政当局によるさまざまな企画とともに、新聞社による報道をとおしてなされたといえよう。つまりこれら一連のイベントは、マス・メディアにより企画されただけでなく、それを通じて大規模に中継され、報道されたメディア・イベントであった。

　もちろん、消費者である観客は必ずしも教化・滴養の装置として展示会での経験を単純に購入していたというわけではない。弘法大師文化展覧会では来訪者たちが思い思いの方法で展示を楽しんでいたことが記事に描かれている。第三会場の南海高島屋百貨店では、「四国八十八ヶ所霊場のお砂踏みは背広のサラリーマンや子供を連れた婦人たちが盛んに踏みしめて「お四国詰りだ」と大喜こびだった」（『大阪朝日新聞』一九三四年四月一二日付）というように、展示会の本旨からはかけ離れた四国遍路に関する展示の盛況ぶりがうかがえる。

　確認しておくと、この時期に百貨店で開かれていた多くの展示会では、寺社が持つ「寺宝」の展示もあった。たとえば、大阪三越百貨店においては、一九二八年には大阪朝日新聞社が後援する「南都七大寺展」、一九二九年には「醍醐寺宝物展」が行われている（津金澤 一九九九）。つまり、同時期の百貨店では寺宝などの展示が行われていたのであり、百貨店での展覧会が民衆に対する「娯楽」の提供と主催者側が考えていたことを勘案すると、このような百貨店での寺宝の展示を娯楽としてとらえるものの見方が、都市中間層において形成されていたと考えることができる。一九二〇年代からの近代的資本主義の大きな進展と、展示会に集まる人びとの身体感覚は深く関わっていた。それゆえに、国民精神の涵養を、言葉の上では前景化する宣揚会の展示に対しても、そこを訪れる人びとは好奇心でもってそれを眺めていたことが確認できるのである。

弘法大師文化宣揚会の思想を反映した展示が行われた朝日会館においてさえ「弘法大師像の前に案銭を投げる篤信の人も多い」（『大阪朝日新聞』一九三四年三月二〇日付）とある。展示者サイドはこれらの事物を皇室や国家の宝物として扱っていた。しかし、来訪者の中にはそれは宗教的なそして現世利益的な信仰の対象として扱っていたことを記事は示しているのである。

既述のとおり、国策映画でさえもその娯楽性ゆえに、為政者の思惑どおりに観客が大和魂や国家の誇りを強く感じるかどうかは約束されていなかった。もう少し広く当時の日本を見るならば、プロパガンダ週刊誌『写真週報』にはたびたび戦時下における国民浪費の不道徳性を説いていた。たとえば、一九四四年三月一五日号は「なほも絶えぬ温泉行。いま空襲があつたら君たちはどうする気か」（七頁）、「開店前（筆者注：百貨店）からつめかける人たちは何か大事なことを忘れてやしないか。それは戦争だ」（九頁）などのキャプションを、不適切な行為をおさめた写真に付して警告を発している。裏返せばもっとも戦局の厳しい時期であってもなお、人びとの消費を抑え付けることは難しかったと言えるだろう。展示会や映画に話を戻せば、これらは大和魂や日本文化・日本精神を具現的に展示することで国民精神の涵養が目指されていた。展示会場ではそこに集まる人の種類に合わせた展示方法が採られていた。そして、そこに集う人々はそれを「娯楽」としてもとらえる時好を持ち合わせていたのである。それは重層的に消費されたと言えるだろう。

三　大和魂の身体

健全な忠孝の身体

健康な青少年の身体を育成することで、強靱な軍人の身体が得られる。ここまで忠孝精神、大和魂という抽象的な非物質がどのように言語と物質によって作られてきたのかを考えてきた。最後に考えたいのは、こうした精神が宿る身体とはどのように概念化されたのかということである。

たとえば先に見たように、ハイキングは健全な娯楽として推奨された。健全というのはそれによって健康的な精神と身体を獲得できると考えられていたからである。いうまでもなく、健康な精神と身体は好ましきものであり、それを否定することは難しい。この精神と身体は運動という快楽によって手に入れられるのである。問題はこの善なるもの、快楽なるものが個人的なものであると同時に社会的かつ政治的なものでもあることだ。それらは強制的に押しつけられるにもかかわらず、快楽として感得されうることが問題なのだ。

たとえば大楠公六〇〇年祭に合わせて、神戸市では楠木正成のような忠誠心あふれる国民を育成する教職員や青年団の全国大会が開催された。健全な国民は健全な身体を持たねばならなかった。そのため一九三五年の神戸湊川神社で行われた大楠公六〇〇年祭奉賛会は、六〇〇年祭に向けた催事の一つとして奉納武道大会も七生館で五月二日より行った。初日は柔道、二日目は剣道、三日目は弓道の順であり、植民地支配していた朝鮮や台湾からの参加者も含む総勢五五〇名、二二歳から八四歳までが参加した。小学児童による学校の奉納体育大会も五月二四日に神戸市民運動場で行われ、男女合計九三〇〇名の児童と生徒マスゲームや体操を奉納し、また五月二七日は附属対抗中学校楠公史蹟駅伝競走も行われた。

神戸市以外でも同様のイベントが行われていた。一九三五年四月二八日、大阪朝日新聞社が大楠公六〇〇年祭記念体操大会を甲子園球場で開催した。これは全国からの一〇団体、合計一二〇〇〇人の参加者が、健康で丈夫な国民の身体の重要性を見せつける行事だった。当日、大阪朝日新聞社が所有する飛行機が低空飛行を行い、赤白の鉢巻と白い体操服に身をつつんだ大阪市小学女児三〇〇〇名、その他の参加団体の代表者六〇名ずつ、役員らが入場し終えた午後零時半、開会式が始まった。君が代の演奏と日の丸の旗が掲揚され、式辞が述べられると大会が始まった。

ここで演じられた体操を、全体の統一性を強調するマスゲーム、鍛えられた肉体の美しさを示す器械体操、普通の人びとによる体操の三つに分類することができる。最初のものには、大阪市小学女児三〇〇〇名による「行進遊戯」、神戸市小学校男児三〇〇〇名によるマスゲーム、大阪府、兵庫県男子中等学校生徒三〇〇〇名によるマスゲーム、東京女子体操音楽学校生徒と兵庫県、大阪府下の女子中学校生徒二一〇〇名によるダンスなどである。ここでは小さな児童や生徒によって一糸乱れる隊列や運動が演じられることにより、子どものときからの全体性への同調精神の必要性が示される。「一糸乱れぬ統制のもとに動く諧調の壮麗さ」（『大阪朝日新聞』一九三五年四月二九日付）が重要なのである。二つ目のものとして、体操学校の生徒四〇名によるマット運動、全日本体操連盟選出のオリンピック候補二〇選手による器械体操が挙げられる。ここでは、「躍動する肉体の均整美」（『大阪朝日新聞』一九三五年四月二九日付）が提示される。最後の例としては、色とりどりの体操着に身をつつんだ老若男女で構成される大阪市十三ラヂオ体操団によるラジオ体操であり、これは「巷の人々の手で立派に生かし堂々たる統制美を誇」るものである。つまり、児童や体操選手など若く健康な身体を持ち合わせていない市井の人も、日々の簡単な努力により健康で統制された身体が獲得できることが示されたのである。

軍人の身体

健全な精神が宿る健康で強靭な身体の重要性は早くから唱えられていた。一九〇七年に発行された『軍人精神教育』は「身体あつての物種」として次のように記してある。

汝らが如何に立派な軍人となり、天晴なる働きをなし忠節を尽さうとしても、身体が弱く病気であつたならば、決して其志を貫くことは出来ぬであらう。

故に平常衛生を重んじ、身体の強壮を保持せねばならぬ。（SN生 一九〇七：七三頁）

忠節を実行するためにはそれを具体化するための強壮な身体が必要だと言う。また、東郷平八郎が題字を書き、中園子爵が序文を寄せた『忠勇義烈軍神　乃木大将』には、乃木希典の生前の感想録として次のような文言が置かれる。

塹壕の内に寝ても、氷の水で顔を洗つても、身体は何ともないと云ふやうな人間を作らなければならぬ。併し単に夫れ丈けでは、野蛮人を作ることになる。即ち、此の人間が、二の膳を前に据えられても、立派に礼儀を守つて、而も上品に、之れを喰べると云ふやうでなければならぬ。要するに身体は飽くまでも野蛮を発揮し、それと共に、一方の頭脳は須らく文明的に進歩させねばらぬと思ふ。（四元 一九一九：三一一頁）

戦地におけるいかなる状況においても耐えられる「野蛮」な身体と、文明的な頭脳はセットであるべきだという。

では具体的にどのような身体が軍隊に求められたのだろうか。一八九二年に改正された陸軍志願兵身体検査規則を見てみよう。規則第三条に志願者の身長規定があり、

満十五歳以上　四尺七寸以上、満十六歳以上　四尺八寸以上、満十七歳以上　四尺九寸以上、満十八歳以上　五尺以上

とある。一尺は約三〇センチであるから、一五〇センチを超えた身長が軍人には求められた。

もちろん、ただ身体が大きく強靱であればよいというわけではない。この身体は常日ごろより衛生的に保たれる必要があった。日露戦争後に記された『野砲兵教科書』には「軍人衛生法ノ摘要」として次の七項目が書き付けられている。

一、身体ノ不潔ハ健康ニ害アリ故ニ体練、行軍等ノ後ハ先ツ面部手足ヲ洗フヘシ又日々入浴スヘシ
二、頭髪ノ長キハ不潔ナリ宜シク短ク刈ルヘシ又屡石鹸ヲ用ヰテ洗ヒ頭垢ヲ去ルヘシ
三、歯ノ不潔ハ口内ノ病ヲ誘ヒ起スカ故ニ毎朝楊枝ヲ用ヰテ能ク含嗽スヘシ
四、爪ノ長キハ汚垢ノ積リ易キモノナレハ時々之ヲ剪ルヘシ
五、睡眠ノ不足ハ身体ノ疲労トナルカ故ニ夜間妄ニ睡眠時間ヲ空費スヘカラス

『写真週報』（1942年７月29日号）の表紙。誰に対して強靭な身体を見せるのか。

六、発汗シタル身体ヲ急ニ冷却スルハ健康ニ害アリ故ニ急ニ衣服ヲ脱セサルコトニ注意スヘシ
七、夜間身体ヲ冷却スルハ健康ニ害アリ故ニ夏季ト雖モ裸体ニテ寝床ニ入ルヘカラス
（馬城 一九〇七：二四六―七頁）

清潔にして、睡眠をしっかり取る。入念な身体管理の必要性が説かれた。

そして、体操がこの強靭さを作り上げる一番の方策だと主張された。明治維新前夜の一八六七年、フランス軍事教官団が招致されフランス式の体操が伝えられ、以後、徒手と器械体操を中心とする体学が導入された。体操の効用は次のように説かれていた。

世間の人は兵隊といへば、直に身体の強い立派な体格の者と考へるであらう。実際其通りである。然し入隊した時から、皆が其様に立派な体格ではない。試みに汝等を見ても分るが、中には細い痩せた者も居る。然し軍隊に居る間に体操をするので、除隊の時には皆が揃ふて立派な身体となり、村の人から羨まれるやうな風になる（ＳＮ生 一九〇七：二一一頁）

常に体操をして手、足、体を運動すれば、血の循環が良くなり、食物が能く消化し、気分が快活となり、

身体が太るのである。（同上：二二三頁）

体操は健康な身体を作るためのあらゆるきっかけを提供する。男子はもちろん、女子も健康のために体操が勧められた。彼女らは健康な子どもを産む「日本の母」となる必要があったからだ。つまり体操は大和撫子の身体育成にも必要とされた。言うまでもなく健康な子どもは次世代の軍力を構成する。文科省は戦力増強のため学校体育を徹底教化するべく、一九四三年「戦時学徒体育訓練実施要綱」を決定した。一日一回以上は必ず全校体育訓練の時間を設けなければならぬとされ、男女とも体操を含む通常の体育のほか、男子は海洋訓練、航空訓練、機甲訓練、馬事訓練、女子は長刀、弓道などの武道が教えられた。

こうした一連の思想のなかに、先に紹介した楠公六〇〇年を記念した体育大会を位置づけることができる。

優秀な児童身体への配慮

大和魂の容れ物である男子身体は、軍への入隊後の訓練において「立派な体格」へと改造される以前の年齢から、適切な身体管理を施すこともまた重要だと考えられた。その最大のイベントが、一九三〇年から始まる朝日新聞社による『全国健康優良児』の選抜と表彰事業である。

一九三〇年の事業報告書を見てみよう。序文では日本が死亡率の高さと余命の短さで世界一であり、日本人の健康状態を悲観する。そしてこのような健康状態を次世代に引き継がれると日本の未来は絶望的であることから、児童の健康チェックの重要性が説かれる。その方策の一つとして、東京朝日新聞社は一九三〇年、男女各一名の健康優良児を端午の節句に表彰する祭典を始めた。この事業を文部省も後援した。

この事業について、文部省学校衛生官の大西永次郎は、

しかも我国のやうに国民の体位が世界の各国に比し非常な劣勢に在り、其の死亡率、罹病率に依つて明に示されて居る国民保健の悲しむべき現状に於ては、真に万人の規範たるべき健康保持者の表彰事業が極めて格好の企てゞあるを信ずるものである。（朝日新聞社 一九三〇：三六四頁）

と、日本人の体位や健康状態が諸外国（おそらく欧米列強）に比べて劣等にあり、優秀な身体を持つ児童を表彰することで国民にその重要性を喧伝することができると考えている。

一九三〇年の第一回表彰者は、神戸市大開第一尋常小学校の望月茂輝と、奈良県桜井尋常高等小学校の瀧谷一子だった。また、日本一健康児童候補（八名）、特選優良児童（二〇名）のほか、四七都道府県および樺太、朝鮮、台湾を含む各府県代表合計二六九名。

ここで重要なのは、「健康優良」が指し示す意味である。優良児選定について朝日新聞社は次のように記す。

今回の企に就て注意すべき一事は、従来児童の健康調査は、たゞ健康の一点のみから観察されたのであつたが、この企に於ては、先天的に恵まれてゐる体質と教養育に於る後天的要素とを加味した健康を六十点とし、運動能力に三十点、学業操行に十点を与へ、以て三育の理想的な融合を百点としたところにある。（朝日新聞社 一九三〇：序文）

また、東京府の健康優良児三〇名の審査を行った医学博士の渡邊定は、選定の基準として（一）身体の発育栄養、（二）疾病の有無、（三）走力、擲力、跳力の能力、（四）四年生、五年生の二ヶ年の健康状態、（五）学業成績及操行（三三五頁）を挙げる。

具体的な審査基準を記しておきたい。身長の高さは児童の発育過程と関わるもので、ただ早熟であるだけの児童を省くために身長対体重、身長対胸囲を考慮することで均整の取れた体格か、将来さらに発育する可能性があるかどうかを吟味した。のみならず、添付された写真から、姿勢、皮下脂肪、乳房の発育、脊柱などの状態も検討している。

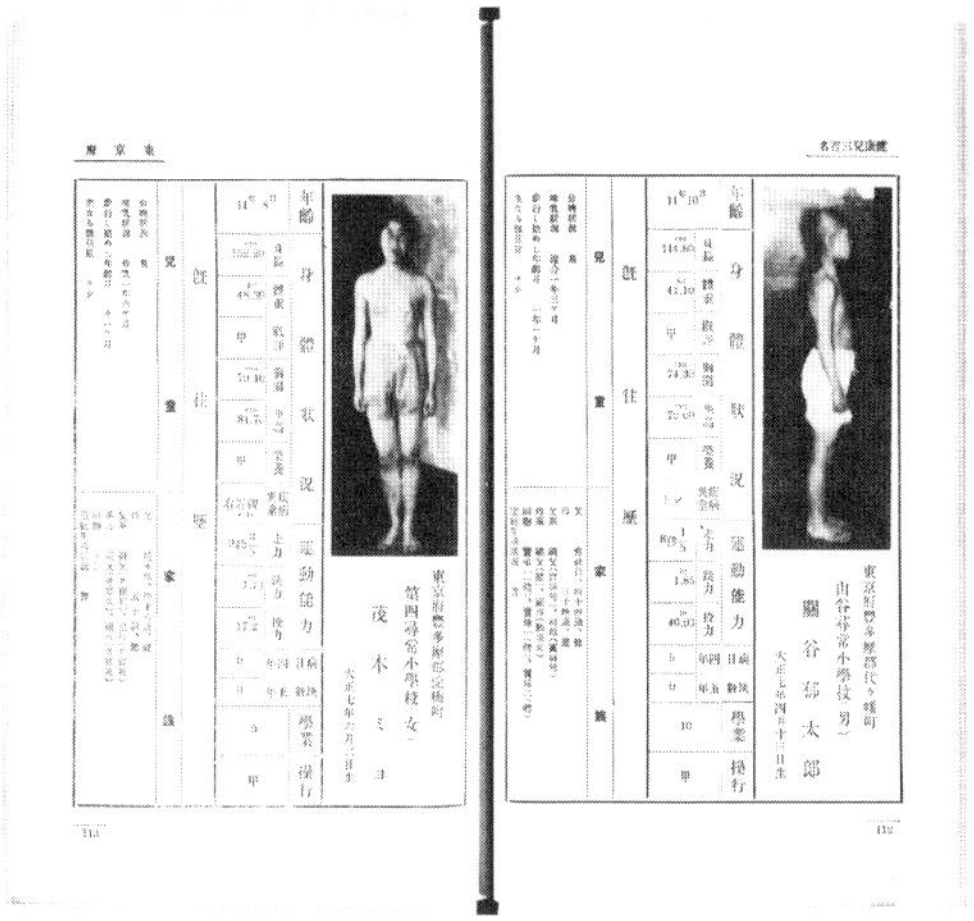
『全日本より選ばれたる健康児三百名』（国立国会図書館デジタルコレクション収蔵より）

つまり、ここで定義される「優良児」はただ健康であるとか、体格がよい、さらに運動能力が高いというだけでなく、「教養育」も兼ね備えた、いわば文武両道の児童である。体質と教養育を合わせた項目には最も高い六〇点が配点される。

学業を検討する理由について、先に紹介した文部省学校衛生官の大西永次郎は、

> 吾々の健康の良否、体力の強弱と特別の関係はないのであるが、苟も一校または一府県を代表し、更に全日本を代表すべき模範的健康の保持者として、栄誉ある表彰

を受くるとすれば、斯の如き児童は、其の知能に於ても特性に於ても、何等の欠点を有せざるものを基準とすべきは、素より当然と云はなければならない。(三七八頁)

とする。また中央審査委員長の篠原栄太郎は、「聡明にして理知的の風姿と、快活にして明るい容姿の持主であること等に就き相当参酌」(三八七頁)し、「真に健康の優良なる児童は、同時に知能の発達特性の陶冶に於ても、亦良好の成績を示す者である」(三八九頁)と強靱な身体と優れた知能を持つことが高く評価されている。

ちなみに、運動能力は日本体育連盟が制定した運動能力検査要項にしたがい、男女ともに五〇メートル走、立ち幅跳び、さらに男子は野球用ボール、女子はバスケットボールの遠投の計測結果から判断されている。具体的に見てみよう。当時一一歳の望月の身長は一五三センチ、体重は四五・一〇キロ、四年次、五年次の病欠日数は〇で、学業は一〇点、操行は甲である。同じく一一歳の瀧谷は身長が一四九・五〇センチ、体重は四三・五〇キロ、やはり病欠日数は四年次、五年次ともに〇日、学業は九・九点、操行は甲だった。このほか、発育、体温、呼吸及び脈拍、血圧、尿、視力、耳鼻、姿勢、食欲、睡眠、便通、疲労、精神も項目として吟味されている。

優良児童の選定はまた、この年代の児童の身体の平均値を算出することを可能にした。すなわち男女別の身長、体重、胸囲の数値だけでなく、特選児童、平均児童、発育超過児童というカテゴリーでも平均値が算出されたのである。さらに都市部、町村部別の平均値、関東地方と関西地方の平均値までもが示される。こうして国民の身体は等し並みの測定方法をとおして数値化された。優秀な身体、平均的な身体、そして平均に満たない身体の数値化と改善実践。それは身体が個人のものであるばかりでなく、国家のものでもあることを意味するのだ。

中央審査委員長の篠原栄太郎は優良健康児選別の所感を次のように書き記す。

> 要之《これをようするに》今回の全日本を抱擁する健康児童の表彰事業が、其の規模に於て空前であると同時に調査の組織、選抜の方法等に於て最も周到にして秩序的であつた点に於て従来とも全然其の例がない。最後の「日本一健康児童」が果たして如何なる発育を有し、運動の成績を現はすか。これ等の数字が示すべき絶対数値は、わが大和民族の健康理想の具体的表現として、吾等の多年憧がれの的であつた。今やこの事業は無事成し遂げられて、吾等は其の溌剌たる元気に充ちた風姿に接することを得たのであつた。
> 更にこれ等の「日本一児童」乃至優秀児童が農村を中心とすべきや、都市を背景とすべきやか、将たまた山地と平地の何れを撰ぶべきか、これ等国民の血を湧かすべき興味ある謎は、茲に一部の解決を得て、吾等国民体育、学校衛生の衝に当るものに執つては有益なる研究資料が与えられたのであつた。（朝日新聞社 一九三〇：四一―二頁、傍点は引用者）

健康優良児は「大和民族の健康理想の具体的表現」である。それが選び出されて表彰されることで、国民の健康身体への「憧れ」がより強化される。そしてまたそれをより多く作り出すために、体育や衛生を学校で担当する人たちには個別の課題を与えるものでもあった。

「種」の問題

社会主義者であり、キリスト教徒でもあり、日本における野球の普及に努めたため「日本野球の父」と呼ばれる人物に安部磯雄がいる。安部は母体保護の観点から多産を是とする風潮を批判し、産児制限を主張している。その彼による次のような文言は大きな戸惑いを感じさせる。

優秀なる性質を遺伝するには両親が常に優秀なる性質を有して居るといふことが必要である。子供は両親の性質を其まゝに遺伝するのであるから、両親は常に肉体的にも精神的にも完全なる条件を具備して居らねばならぬ。（安部 一九三二：九一頁）

子どもの数を制限するだけでなく、優秀な子どもを選別する、そのために遺伝の形質に注意することが記されている。優秀な性質が遺伝できない、あるいは十分な教育を受けさせる経済的な余裕がない場合、「子供に対して全く無責任」（九九頁）であり、社会全体の幸福を考慮していないと強く非難する。これは決して安部独自の考え方ではなく、広く社会で共有されつつあったものだ。そしてこの優秀な性質の一つが大和魂と健康な身体であるなら、どのように医学的研究を装った政治的決定がこの種になされてきたのかということは問われるべき問題である。

今一度、健康優良児の選別プロセスに注目してみると、児童が産まれたときの状況、歩き始めた月齢、これまでの病歴のほか、「家族生活状況」として両親の健康状況や職業、兄弟の健康状況、さらに父系、母系の健康状況まで調査されることは興味深い。なぜ個々の児童それ自体を越えた健康調査をする必要があるのだろうか。先に紹介した文部省学校衛生官の大西永次郎は、このように記す。

家族の欄は主として遺伝関係の調査であつて、父及び母の職業、年齢並に健否を記し、已に死亡せるものは其の死因たる病名を掲げる。祖父祖母に対してこれを父系及母系に分ち、夫々其の健康なりや否やを記入し、已に鬼籍に上れるものは、夫々其の死因たる病名を記載すること、した。（朝日新聞社 一九三〇：三七七頁）

つまり、遺伝、血統もまた吟味される。この遺伝や血統の問題はその総体としての日本人種と関連づけられる。では日本人種はどのように想像されたのだろうか。このことは、大和魂もその身体も日本人古来のものとされ、理想化されてきたことを考えれば重要な課題である。

人種の概念を日本に導入しながら研究してきた研究分野の一つが形質人類学である。人類学者の金関丈夫は形質人類学や人種学のデータをもとに「歴史的、民俗的意識に於て、我々が従来連続的に感じ来つた一の統一体、云はゞ大和民族とも称すべきもの」（金関 一九三二：七頁）の当時の身体的形質を提示する。まず身長は男性が一五八・五から一六一・九八センチの間、女性は一四五・九七から一四九・九二センチの間であり、世界的に見れば「男女共に大略「小」の上境、「中等度」の下境」となる。これを詳細に見れば、身長のデータがある明治四〇年に比べれば身長が高くなっており、また階級の高い人の方が低い人よりも身長が高いとされる。体重は、陸軍兵員の特殊団体を除外すれば、成人男性は五一・二から五五・六キロの間であり、女性は四八キロ前後とされる。このほか、胸囲、頭蓋骨などの各骨格、筋肉、脈、靱帯、内臓、神経などから、運動生理、代謝生理、反応生理など身体のあらゆるデータの平均値が、大和民族の身体的形質、つまり日本人種として示される。

人種学においては各人種の知能や心理状況も平均化される。金関は過去の日本人の知能検査のデータの平均として、日本少年が七九・五、アメリカが六八・三、イタリアが五四、スペインが五二・七、ポルトガルが五二・五点であることを示す。そして「一般に日本児童は彼〔アメリカ：引用者注〕に比して優れてゐる。」（一〇二頁）と結論づける。日本人の気質を導き出すのは血液型である。それによると日本人は「著しく内向的性情を有する」（一〇二頁）。こうして日本人種の知能的高さが示されるとともに、その国民性もまた「学問的」に裏付けられる。

精神もまた遺伝すると主張するのは、性科学者であり性欲の研究者でもあった羽太鋭治である。著書において、遺伝は肉体的素質だけでなく精神的素質も伝えていくと主張する。彼が引き合いに出すのは、人種改良学を主導したフランシス・ゴルトンである。

爾来彼は英国の人口の消長に関して研究を遂げ、其の結果として優良種族の生産力が減少するのに反し、劣弱なる種族の繁殖力が益々増大する事を発見し、若し此の儘に放棄して置くならば、英国は幾代かの後に劣等種族のみの国家となるといふ処から、優良種族相互の結婚を奨励すると共に、劣弱種族の生殖を制限する事を、遺伝の法則及び其の実際の統計的知識を根拠として、科学的に主張したのである。これが即ち人種改善学である。（羽太 一九二二：一六九－二〇〇頁）

欧米ではこの人種改善が積極的に研究され、アメリカでは当時これが広く実行されている。たとえば、「犯罪人、知愚者、精神病者等の性質及び家系の程度に従つて」（一七〇頁）結婚の制限、輸精管やラッパ管を切除して性欲を減退させたり、睾丸や卵巣を摘出するいわば去勢手術を行ったりする。と同時に、「優良種族」の結婚を奨励し、「更らに優良なる子」（一七〇頁）を生ませる。こう主張するのだ。

優良な種の選別

こうした主張は優生学によって推し進められてきた。優生学とはイギリスのチャールズ・ダーウィンが著した『種の起源』（一八五九年）に影響を受けたフランシス・ゴルトンの報告を起源とする学問分野である。先に紹介したように、羽太鋭治が参照するのがゴルトンであった。知的に優秀な種と不良な種を選別し、前者の人間を作り出すことを目的として、産児制限・人種改良・遺伝子操作などをこの学問は提案した。日本においても一九三〇年に設立された日本民族衛生学会（一九三五年に日本民族衛生協会と改名）が優生学の考えから、産児調節の指導と啓蒙活動（人口問題、社会生物学、体質研究、社会問題、医学、心理学、結婚問題、産児問題、人類学など）を行うと同時に、不良な種を断絶すべく断種法制定を主張した。そして一九四〇年に国民優生法が成立し、この法のもとで「不良」な種に優生手術が実施された。

先に紹介した安部磯雄は「換言すれば動植物に対する人為淘汰法そのものを私共自身に適用さへすればそこに優生学の希望は達せられるのである」（安部 一九三二：八九頁）と主張する。人道主義者であり、社会主義者であり、キリスト者であっても優生学を支持する。なぜならただ数を増やせば良いというだけではなく、優良な種と不良な種を選別し、「優秀なる性質を遺す」（安部 一九三二：九一頁）というように前者を一定の方法で増殖させることが重要だったのである。「悪遺伝を防止すると同時に進んで良遺伝を子孫のために残さねばならぬ」（八二頁）、それによって大和魂とその身体が完成されるというわけだ。

優生学は新マルサス主義とコインの表裏として主張された。人口調整の手段として結婚の禁止を採るマルサス主義に対して、出産の調整を採る新マルサス主義が日本で盛んに紹介されるのは一九二〇年前後であった。

もっとも、日本においては明治時代が始まって以来、人口が増加の一途をたどったことから人口問題が論じられてきた。人口と食糧の不均衡が大正時代末期から極めてはっきりと現れたため、一九二七年には人口食糧問題調査会が設立された。一九三〇年、この調査会は廃止されてしまうが、第一次世界大戦後の世界的な不況にともない日本では失業人口が激増したことから、ふたたび人口問題の重要性が認識されるようになった。こうして一九三二年一一月、内務省社会局が発起し、人口問題研究会が創立された。これは翌三三年一〇月に財団法人になるものの、一九三七年の第一回、三八年の第二回人口問題全国協議会において「人口問題に関する国立常設機関設置の件」が議決されるなど、国家を挙げての人口研究が強く期待された。とりわけ一九三七年に満州事変が勃発すると、人口過剰の問題のみならず「人的資源の増強保持」が「人口問題の核心を為す」(厚生省人口問題研究所 一九四一:一三五頁)と考えられた。厚生省が一九三八年に誕生すると、翌三九年に厚生省社会局が国立人口問題研究所費を予算請求し、ついに同年八月二五日に開所した。

このような国家における人口調整のなかで、先に述べたように優生学的な措置が加えられる。それは民間レベルでも論じられる措置であった。優生学は優秀な種と劣等な種の交わりを問題とする。芦谷瑞世は「民族体の向上、純化の為に悪疾遺伝を絶たねばならぬ」(一九四一:一〇五頁)と主張する。悪疾遺伝とは劣等な遺伝物質の伝達を指す。自らが悪疾遺伝物質の所有者である事を自覚し、「生殖中止」の判断をすることは「理想」(一〇五頁)だが、「一体精神薄弱者だの本能を全然制御出来ぬ様な人間に警告を発したり説諭してみたりした処で到底効果があるものではない」(一〇五頁)。だから強制的に交雑させないような処置が必要だと主張する。そこで採られるのが、男女の隔離と生殖機能の不能化という手段である。芦屋は前者の方が原則として採るべき手段として優れているが、隔離施設の運営には莫大な費用がかかるため、生殖機能を不能にする、つまり輸精管を緊縛することより「他に良き手段はない」(一〇六頁)と言うのだ。

性の問題について数冊の本を出していた島村民蔵は『両性問題大観』（一九二一年）の「優生学と新マルサス主義」という章において、優生学の思想に基づいた産児制限を正当化する。その上で彼はアルコール中毒、結核、黴毒の遺伝に細心の注意を払うよう呼びかけ、精神異常、痛風、脂肪過多、糖尿病、神経病についても産児制限を施すべきだと主張する。身体の形質だけでなく、精神や生活習慣なども遺伝すると考えられているのである。もしそれらが遺伝するとすれば、出産は身体の再生産であると同時に、精神の再生産に関わることになる。そしてそれは大和魂や日本精神をいかに次世代に引き継ぐのかという問題になるのだ。

日本人の混血性という問題

遺伝をめぐるこのような議論と政策のなかで、一方で人類学者の西村眞次のように日本人の血液は「純粋」（一九四〇：二四頁）だという主張、他方で混血だという主張があった。この二種類の主張は、大和魂や日本精神なるものが、血統によって受け継がれるのか、それとも日本の自然環境や風土によって作られるものなのか、という問いと関わる。総じて当時は日本人は混血だという主張が多かったと言える。

まずは、日本民族は雑婚を繰り返しても、優秀さを守ってきたのだという主張を確認しておこう。「我々大和民族が混血民族であることは各国の人類学者は勿論、我が国の専門諸学者もひとしくこれを認める」（谷口　一九四二：九〇頁）。こう書き付けるのは、解剖学者の谷口虎年慶應大学教授である。植民地の拡張にともない、「延びつゝある国力と共に日本人の進出もおびたゞしい。好むと否とに拘らず混血が起る」（九二頁）ことが予想されるとする。彼は混血が良いか悪いかについての判断を下さないが、これを検討するためには社会学ないしは植民政策の立場と、生物学の立場が必要だと言う。社会学ないし植民政策の立場とは、植民地政策において宗主国と植民地の人間の間の混血を推奨するかどうか、それにより「複雑な社会問題」（九四頁）が起きるかどうかを考えるものである。生物学の立場とは、混血が与える「民族の体質」への影響を考える立場である。

谷口はこれまで日本においてこうした混血研究が「皆無」（九五頁）だったが、ここ数年、日本人と「アイヌ、ヨーロッパ人、朝鮮人、南洋島民」（九五頁）の間の混血研究が行われ、いくつかの成果が上がっているという。まだ十分ではないが、父と母の人種の「肉体的並びに精神的の優劣の判定が必要」（九五頁）であり、こうした研究が俟たれると書く。

混血の問題は単なる日本人の形質に関する問題ではない。それは植民地を押し広げるなかで植民者と被植民者の間でどの程度まで混血しうるかという問題であった。さらには日本人の「血」の植民が被植民者にとって問題ではないことを証明することができれば、統治の正統性も主張できるのである。

歴史学者の喜田貞吉（一九一九）は、日本民族が複層的であると主張している。喜田は天照大神などの子孫とされ天皇につづく天孫民族とイコールのものとしてのちに「扶余系民族」を概念化した。これが大和民族である。こうして歴史学においても天皇の統べ治める正当性が日本人種という観念で主張された。ただし喜田はそもそも被差別問題に立ち向かった研究者であり、その意味では社会的弱者の側に立っていた。また第二章で言及した「南北朝北正閏論争」で国史教科書において両朝を並記した責任を取って編修官を休職したのも喜田だった。しかし矛盾するように彼の議論は最終的には韓国併合は復古であり、分家である韓国が日本という本家に戻ったようなものというような日本の純粋性を求めるものになる。当初は狩猟採集民の山人を対象にしながらも、のちに稲作を営む「常民」と天皇家とのつながりを指摘するようになる柳田国男、さらには、混合民族論を主張しながら結果的には民族同化思想となっていった女性史研究者の高群逸枝。彼らに見られるのは、マイノリティを擁護するはずのものが結果として侵略の論理となるという矛盾である（小熊 一九九五）。複合民族論は植民地主義の重要なテクノロジーだったのである。

では混血についてはどうだったのだろうか。先に紹介した谷口は左のように書く。

日本人と他民族との混血に対して反対する論者は日本人は混血民族であるが、混血が行はれた後に長い年月が過ぎ、その間日本国の環境に十分適応した民族日本人となつた今日、今更危険を犯して他民族の血を容れる必要がないと述べてゐる。然し問題は日本の内地ではなく、吾々日本人が発展して行く地域での混血の問題である。その発展して行つた土地に充分順応した民族の血を借りる事が生物学的には早くその土地に適応せる民族を造り得る様にも考へられる。この問題は日本人を更正する人種的要素を研究すると同時に、近接諸民族と大和民族との血の連絡をも明らかにする必要があらう。（谷口 一九四二：一〇四頁）

つまり、植民地政策において日本人が出かけていった先の土地で、その土地に住むすでに生物学的に適応している人の「血を借りる」ことで、土地の支配が潤滑に進むと考えているのである。

血統や種が同一か否かを確定する作業は、植民地主義の正当化に深く結びつけられる。戦前の混血研究は満州事変を契機に総力戦体制に入った一九三〇年代に流行した。当初はアイヌ民族の生体計測、運動能力・知能検査が行われ、それが植民地へと対象を広げた。そこで問題になったのは、人種的に遠い者同士の混血によって身体・精神上の不調和を生じるかであった。その結果、朝鮮半島や中国の人たちとの混血は問題がないとされる一方、南方との混血は忌避されるべきだと証明されていた。

韓国併合と混血を説いた金東輝『東亜諸民族統制下に於ける内鮮一体の再認識』（一九三八年）を取り上げよう。金は日本、朝鮮、中国北部およびモンゴルの身体的特徴は、黒い頭髪、少ない体毛、光沢のない、黄色あるいは黄褐色の皮膚、突き出たほお骨、一重まぶたという共通点を持つ。身体だけでなく衣服、住居、信仰、言語など風俗習慣のほか、墳墓の形やさらには金銭よりも政治を重んじる点などの共通点を持つとする。そしてこのような共通性をもたらした要因の一つとして、かつて日本列島と朝鮮は地続きであったことを挙げる。一つの大地であったが故に、習俗や身体的特徴のほか、動植物にも類似性が見られる。それが地震によって海が生じて分かたれた。このように人類学や地理学の知見がここでは利用されていくのである。

元々は一つの土地であり、国であったものが、自然の力によって分かたれる。再びそれを人間の力で一つにするのだ。こうした論法が次の文章に現れる。

> 筆者は前述せる史実が明らかに証することに依つて日韓の併合は日本内地に於ける王政復古に於ける廃藩置県の事実同様に朝鮮を日本内地の一地方として昔に還元せしめた事実なりと断言するものである。（中略）それは日鮮両族は民族的特質上同種同根である点が上古に遡る程明確になつて来るのみならず相互に移住帰化の交換的関係及共通せる繁殖比率上の諸点も風俗、習慣、言語上の共通同一点、地理的伝説学説等より見たる同一性陸地たりし点等が明証し、而かも地上植物及棲息動物の種類までも之れを立証するのである。而かも政治的法理的見地より日韓併合の事実を見るも決して植民地関係の如き疑を受くべき弱点を有せず全く自然領土として本国内地に還元したものであることは世界万古の歴史上他に類

例を見る能はざる独特な事実なのであるからである。(金 一九三八：二二一―三頁)

このように韓国併合という政治・経済的な実践は太古の状態への還元行為として読み換えられる。動植物も身体も、つまり「自然」が同一であるから、それを元に戻すことは当然だとすることは、二重の意味での政治の自然化である。

先に紹介した西村眞次もまた、日本人の雑種性でもって大東亜共栄圏を正当化する。一九三八年一〇月の講演は次のような文章で締めくくられている。

日本民族の現在に於ける非常的行動は、たしかに将来見られるであらうところの東亜協同体の建設への第一歩として認められねばならぬものである。いはばそれは日本人の建国理想である『八紘一宇』の実現を促すところの先端の喇叭である。

日本人の成立それ自身が、八紘一宇、四海同胞の大理想のシムボルである。日本人が混血民衆であることは、かう観て来ると、願つても得られない幸福であり、光栄であり、矜持である。それは飽くまでも擁護せられ、拡大せられ、充実せられねばならぬ。(一九四〇：二八頁)

つまり、さまざまな民族と結びついてきた日本が、近隣諸国と手を携えながら建設すべき大東亜共栄圏の中心におかれる。身体が時を重ねて交雑してきたいわば種の雑種性という歴史性と物質性が、大東亜共栄圏建設という政治的プロジェクトと八紘一宇という政治的イデオロギーを正当化するのだ。

ただし、日本人が混血民族であっても、無思慮な他国民との結婚を諌める向きもあった。芦谷瑞世の

『新民族論』には次のようにある。

しかし日本人と他民族の雑婚が今日の如き優秀なる結果を生むに至つたに就ては如何に長き年月を有し、且大きな犠牲が払はれてゐるかを考へねばならぬ。熊襲、えぞ等々の反乱、向背は殆んど我が上代史の全部をしめてをり、それがどれ程我朝野をなやましたかは、日本歴史の一頁を読んだものの知るところである。（中略）今東亜の天地を担ふべき時運に遭遇せる我民族が軽々しく大量的に雑婚することは決して得策で無い事は言ふまでもない。殊に大陸にある邦人の雑婚は必ずや個性と民族的特質の強い支那民族に圧倒される結果とならう。さうした事から考へても雑婚は真に日本を理解し、日本語を語り、完全に皇化に溶し得る他国人との間にのみ行はるべきであると考へられる。（芦屋 一九四一：一〇三―四頁）

混血の問題は植民地主義だけでなく、女性の貞淑や道徳とも結びつく。つまり、貞操の純血が求められる大和撫子が安易に他国の男性と結婚すべきでないということだ。たとえば

血統の尊重と言ふ事と婦女の貞操、高き道徳性と言ふ事も切つても切れぬ関係にあるのであつて、かうした所からも血統と民族の道徳的な力との関係が理解されやう。血統尊重は精神的伝統をもたらし、且高き道徳的生活特にも性道徳の向上を予定する。さうした意味に於て我大和民族始め、世界に於て何等かの形で重大な役割を演じつゝ、ある諸民族が本来的に血統尊重の民族である事も興味ある現象であらう。独逸人、北欧人、アングロサクソン人を含む白人中最も勢力あるゲルマン人、世界の金権を掌握するユ

ダヤ人、一民族として世界各民族中最大数を維持し益々繁栄する支那人等、元来血統を頗る重んずる民族である。（谷口 一九四二：九〇頁）

と、『東洋民族と体質』で谷口虎年は主張する。純血や血統への配慮が民族や国民の優越性をもたらす。しかも産む性である女性の貞操や高い性道徳が肝要だというのだ。

本章は大和魂や日本精神といった国民精神が、人びとの身体や視覚の経験をとおして経験される過程を探求した。大和魂や日本精神は圧倒的な視覚装置をとおして、あるいは娯楽的イベントや身体運動をとおしても提供された。そこには国民精神を商品化する資本の力が存在した。国家だけでなくこうした資本主義がもたらす快楽的・愉楽的回路もまた同時に、国民精神の喧伝において重要だった。視覚装置、事物、身体は、理性を最上位に位置づける近代的な人間像においては二次的な存在に過ぎなかった。しかしそうした二次的なものが、やはり理性の下に位置づけられる人間の感情を刺激し、日本人のアイデンティティを形成したのである。もちろん、生産ではなくこうした消費の側面に注目するなら、決して為政者や企画者の思惑どおりに事態が進むのではなく、人びとがイベントや事物を別様に解釈する実践もまた指摘できるのだった。

第五章　大和魂の現代性

一　第一の戦後から第二の戦後まで

第一の戦後と大和魂の退場

この章では戦後における大和魂や日本精神について駆け足で見ていきたい。とはいえ、「戦後」を一口に語ることができないことも事実である。社会学者の小熊英二（二〇〇二）は一九五五年までの戦後の国際的な混乱の時期を「第一の戦後」、国際体制の安定を基礎にした高度経済成長が続いた時期を「第二の戦後」と呼び、その両者の連続性と断続について言葉を手がかりとして子細に検討している。本章で検討するのは、第一の戦後における大和魂の否定の過程と、第二の戦後におけるそれの再肯定の過程である。

一九四五年、日本が敗戦し、連合国軍司令部の統治下に置かれると、状況は一変することは周知の通りである。小学校校庭に置かれた楠公像のほとんどは一掃され、希有にも楠公像が残されていた千早赤坂村立千早小学校は二〇〇八年に近隣の小学校と統合して実質的に廃校になった。支那事変勃発後、兵器製造への拠出のため金属が不足し、それに対応するために楠木正成の肖像を印刷した五銭紙幣、八紘一宇塔を印刷した十銭紙幣が発行された。これらは第二次世界大戦後にやはり新紙幣によって取って代わられた。さらに、一九四七年には軍国主義や国家神道を象徴する郵便切手と葉書の使用が禁じられ、使用した場合、郵便物は返送された。楠木正成像、乃木希典、富士山と八紘一宇塔、旭日旗と飛行機などが印刷されたこれらは「戦犯切手」（「読売新聞」一九四七年七月二〇日付）と呼ばれた。

この中で、戦争を想起させる大和魂や日本精神という言葉の使用が控えられていく。戦時中にこれらを熱心に論じた井上哲次郎は敗戦の一年前、一九四四年に、黒板勝美は敗戦後の一九四六年に他界していたし、国体を論じた山田孝雄らイデオローグの多くは一九四六年に公職追放された。こうして、戦前的な思想と言葉、そして事物は見かけ上日本社会から姿を消すことになったのである。

千早小学校にあった銅像は1940年の皇紀2600年を記念して設置された。台座には「大楠公銅像を校庭に建てることで児童の尽忠報国の精神を涵養する」という旨が書かれたプレートがはめ込まれていた（撮影筆者）

代わりにこの日本で言祝がれたのが「民主主義」だった。文部省は一九四八年に教科書『民主主義』を上下巻で発行し、児童に「民主主義を正しく学び、確実に実行すれば、繁栄と平和とがもたらされる。反対の場合には、人類の将来に戦争と破滅とが待っている」（文部省 一九四八：二頁）と説く。民主主義の本質を説く中で、教科書は戦時の日本を次のように断罪する。

独裁者たちは、かれらの貪欲な、傲慢な動機を露骨に示

文部省発行の『民主主義』（1948年）

さないで、それを道徳だの、国家の名誉だの、民族の繁栄だのというよそ行きの着物で飾るほうが、いっそう都合がよいし、効果も上げるということを発見した。帝国の光栄を守るというような美名の下に、人々は服従し、馬車うまのように働き、一命を投げ出して戦った。しかし、それはいったいなんのためだったろう。かれらは、独裁者たちの野望にあやつられているとは知らないで、そうすることが義務だと考え、そうして死んで行ったのである。

現にそういうふうにして日本も無謀きわまる戦争を始め、その戦争は最も悲惨な敗北に終り、国民のすべてが独裁政治によってもたらされた塗炭の苦しみを骨身にしみて味わった。これからの日本では、そういうことは二度と再び起らないと思うかもしれない。しかし、そう言って安心していることはできない。独裁主義は、民主化されたはずの今後の日本にも、いつ、どこから忍びこんで来るかわからないのである。（文部省 一九四八：七頁）

戦時中の日本人に欠けていたものは、独裁者が煽る愛国心や国家の名誉を疑い抵抗する力だった。大和魂、日本精神、楠公精神は日本人を操るイデオロギーであり、これに対抗し民主主義を守り切るために重要視されたのは、日本人の主体性だった。

思想家の丸山眞男は、日本国家と日本社会の権力構造には究極的な政策決定権を持つ最高機関が存在してこなかったことを指摘する。比較的短期間で交代を重ねるために、「責任主体たりうる個人の不在」のため、誰も責任を取らない。戦時中の日本国家の暴走の責任主体を丸山はいくつも挙げていく（丸山 一九七六）。権力者や政治的エリートは政治的な責任、そしてその支配に黙って従った一般国民の道義的責任、体制における元首としての天皇の戦争責任、日本政治の主導権を取ることができずファシズムにそれを渡した共産党の戦争責任、そして侵略戦争を防止できなかった近隣諸国の責任である。本書の議論において重要なのは戦争責任を、主体性の問題として丸山が捉えたことである。この主体性の不在は国民精神論や国体論のなかで不問に付されていたというが、実際には戦時中には「主体的」に国民となることが求められていたことは、これまで記してきた。

日本における主体性の育成の問題は、丸山の主体論や文部省の民主主義論を超えて、戦後日本のあらゆる場所で見つけられる。たとえば、戦後の農山村において農林省が展開された農村の生活の合理化と近代化を目指す生活改善運動は、主体的に行動する農業従事者と主婦を作り上げようとした。生活改善運動は一九四八年の「農業改良助長法」制定を受けて展開したもので、アメリカに範を取る農業生産力の向上と、そこでは封建的な従来の農村を改良する独立した主体的な農民の創造を目指した。一九五〇年には

従って今回の増産運動に当っては、農家に一方的に割当を押しつけ、その技術指導なども補助金等で押売りするかの如き感があつた従来の増産方式を改め、技術と経営の両面から合理的に考えられた改良指導によつて、農家の納得ずくの自発的意欲による増産をこそ、導くべきである（農林省農業改良局普及部 一九五二：一六頁）

と農業改良の主体としての自発性を促すことが主張されているし、農村の家庭生活を改良する主体と期待された女性についても、

虚飾に満ちた無価値なる迷妄の虚栄生活からの脱皮であり、革新の上に立つた自覚として、新しき独自なる農村生活の創造の上に立つものでなければならない。（寺神戸 一九五二：四三頁）

新しき希望の生活

希望どほりの幸福をどうして得るか

『主婦の友』（1946年1月号）に掲載された石川武美の「新しき希望の生活」

というように、農村の封建制を改良する主体性の意義が唱えられたのである。

もっとも、戦後すぐの多くの日本人にとっては、こうした主体性の問題よりも喫緊の問題として圧倒的な貧困と壊滅した日常生活にどう向き合うかということがあった。むしろ主体性の問題は第一の戦後が終わりつつあった一九五〇年代になって登場したとも言えるだろう。戦前において大和撫子や良妻賢母の主婦像を推奨してきた月刊誌『主婦の友』において、戦後直後に大きく取り上げられたのは結婚問題だった。これは既婚男性や婚礼期の男性が戦死したり抑留されたりしたため男性の人数が女性の人数に比して少なかったことによって生じた。人も国も瓦礫の下に埋もれた一九四六年の一月号で『主婦の友』の創設者である石川武美《たけよし》は「新しき希望の生活」という記事で次のように記している。

ながいあひだ無理な戦争をたたかひつづけて、その挙句に徹底的にうちのめされた敗戦国日本には、

国家としても山ほど希望があるべきだ。職場職場にもそれがあるはずだ。家庭には家庭としてそれがあるはずだ。めいめいにもそれがあるはずだ。平和日本にふさはしいことであるかぎり、どんな希望をどれほど沢山にもつたとしても、連合軍からの文句はないはずだ。文句がないばかりでなく、いつでも積極的で、どんな不運にのぞんでも、希望をもつて立ち上ることをわすれぬ彼等は、日本と日本国民のこの態度を、どんなにか頼もしくおもふか知れぬ。

　平和日本の生活はどんなにあるべきか、平和だから呑気に遊んででもなれるものと思つたら大ちがひだ。平和の世界は建設の世界だ。建設とはいはずと知れた〝働くこと〟だ。働くほかに建設はない。これからの日本は、働くもののための日本だ。(二頁)

　平和国家として日本を再建するためには、とにかく働くことだと強調する。なぜなら働くことによって物資が豊になるからである。アメリカは物資が豊かな上に働く、日本は物資に乏しいうえに「働くことをいやしむ」(二頁)。だから日本は戦争に負けたのだと主張するのである。彼の文章には戦前と戦後と同時に、日本とアメリカが明確に分けられ、前者の後者に対する強烈な憧れと承認欲求がうかがえる。

復活する大和魂

「戦後派」と呼ばれた女性は保守的な女性誌である『主婦の友』に登場する男性たちによってつねに釘を刺されていた。自由を謳歌するばかりで家庭をかえりみない職業婦人は「落第点」(『主婦の友』一九五〇年六月号)とされ、女性が外で働きながら家事もする共稼ぎが「成功」だと言われた。敗戦後すぐにも当時の中学校校長であり、のちに宮城県知事を務める宮城音五郎が「自由を履き違へて奔放になり、わがまま勝手を自由と誤り、言論は自由だと、手前勝手に解釈して、父母の前も長上の前も憚らず、この頃の娘は実に得手勝手なことをいふものだと、或人の述懐するのを聞いては、民主主義の意味さへまだ解らない者が沢山にあることを思ひ、これはなか〳〵大仕事だといふ気がする。」(『主婦の友』一九四六年一一月号：一三二頁)と記してある。こうした論調で批判されるのは、もっぱら若者と女性だった。

民主主義と主体性の回復の「行き過ぎ」は戦前の修身を呼び起こす。第二の戦後において、一九五八年には学校教育の中に道徳が特設課目として実施された。これは八年前、一九五〇年の当時の文部大臣天野貞佑によるいわゆる「修身復活」の発言に端を発している。天野はそもそも戦前の修身教育を批判していたが、しかし、「各学校の実情をみるとこれが必要ではないかと考えるようになった」と述べ、西洋における「宗教」の代わりに個人の道徳を形成するものとして、修身と教育勅語に代わる道徳教育の必要性を説いたのだった。一二月に文部省により出された「公民教育刷新委員会答申」では新しい道徳教育として公民科として提唱されていた。しかし連合国総司令部内の民間情報教育局の指導によって公民教育は独立することなく、社会科の一つとして教授されたのである。一九五〇年の天野の発言には批判もあったが、社会科における道徳教授内容に対する不満からの支持もあった。一九五二年四月のサンフランシスコ条約の公布によって日本と連合国との戦争状態が終了すると同時に、日本国民の主権が回復された。日本が連合国軍司令部から独立すると一九五六年三月、文部大臣が教育課程審議会へ日本の教育課程を改善するために諮問した。翌年の九月に道徳的思想の時間を小中学校で特設し指導することが審議され、一二月に道徳教育の基本方針が発表された(松下 一九九三)。

民主主義国である日本にふさわしい社会的雰囲気を醸成することを目的とすると言うが、戦前の修身科の教授内容がどれほど反省されたのかは不明である。ただ、この答申で重要と思われるのは、修身を想起させる可能性を持つ道徳教育が支持されたことである。「もはや戦後ではない」という言葉が経済白書の副題で用いられるのは一九五六年。第二次世界大戦敗戦後の経済復興期から脱したことを示すこの言葉は当時の流行語となった。経済的にも政治的にもひとまずの落ち着きが見られるようになる一九五〇年代半ばごろ、大和魂や日本精神という言葉が用いられることはなくとも、戦前にそれらが含意していたことが頭をもたげ始める。

歴史社会学者の福間良明によると、戦後における戦争映画の大きな変化を表すのは一九五〇年代半ばである。軍隊批判や戦争批判を前面に出した一九五〇年の映画『きけ、わだつみの声』の反戦イメージから数年がたち、それ以後の戦争映画ではむしろ殉情の美しさが強調された。苦悩を抱えながら戦地に赴く兵士のイメージの方が当時の日本人に受け入れられたのである。戦時中に軍神と崇められていた人物を映画にすることへの忌避はあったものの、一九五六年一〇月、新東宝が山本五十六に題材をとり製作した『軍神山本元帥と連合艦隊』の冒頭では、靖国神社を背景に「この映画を謹んで山本元帥並びに連合艦隊戦没将兵の御霊に捧げる」という文言が「海ゆかば」の楽曲とともに映し出され、その後すぐに、軍艦マーチをバックにはためく旭日旗の映像が挿入されていた。」（福間 二〇一五：一〇五頁）。一九六〇年代後半になると、この「軍神」に対する共感が目立つようになる。また、一九五〇年代末から六〇年代半ばまでの少年週刊誌における「戦記物」ブームにおいては、戦争に対する批判的意識の急速な衰退と、戦争体験の風化が進行していることが確認できる（吉田 二〇〇五）。戦い、死に行く者たちへの圧倒的な共感は、特攻隊についての語りにも変化をもたらす。陸軍知覧飛行場のあった知覧高女の卒業生から成る「なでしこ会」が一九七九年に発行した『群青――知覧特攻基地より』という回想録では、「平和を願い、すべての私情を断ちき」って死んで行った者として、特攻兵士が記された（福間・山口編 二〇一五）。

一九五〇年代半ば以降の映画や戦記物、回想録から見えてくるのは、個々の戦争体験が再び大きな物語に回収されていく様子である。兵士から家族に送られた手紙でさえも軍による検閲もあり、彼らの本当の思いを知ることは難しい。しかし兵士たちの思いは日本を護るために、戦いの先にある平和を願いながら美しく死んで行ったという物語に沿って語り直されていった。殉死や殉情こそが戦後一〇年以上を経た日本人にとって受け入れ可能な物語だったのである。その崇高な精神性は戦時中なら大和魂や日本精神と呼ばれたであろう。

日本的なるものへのまなざし

東京オリンピックが開催された一九六四年、日本は経済開発協力機構(OECD)に加入した。オリンピック開催と途上国援助機関への加入は、日本の敗戦からの復活を強く日本人に印象づけた。近現代史家の吉田裕(二〇〇五)は一九六三年に閣議決定され、その後毎年行われるようになる「全国戦没者追悼式」が、戦後の日本における過去の戦争の位置づけを端的に示していると指摘する。というのも、それが日本人の戦没者の追悼だけを目的とした内向きの国家儀式であり、かつ過去の戦争に対する歴史的評価が棚上げにされた上に、戦没者＝今日の繁栄の礎という「安易な意味付けの原型」(一二二頁)が提示されているからである。

高度経済成長に対する自信は一五年戦争を肯定的に評価しようとする言論を一九六〇年代半ばに立ち上げ支えるが、他方でそうした歴史観が国際社会のバランスを崩しかねないという懸念や過去の歴史を全面的に肯定することへの反発もあり、戦争責任問題に関する「ダブル・スタンダード」(一四二頁)も存在した。

このようなどっちつかずの態度も含めて、一九六〇年代は日本人のアイデンティティ探しの時代でもあった。戦後の産業と経済の発展は、一九五〇年代末から次第に顕在化する環境の破壊による公害の発生と、日本の古き良き風景の破壊を引き起こした。月刊旅行雑誌『旅』に寄せられた読者投稿には「日本のよき風土が旅客誘致の名目の為に、人工的にけばけばしく塗りかえられるばかりではなく、過去の文化遺産を破壊したりする問題まで、引きおこしているようだ。」（一九六九年二月号、二八四頁）とある。この投書の前年、一九六八年は明治一〇〇年であり、『旅』は作家の小松左京と建築家の黒川紀章の対談「ローカル色を尊重すべき明日の日本」（一九六八年一二月号）を掲載している。日本の原風景を日本の地方に見出すまなざしは、全国に「小京都」を発見する動きへと向かう。一九六九年四月に『旅』は特集「全国小京都」を組むのだ（森 二〇一〇）。

日本文化の始原に対する強い関心は「日本民俗学の父」柳田国男を主題とする一九七〇年代半ばからの柳田ブーム、植物学者の中尾佐助を初めとする栽培植物から「日本基層文化」としての照葉樹林文化を策定する研究、さらに一九六〇年代末からの東北ユーラシア系の騎馬民族が日本列島に入り大和朝廷を設立したという「騎馬民族征服王朝説」をめぐる論争が挙げられる。騎馬民族征服王朝説を唱える江上は

> 日本民族が形成された動因として、中・南シナ方面からの非シナ稲作民族の西日本への渡来と水稲農業の伝来がもっとも根本的なものであったことは動かせないし、西日本と南部朝鮮との密接な文化的・人間的交流関係や、朝鮮半島を橋梁としての日本と東北アジアとの文化的連繫関係の成立なども、その重要性を減ずるものではない。（江上 一九九一：三一九頁）

と、日本民族とその文化の異種混淆性を論じた。日本人の始原や日本文化の独自性への強い関心は、本書で確認したように戦前においても見られた。そこでは日本文化および日本人の雑種性が主張されたのだった。しかし、敗戦後の日本においては日本文化の雑種性を認めることはあっても、日本民族の雑種性は否定された。すなわち日本人とは単一民族であるという神話が敗戦後に作られたのである（小熊 一九九五）。

風景だけでなく日本人の精神性も強調される。日本精神ではなく「根性」論の登場だ。そもそも「根性」とは生まれつきの性質を意味しており、しかも島国に住む住民にありがちな視野が狭く閉鎖的でこせこせした性質を意味する「島国根性」など決して肯定的な文脈では用いられなかった。しかし、東京オリンピック以降、根性はスポーツを中心に「苦しさに耐えて成し遂げようとする強い精神力」というような肯定的な意味で用いられていく。それはスポーツだけでなく、マンガの『巨人の星』（一九六六年）、『柔道一直線』（一九六七年）に端的に表れている。『巨人の星』では主人公の星飛雄馬が父親である星一徹による理不尽な言動と指導に耐え、またライバルとの切磋琢磨をとおして、一人前の「男」になっていく過程が描かれる（岡部 二〇一二）。

一九七一年二月にスタートしたテレビドラマ『おれは男だ！』は、共学化したかつての名門女子高に転入した主人公の小林弘二を中心とする青春物語である。重要なのはタイトルにもあるような主人公の誇示する男性らしさである。第一回のタイトルは「ウーマン・パワーをやっつけろ！」。転入した主人公は生徒の大半が女子であり、しかも彼女らは活発でスポーツも万能なのに対して、男子生徒は少女マンガを読んだり、洗面所で髪をくしでといたりと女性的なのである。女子が支配する学校を打倒するために主人公の弘二は剣道部を結成し、学園の男らしさを回復するのだ。ここには当時の女性の権利回復運動である「ウーマンリブ」に対する強烈な対抗意識が現れている。しかも主人公のライバルとなり最終的には恋仲となる女子生徒の吉川操はアメリカからの帰国子女である。つまり女性の支配する学校はアメリカの換喩であり、このアメリカを打倒することで日本人（男）の名誉を回復しようというのだ。

興味深いことに、この時代に人気を集めていた映画『ゴジラ』も『ウルトラマン』シリーズも、日本をおそう怪獣を倒す怪獣（アメリカの水爆実験の落とし子）や善良な宇宙人を主人公とする。これら主人公は日本を守るアメリカの換喩だった（佐藤 一九九二）。しかし一九七五年『ウルトラマン』シリーズがいったん終結し、また同年に公開された第一五作『メカゴジラの逆襲』が興行的に失敗したため一九八四年まで映画製作は封印された。これらと入れ替わるようにして一九七四年のスタート以来人気を集めたのがアニメ『宇宙戦艦ヤマト』だった。ここで旧日本海軍の誇った悲劇の戦艦大和が復活する。看護師である女性の森雪を除けば、船長をはじめ乗組員が男性で構成される男性中心主義的な戦艦は、ナチスドイツ帝国を連想させる大ガミラス帝国の地球侵略と戦う。佐藤（一九九二）はこの戦いを、日本が連合国側についたという仮定の下での第二次世界大戦のやり直しであると指摘する。こうして聖戦のイメージが一九七〇年代に焼き直される。

勝ち気で金髪、さらに長身の森雪と当初は反目しながら、最後には恋仲になり結婚する黒髪の主人公、古代進はアメリカ的なるものへの強烈な憧れとそれを飼い慣らしたいとする日本男性の欲望を反映している。しかも一九七八年の劇場版映画『さらば宇宙戦艦ヤマト 愛の戦士たち』では、ヤマト乗組員は次々と戦死していく。最後には古代がエネルギーもほとんど尽きているヤマトに一人残り、敵艦へと体当たりする。これは戦時中の特攻精神を再現したものに他ならない。古代は同僚の島に「地球は絶対に生き残らなければならん。そのためにあの巨大戦艦を倒す。それにはヤマトと俺一人で充分なんだ。みんなは俺が今から死にに行くと思ってるのかもしれないが、命はたかが何十年で消えてしまうようなちっぽけなものじゃない。俺は自分の命をそういう命に替えに行くんだ。（中略）そして俺たちの戦いを永遠に語り継いでくれ」と遺す。後述するように、こうした未来へ自分の命を託す特攻兵の物語は『永遠の0』に引き継がれる。

圧倒的な敵の力にたった戦艦一隻で対抗するこの物語について佐藤（一九九二）は、「「物量では劣っていても精神で優れていれば勝てる」、あるいは「自分が死ぬ気でいるからには勝てる」という戦前の非現実的な精神主義の再現にほかならない。（中略）特攻を決意した古代の「肉体は滅んでも生命は宇宙全体に広がって永遠に生きるのだから、自分も決して死にに行くのではない」という趣旨の台詞は、実のところ「死して護国の鬼となる」というスローガンの「国」を「宇宙」に取り替えただけのものである」（二八頁）と指摘している。

なお、一九七五年の「ウルトラマンレオ」終了から五年を経て制作された実写版の「ウルトラマン80」の主人公は中学教師の矢的猛《やまとたけし》であり、彼は地球を守ると同時に「愛」と「勇気」を教える。第一回で新任校に着任したとき、一所懸命、一生懸命という言葉を自分のモットーとして黒板に記し、人には一生命をかけてやらねばならないことがあり、それを達成するためには今いるところで、今やっていることに最大の力を尽くすのだと、矢的は生徒に熱心に語りかける。作中で明言されることはないが、矢的は「大和」であり、そのまま読めば「やまとたける」となる。前作の「ウルトラマンレオ」もまた空手の使い手であり、しかも敵にやられても「根性」の特訓で最後に「平和を壊す敵」を「この手でたたきつぶす」のだ。ここに地球、いや日本を守るウルトラマンも、単なる宇宙人ではなく、日本的なるものの守護神となったのである。

二　第三の戦後における大和魂

大和魂の言語構築

小熊英二（二〇〇二）は一九九〇年代以降、戦後思想の「読みかえ」が進行する状況を第三の戦後と呼ぶ。ざっと「読みかえ」という名の歴史修正主義の例を挙げていけば、「新しい歴史教科書をつくる会」の設立（一九九六年）、安倍晋三氏らが参加する「日本の前途と歴史教育を考える議員の会」による『歴史教科書への疑問——若手国会議員による歴史教科書問題の総括』の出版（一九九七年）、小林よしのり『新・ゴーマニズム宣言ＳＰＥＣＩＡＬ　戦争論』の出版（一九九八年：以下は『戦争論』と略称）、新しい歴史教科書をつくる会から分かれた「教科書改善の会」の教科書の版元としての育鵬社設立（二〇〇七年）がある。また教育における保守化、というよりもむしろ急進的な復古主義の例としては「国旗国歌法」（一九九九年）、「教育基本法」の改正（二〇〇六年）が挙げられる。後者は「伝統と文化を尊重し、それらを育んできた我が国と郷土を愛するとともに、他国を尊重し、国際社会の平和と発展に寄与する態度を養うこと」を目的として、中学における武道を必修化した。我が国と郷土を「愛する」、他国を「尊重する」というのは、世界を愛するというのとは意味合いが異なることには注意しておきたい。

本節はこうした第三の戦後における「読みかえ」をすべて把握するつもりはない。世界から賞賛される日本人論、世界で最も日本人が好かれているという議論が二〇〇〇年代から好評を得ていることも承知しているが、それらをつぶさに検討したり批判したりすることも本章の趣旨からは外れている。むしろこうした議論においてかつて大和魂や日本精神、さらには国体と呼ばれていたものがどのように言語化、物質化されてきたのかに絞って見ていきたい。

まず検討したいのは一九九〇年代半ば以降の日本的なるものの言語化である。小林よしのり『戦争論』はこの時期以降の保守の言論の典型例であると同時に、九〇万部以上を売り上げ非常に影響力を持った書物でもある。『戦争論』での批判の矛先は「まるで消費者」（小林 一九九八：一八頁）のように平和を享受する個人化した現代の日本人と、日本の戦争を批判する「自虐史観」に向けられる。「つらい戦争を堪えて堪えて死んでいった祖父たち、勇敢な戦闘で戦果を上げた祖父たち、つらすぎたがゆえに 戦後 日本軍をけなしたくなった祖父たち、軍隊内の理不尽な縛りにうらみを持った祖父たち、銃後で支えて戦時をくぐりぬけた祖母たち、日本兵を慰めてくれた慰安婦たち、すべてに感謝して戦争を語」（三八頁）る小林の論法は、一方的な解釈によってなされる。戦後の兵士自身による戦争批判が戦争がつらかったためだとしたり、日本兵を笑って迎える慰安婦たちのイラスト、さらに兵士がすべて同質の「日本人」であるという前提の数々、さらには別のカ所での「覚悟を決めた男たち〔特攻兵：引用者注〕の顔はスッキリしていた」（八三頁）といった記述は、戦争の被害と加害の多様な経験を単純化している。

興味深いのは『戦争論』において前景化されているものと、そこで問われているものである。まず『戦争論』で主に登場するのは決して歴史上の偉人や軍神ではなく、一般の名もなき兵士である。兵士はもちろん男性であり、女性が取り上げられることはほぼない。名もなき兵士は質素な衣服を着た農村の少年の出で立ちで描かれ、その素朴な少年が祖国のために立派な兵士となる。しかも「彼らが命を捨てても守るべきものそれは…祖国であり、郷土であり、家族であり、天皇であった」（八七頁）。こうした名もなき一般国民の強調は、第二章で全国民が一億総楠公化していく過程を見たように、戦局が悪化した中で採用された国民精神の鼓舞と国民であることの強要であり、そのときに大和魂や日本精神、忠孝精神などの現れとして強調されたものである。そこで読者に問われるのは、日本の平和はいったい誰の崇高な行為によってもたらされたのかということである。戦争論の根源的な批判は私たちの戦争に対する認識へと向けられている。

第三の戦後における戦時のバックラッシュとも言うべき状況では、戦争が審美的な言葉で語られる。美しさ、崇高さ、家族の絆を否定することは、通常は「悪」である。『戦争論』は平和ぼけし、個人主義的でサヨク的でもある現代人を醜悪なイラストで描き出す一方、「「自分のために」を越えたところに「公＝国」が現れる」（三五二頁）と理解する人びとを神々しく描く。自らを犠牲にしてでも他人に利する行為や態度は「善」なるものであり、審美的ですらある。そのためこれに対して批判的視点を提示することは自己中心主義に陥いる可能性があるため困難である。そしてこの傾向は決して『戦争論』に止まらない。たとえば安倍晋三内閣総理大臣が記した『美しい国へ』（二〇〇六年）はその一例である。自らを「ここ一番、国家のため、国民のためとあれば、批判を畏れず行動する」（四頁）「戦う政治家」と呼称する安倍は、実は直接的に「美しい国」とは何かを提示していない。その代わり、教育の改正、日米安保の強化、などによって自立する国家、「自信と誇りの持てる国」（二三二頁）を美しい国としている。この本の最後には次のように記してある。

わたしたちの国日本は、美しい自然に恵まれた、長い歴史と独自の文化をもつ国だ。そして、まだまだ大いなる可能性を秘めている。この可能性を引きだすことができるのは、わたしたちの勇気と英知と努力だと思う。日本人であることを卑下するより、誇りに思い、未来を切り拓くために汗を流すべきではないだろうか。

日本の欠点を語ることに生きがいを求めるのではなく、日本の明日のために何をなすべきかを語り合おうではないか。（二二八頁）

美しい自然、長い歴史、独自の文化を誇り、可能性を引き出す英知と努力に対して、それを批判し、卑下し「欠点を語ることに生きがいを求める」ことは当然のこと否定的な意味合いを帯びる。ここで誰が可能性の方向を決定するのか、誰がなぜ欠点を語るのかを問う態度があらかじめ封じられている。

この論調は戦前の全体主義と類似している。第一章で紹介した文部省の『国体の本義』（一九三七年）は、「我が国独自の立場」「万古不易の国体」（六頁）を明確化することで、「その発生の根本たる国家・歴史に連なる存在」（三五頁）であることを忘れた個人主義の行き詰まりを打開する日本的な全体主義を説く。同じく日本の独自性や伝統を主張する安倍は国家と個人との関係について「個人の自由を担保しているのは国家」（六二頁）であり、個人は自分の帰属する郷土や国家に愛着を持たなければならないと主張する。個人の自由を担保する国家が倒れれば、その自由すらなくなってしまうのだから、美しい国を護るための個人の役割が強調されている。そしてこの個人主義を超えた日本の道徳性もまた強調するのだ。こうしたレトリックは第一章で確認したとおりである。

安倍氏も名前を連ねる日本会議のメンバーの一人、舞の海秀平（元力士・大相撲解説者）は、「平和ボケ」や「自虐史観」をもたらすアメリカ製の日本国憲法が日本をダメにしたと語りながら、国禁を犯して海外渡航に挑戦した際に詠んだ吉田松陰の「かくすればかくなるものと知りながらやむにやまれぬ大和魂」に「男」として憧れると言う（舞の海 二〇一五：二〇頁）。家族はおろか国家を護るために身を犠牲にする精神の崇高さが、靖国神社や「英霊」を何度も言祝ぐ中で強調されている。

男らしさの前景化は二〇〇〇年代前半における「バックラッシュ」とも称されるフェミニズムへの激しい攻撃とも表裏をなしている。それは「行きすぎた」個人主義や女性の権利主張に対する強烈な反動であり、こうした傾向のなかに排外主義的ナショナリズムと呼ばれる在日朝鮮人に対するヘイトスピーチを位置づけることも可能である。個人主義や女性の権利を抑制し、外国的なるものを排撃する姿勢は戦前に見られた動きであることを本書は何度も確認してきた。その政治的なグロテスクさは日本の誇りや優秀さという美辞麗句で覆い隠される。

こうした傾向の一つの到達点として挙げられるのが、新しい歴史教科書をつくる会と、それから袂を分かった教科書改善の会による教科書である。安倍氏は野党議員だった二〇一一年、育鵬社教科書出版記念行事で「特別挨拶」を行い、「新しい教育基本法の趣旨を最もふまえた教科書が育鵬社」だと語っている。ちなみに新しい教育基本法を作成したのは第一次安倍内閣であり、もう少し言えば、安倍氏は「日本の前途と歴史教育を考える議員の会」の主要メンバーである。さて、育鵬社は『13歳からの道徳教科書』(二〇一二年)と『はじめての道徳教科書』(二〇一三年)の二つの道徳教科書を出版した。道徳教育をすすめる有識者の会代表世話人の渡部昇一は、道徳を「先人や他人の行為を見て「美しい」と感じることができる時に、その行為につけられた名前」(二〇一二:四頁)とし、偉人伝、伝記をとおし「良いイメージ」(二〇一三:八頁)によって児童や生徒に生きる目標を与えるのだと記す。もちろん、生きるヒントや目標を与える人物伝なら世界中に存在するので、教科書では主に米欧の人物伝が採用されている。

しかしたとえば『はじめての道徳教科書』の表紙は富士山と桜の写真であり、表紙を開いて第一の口絵が千本松原と富士山の写真、その次が赤穂浪士討ち入りのイラストであることからうかがえるように、この教科書において強調されているのは、日本精神なるものの崇高さである。渡部は戦後の日本の教育は知識の教授と「「心」の優しい人間を作るのには熱心」だが「肚」（道徳教育をすすめる有識者の会二〇一三：四頁）を作ることを軽視してきたと言う。肚は使命感、根性、勇気、気概、突破力であり、「自分たちの両親の代や、その前の代、そして先祖代々の立派だった人間、「肚」のあった人間のことを教えなければ、人間や日本人の素晴らしさ、「肚」などをイメージすることはできない」（五頁）と書き付ける。その肚の象徴的人物として忠臣蔵と大石良雄を挙げるのだ。『はじめての道徳教科書』では「道徳のキーワード　義と肚」として「忠臣蔵――大石良雄」、「道徳のキーワード　学問の道」として本居宣長に「先生、私は仏教や儒教が外国から入ってきたことで、日本人は知らず知らずのうちに日本人本来の心を失ってしまったのではないかと考えています」（二二四頁）と語らせる「松阪の一夜――賀茂真淵と本居宣長」、さらに「郷土や我が国の伝統と文化を大切にし、先人の努力を知り、郷土や国を愛する心をもちましょう」という目的で記された「伊勢神宮――式年遷宮と日本人の心」のほか、新渡戸稲造と『武士道』の紹介において忠義も書き込まれている。

育鵬社の道徳教科書において特筆すべきは、こうした偉人伝や説明が特定の解釈によって作られているものであり、決して歴史的な事実を紹介することに重きを置いていない点である。渡部自身も「伝記というのは誇張された部分があることも確か」（前掲二〇一三：八頁）、「心の動き」「人間的な部分」は誇張されている部分もあるのだが、それこそが影響力を持つのだと記す。史実ではなく社会的要請に応じた物語の解釈を優先する態度は、第三章で記した南北朝正閏論でも確認される。そしてこれにより日本人の精神性がより効果的に教授されるのである。

『13歳からの道徳教科書』に後書きを寄せた武蔵野大学の貝塚茂樹は、一九六〇年代からの高度経済成長期において家族や地域社会の共同体の解体が「他者」との関係の希薄性を生み出していることに警鐘を鳴らし、また戦後民主主義の下での教育を批判しながら、道徳教育の必要性を訴えている。家族や地域社会や国家の解体が、子どもの規範意識の低下をもたらしたと言い、さらに自殺率の増加との関係もほのめかしている。「日本が溶解していく」（二七二頁）。グローバル化にともなう日本の危機を主張しながら、「日本人が古から大切にしてきた」、「日本の伝統と文化に貫かれている根本的な徳」であり「人々のために尽くそうとする心」である「清明心」（二八〇頁）を道徳で提示する。本書での問題意識からすれば、次の三点が指摘できる。すなわち（一）こうした日本の危機という考えは少なくとも幕末から何度も繰り返されてきたフレーズであること、（二）こうした「人々のために尽」くす公徳心という考え方が戦前の日本精神や武士道などで主張されていたこと、（三）関係を結び直すべき「他者」が日本人内部のものであり排外主義と表裏を成す。肚や日本人の強い精神性といった同調圧力や男性らしさの強調が自殺者を生み出しているのではないかという問いかけは入る余地がなさそうである。

こうした一連の「公」なるものの前景化と戦後民主主義の否定、さらに日本らしさのせり出しは、日本会議や自由民主党の憲法改正案にも見つけることが容易である。憲法学の解釈は本書の範囲を超えているために控えるが、少なくとも本書の関心内では日本会議の改正案にある次の二つの文章を挙げておきたい。

前文　我々日本国人は古来、人と人との和を尊び、多様な価値の共存を認め、自然との共生のうちに、伝統を尊重しながら海外文明を摂取・同化することにより独自の文化を築き、天皇と国民が一体となって国家を発展させてきた。（大原・百地　二〇〇一：四三頁）

国民の権利及び義務
（一）憲法で定める自由及び権利は、国政上、最大限尊重されなければならない。同時にそれは、権利の濫用の禁止、他人の権利の尊重及び公共の福祉の実現のため制限され得る
（二）自由を享受し、権利を行使するに当たっては、自助努力と自己責任の原則に従うとともに、公共の福祉の実現のために努力する責任を負う
（三）現代国家にふさわしい権利や義務規定を採用する（七四頁）

前文は戦前の国体や日本精神の考え方そのものである。また国民の権利及び義務では個人の権利の濫用や「他人の権利」というのが何を指しているのか不明で、戦前の全体主義とも類似している。しかも権利の行使は自助努力と自己責任の原則に従うというのは、国家による福祉の責任を自己責任にすり替える新自由主義的な発想である。付言するなら、公共の福祉と言いながら、福祉一般を新自由主義的な政策によって切り捨てる傾向が強まっていることは矛盾である。

愉楽としての大和魂

こうした現代人に大和魂を問うものとして百田尚樹が二〇〇六年に出版し、二〇一三年には映画として公開された『永遠の0』を取り上げたい。話を先に進める前に確認しておくと、二〇〇〇年代、普通の若者男性を主人公に据えた第二次世界大戦の邦画が作られ、そこでは戦争の悲劇が男たちの友情の物語と結びつくことで、戦争の不条理さが、無意味さが覆い隠される傾向がある（福間 二〇一五）。『永遠の0』は名もなき国民の物語であり、その意味ではこの系譜にある。

ストーリーを簡単に整理すると次のとおりである。司法試験に落ち続けたことで、自信を失い、定職に就かずにいた主人公の佐伯健太郎は、フリーライターの姉と実祖父の宮部久蔵について調べ始める。宮部久三は健太郎と同じ二六歳のとき特攻兵として戦死していた。祖父の知人を訪ね歩く中で、ある人たちは戦闘には参加しない「海軍航空隊一の臆病者」、「何よりも命を惜しむ男だった」と祖父を描写する一方、別の人たちは残された家族や下士官らの行く末を思い、命を大切にすることを説く人物だったと描写する。戦局が厳しくなり、特攻部隊が編成されるようになっても、教え子たちには生き残ることを力説するが特攻部隊で名誉の戦死を遂げる教え子が出始めると、精神的に激しく消耗していく。そして久蔵は、鹿屋海軍航空隊の鹿屋飛行場から特攻のために出撃し、米空母に突入することになる。宮部は出撃の直前、自機の異常に気づき、部下の大石賢一郎と航空機の交換を申し出る。不時着したため生き残ることになる大石には、宮部より妻と娘を託すメモ書きが残される。戦後、彼の妻と娘を訪ねた大石は、宮部の妻と結婚する。主人公の青年はこうした一連のことを知り、国を護る行為が、家族をまもる行為でもあり、そうした命のつながりの中に自分が生かされていることを知る。

小説と映画で厳しく批判されているのは戦後民主主義である。小説では特攻をテロとする自虐史観の新聞社が、映画では第二次世界大戦のことを知ろうともせず特攻をやはりテロ呼ばわりする、おしゃれなレストランでワインを傾けながら女性とコンパにいそしむ軽薄な若者。自分たちが生かされている「歴史」を知らず、自分たちの先祖を自虐的に語る者たちは、「自虐史観」の権化なのだ。

映画ではこのコンパを抜け出した主人公は夜にもかかわらず豪雨の中、暴力団組長の景浦の邸宅へ祖父の話を聞きに行く。前回に会ったときには「へらへら」した軟弱さが景浦の怒りを買い追い返されたが、今回は「男」の「いい面構え」なった主人公に感心した組長が主人公の祖父の話を聞かせるとストーリーが展開していく。主人公は過去を知ることで、そして現代の潮流に背を向けることで成長するのである。

小説ではまた主人公のほかに、元海軍飛行兵曹長、井崎源治郎の孫の男への成長が描かれる。彼は当初、言葉遣いが荒く、金髪にアロハシャツ、そして派手なペイントが施されたヘルメットを持って登場する。享楽に耽っていたこの青年が、祖父の戦争経験を聞いて、泣きながら回心し、その後の井崎の葬儀時に至っては髪を短く、黒く染め直し、礼儀正しい青年に矯正される。それを見た主人公佐伯健太郎も、「人々のために尽くしたい」（五〇四頁）と弁護士を志した気持ちを取り戻す。さらに小説では景浦の話を聞き終わったのち、玄関まで見送りに来た用心棒の青年が「いい話を聞かせていただきました」（五〇二頁）と深々と頭を下げる。

「男」になった者たちが知ったのは、大和魂である。しかしそれは単純に国を護るための魂ではない。作者の百田は小説にだけ登場する元海軍中尉、伊藤寛次に「そして実は我々日本人もまた、天皇陛下のために命を懸けて戦ったのではありません。それはやはり愛国の精神なのです。」（一一五頁）、元海軍少尉の岡部に「自分が死ぬことで家族を守れるなら、喜んで命を捧げようと思いました。」（四一二頁）と語らせる。無名の兵士は家族をまもるために戦ったとされる。それにより自分がここにいま在ることが、自らの祖父を含む過去の日本人たちの決意によって与えられたものであることが強調される。

映画のラストシーンの少し手前、宮部久蔵に妻と娘を託された大石から、第二次世界大戦後の状況を聞いた佐伯健太郎は、自分の母、姉と暑い日差しの中、歩道橋を歩いている。健太郎の目には、現代の幸せそうなカップルや親子連れが飛び込む。そのとき、幸せそうな人びとの上を、笑みを湛えて零戦に乗る宮部の幻影を佐伯は見る。その後、回想場面を挿入しながら宮部の特攻のラストシーンとなる。宮部が命を賭して残した希望は、現代に生きる男、佐伯に引き継がれる。家族の、血のつながりは私的なものであり、かつ詩的なものである。この「シテキナモノ」が戦争という公的なものと接続されることで、単純な戦争賛美でない形式を取っているがために戦争が否定できなくなる。そこでは血によって引き継がれる精神もまた強調されているのである。

単純な戦う精神とは異なる、愛するもの、家族を守るために戦う精神。小説の宮部も、宮部の妻の松乃と再婚した大石賢一郎も、家族をまもる。その力強い決意は映画のラストシーンは宮部久蔵の突撃シーンで確認される。岡田准一扮する宮部は抜群の航空技術で空母に接近。繰り返し銃撃しても被弾しないゼロ戦を前に、米軍が右往左往する中、操縦桿を握りしめ、不敵な笑みを浮かべる宮部のアップで映画は締めくくられる。小説では宮部の体が二つにちぎれている。決して英雄的な死ではないものの、家族をまもる男たちの高貴な死が讃えられるのである。

まもられるのは女性である。小説、映画ともに、女性はつねに脇役で受動的であり、耐える、待つ、受け入れる。女性に対する復古主義的な理想像の典型である。

二〇〇六年より小説は爆発的なヒットを飛ばし、版を重ねている。二〇一三年に映画が公開されると七〇〇万人をこえる観客を動員した。それは大和魂や日本人の崇高な精神が愉楽をとおして現代の日本人に受け入れられてきたことを示している。この状況について、作家の石田衣良は「君たちは国のために何ができるのか、と主張する」「右傾エンタメ」が人気を獲得する状況を指摘する（『朝日新聞』二〇一三年六月二二日付）。

『永遠の0』のみならず、『男たちの大和／YAMATO』（二〇〇五年）、興行的に成功したとは言いがたい『俺は、君のためにこそ死ににいく』（二〇〇七年）もまた、戦争の理不尽さを強調する一方、愛するもの（家族や女性、子ども）のために戦って死んだ名もなき青年たちの崇高な精神と団結を描き出す。それは今を生きる日本人に、自分の存在はいったい何を犠牲にしたものなのかを思い知らせ、そのために自分は何をすべきかを問いかける。そして第二次世界大戦を描いたものにとどまらず、『ミッドナイトイーグル』(二〇〇七年)では民間人が家族を守るために、しかもその結果として国家のために命を捧げる。それは「ごくごく私的な感情が「結果的に」公的で国家的な行為へと帰結」(須藤 二〇一三:一九八頁)するものである。

戦時中は戦争の理不尽さが強調されることはなかった。しかし、本書で記してきたように、悲劇的な死を迎えながらも国のためにこそ死に行く者たちを前景化することで、「日本人として君は何ができるか、すべきか」を問いかけてきた。それこそが全国民の楠公化であり、日本人の心性としての大和魂だった。日本兵の多様な声や葛藤は、戦時中だけでなく、第二の戦後をとおして、一つの大きな美しき、崇高な物語に回収されてきた。戦争の理不尽さを強調しながらも、その中で「愛する者」「家族」をまもるために立ち上がる「男」。それは今を生きる日本人の「誇り」を回復させる快楽なのだ。

しかもこうした戦争や戦闘の映画、さらにテレビドラマでは自衛隊の軍艦や戦闘機が使用されている場合がある。防衛省が協力を決定した「自衛隊協力映画」(須藤 二〇一三)は一九六四年の『今日もわれ大空にあり』から始まる。六八年の『ジェットF104脱出せよ』以降は八九年まで中断され、それ以降は右に挙げた映画のほか、『ゴジラ』シリーズや『ULTRAMAN』(二〇〇四年)から『名探偵コナン絶海の探偵』(二〇一三年)なども、自衛隊の全面協力のもと作成された。全面協力とは、撮影にて使用される制服やヘルメット、無線機などから偵察用オートバイ、戦車、ヘリコプター、戦闘機、イージス艦などに至るまでの自衛隊の無償提供から、俳優や監督の体験入隊や演技指導までを含む。もちろんこれらの購入費や使用にかかる経費はすべて国費であり、これにより制作会社は巨額のセット代やCG作業代がカットできる。シナリオの改変を協力の条件とすることもあり、防衛省や自衛隊のイメージアップのため、だけでなく、観衆にある特定の考え方を普及させるという効果も否定できない。

三　大和魂の物質性

愉楽としての大和魂は物質的にも提示されている。現代において英霊が示した大和魂の粋、忠孝の事績を日本人に事物をとおして提示する、東京都の九段下の靖国神社横に位置する遊就館はその一つだ。靖国神社は桜の名所であることもあり、春には多くの人が花見ついでに本館に立ち寄る。決して愛国心に燃えた人だけでなく、東京への旅行者や、過去の日本の歴史を知りたいと考える若者も来館し、遊就館の提示する「真実の歴史」を知る。問うべきは「真実の歴史」とは何かではなく、どのようにして真実となったかである。

一八八二年に開館したこの館は戦前から史的な武器や戦利品の陳列を通して、戦争と軍事の歴史を展示してきた。しかし二〇〇二年に展示を全面的に刷新し、近代以前の軍事史の展示が縮小され、代わって日本がアジアを侵略する欧米列強に対して自衛のために戦ったという歴史観が強調されるようになった（丸山二〇〇七）。クローズアップされるのは、幕末の志士からスタートする日本男児の「歴史」である。すでに別著『戦争と広告』で遊就館と聖戦イメージの関係を論じているが、ここでは館における大和魂展示を見ていきたい。

大和魂の展示に進む前に、遊就館の名の由来を確認しておこう。この名は「荀子」勧学篇の「君子居必択郷、遊必就士」（君子は居るに必ず郷を択び、遊ぶに必ず士に就く。意味：君子は、住む場所は必ず環境のよ

戦前の遊就館と現在の遊就館。遊就館はイタリア人のカペレッチによって設計された。

い所を選び、清廉な人物と交わる）という文言に由来している。遊就館の発行する『靖国神社遊就館図録』（第五刷）は次のようにその名の意味合いを説明する。

> 館名の「遊就」は、高潔な人物に交わり学ぶという意味ですが、展示された一つひとつの品々には、遊就館と命名した先人の願いや「安らかな国づくり」のために尊い命を捧げられた英霊の「まごころ」がこめられています。
>
> 愛する祖国、愛する故郷、愛する家族のために、尊い命を捧げられた英霊の「みこころ」やご事跡に直接触れることによって、日本人として忘れてはならない、さまざまな事象や歴史を学ぶことができるのではないでしょうか。

遊就館は日本の英霊の「まごころ」や「みこころ」に触れることができると言う。この、まごころやみこころこそが、第二章で見てきたように「大和魂」なのである。ただし、非物質的なまごころやみこころに「直接触れる」ことはできない。「ご事跡」を介してなら触れることができる。どのような物が選ばれ、それらが説明されているのだろうか。

展示室一「武人のこころ」がある。部屋に足を踏み入れると、薄暗い室内の中央部に置かれた「元帥刀」が目に飛び込む。皇室から下賜されたこの刀には菊の紋が彫り込まれている。刀の下には一八九八年の「元帥府条例」制定以降、三〇名に元帥の称号が授けられ、元帥刀が下賜されたという説明が記されている。刀の背後には草書体で賀茂百樹による次の短歌が草書体で記されている。

いくさ人　ささぐる剣の　光より　ひかりこそいづれ　国の光は

国の光は戦いに命をかけた「いくさ人」の光から出るのだというこの詩は、戦う命の積分が国であるという考えに基づいている。そして遊就館において展示されるいくさ人は、男の「武人」「軍人」である。「英霊」として祀られていない女性や子どもはここには登場しない。国家と成年以上の日本人男性との関係が強固に見せつけられるのである。

それを感じることができるのが元帥刀の左横のパネルである。ここには「君子　居必擇郷　遊必就士」（意味：君子は居住地の土地柄を選び、清廉な人物と交わる）という漢詩の下、三〇人の元帥の肖像が環状に置かれる。環状に置かれる肖像はどれも同一の位階にあり、しかもその円には中心があることが言外に意味される。その中心には何もない。空白で不在の何かは、自明のものでもある。すなわちそこには国体、皇室、天皇が不可視のまま存在するのである。天皇と男性の元帥、その下には国民たちが連なる。

肖像の下には次のようなキャプションが添えられる（文意を変えないように適宜句点を打ち、行をつなげ、また段落に分けている）。

建国より二千六百有余年。東海の美しい列島に、我が国は独立して文化をはぐくんできた。しかしこの独立は当然にしてあったのではない。大八洲と称されるこの国土には、歴史上いくつもの戦いがあった。世界史の大きな潮流のなかで、必死にこの国を守り支えてきた先人たちがいた。この国の自存独立が危うくなったときつねに矛をとり第一線に赴いたつわものたちがいた。つわものたちは国家の命ずるところに殉じた。

国の鎮め。命をかけて国を護り、郷土を守り、家をまもり、近代日本の礎となった将兵たちのいさおしをたたえ、霊を慰め、安らかに鎮まるのを祈るところが靖国神社である。この聖なるところに遊就館は建つ。

「君子、居るに必ず郷をえらび、遊ぶに必ず士に就く」。「荀子」勧学篇から、この館は名づけられた。先人の魂にふれ、その志についてまなぶことは、現代に生きる日本人の生き方である。

最初の段落は、日本が政治的にだけでなく文化的に独立していたこと、それが先人たちの戦いによって維持されてきたこと、先人たちの戦いは「世界史」の潮流の中で避けられないものであり、自衛のためだったこと、そして彼らは国の命令は絶対であることを伝える。日本を越えた大きな歴史的な潮流で、外敵がやって来た。その侵入を防ぐために「必死」に闘ったという。

第二段落では、国、郷土、家という相異なる地理的スケールが登場する。一番小さく日常生活の基盤であり、またそこでこそ次世代の生命が再生産される家。行政単位としてだけでなく、自宅や村周辺のスケールであり、友人や愛する人たちの存在する郷土（ただしこの郷土がどの程度の範囲なのかは不明である）。そして国民として帰属すべき最大のスケールである国家。これらを防衛するために男たちは闘う。そこで興味深いのは「護る」「守る」「まもる」の違いである。護国神社、護衛官などのように「護る」は制度や組織の公的な防護で用いられる。「守る」はそれよりもややくだけており、ひらがなの「まもる」は私的な感情をともなう防御を意味する。国家こそが戦闘によって公式に守られる。それによって、それより小さなスケールである郷土や家が守られるのである。それは第二段落が、「国の鎮め」という体言止めで始まることからもうかがえるだろう。

第三段落は遊就館の語の由来を説明し、この空間を拝観することの現代的意義を説く。それは日本人の現在の生き方に指針を与えるとされる。

この文章の右には孝明天皇の「矛をとりて　守れ宮人　九重の　御階の桜　風にそよぐなり」、左には昭和天皇の「峰つづき　おほふむら雲　ふく風の　はやくはらへと　ただいのるなり」という二つの詩歌が置かれる。また、この部屋の四隅にも短歌が置かれている。宗良親王「君がため　世のため　何か惜しからむ　すててかひある　命なりせば」大伴家持「海ゆかば　みづくかばね　山ゆかば　草むすかばね」三井甲之「ますらをの　悲しきいのちつみかさね　つみかさねまもる　大和島根を」本居宣長「敷島のやまとごころを　人問はば　朝日ににおう　山桜花」であり、命を惜しまずに戦う男たちの心意気が、情緒的に歌われる。こうして大和魂の美学が褒め称えられるのである。

忠臣の足跡

必ず拝観しなければならないこの展示室を出ると、六〇分ですべて見て回るコース、九〇分のコース、一二〇分のコースに分かれる。一二〇分コースの場合、展示室二「日本の武の歴史」に足を踏み入れる。ここには古代から近世に至る次の武人たちの絵や武具が展示されている。神武天皇、日本武尊、神功皇后、坂上田村麻呂、源義家、源頼朝、北条時宗、新田義貞、楠木正成、織田信長、豊臣秀吉、徳川家康、徳川光圀、大石良雄。彼らに関する事物が陳列されているのである。

「日本の武の歴史」を謳うものの、それは決して客観的な「歴史」ではない。まず、神武天皇、日本武尊のように実在しない人物が紹介されている。彼らは日本の起源を提示するのに重要である。次に天皇や主君に重要な貢献をした人物が選ばれている。新田義貞、楠木正成、忠臣蔵の大石良雄のような忠孝の士、国学の水戸学を興した徳川光圀などが選ばれる一方、南朝から北朝に寝返ったとされる足利尊氏のような「逆臣」は選別されない。すでに何度も説明してきたように楠木正成は明治時代以降、国民に大和魂や忠孝の概念の範を示した人物として称えられる。徳川光圀は「武」というよりも国学を主導した人物であり、位階や武人であるかを問えば、やはり家老の大石良雄は不相応ではある。しかし本書で見てきたように忠孝という視点から見れば、この人選には首肯しうる。このことはつまり、遊就館が決して武を示すのではなく、忠孝精神、ひいては大和魂を示す空間であることを明らかにしている。

展示室三「明治維新」からは近代以降の歴史解釈が展示される。国防のための軍隊整備、日清戦争、日露戦争、満州事変、支那事変、大東亜戦争も他国から日本を守るために避けられないものだったという解釈である。とりわけ「大東亜戦争」という語を一貫して用いていることは、欧米列強の白人によるアジアへの侵出からアジアを護る正義の戦争だったという解釈を前提する。そしてこの中で大和魂を持って戦った英霊にまつわる、絵画、写真、手紙、武具、軍服などがガラスケースの中に陳列されているのである。

「大東亜戦争」での敗色が濃厚になっていく過程を展示する展示室一三「大東亜戦争三」以降は、大和魂が劇的に見せつけられる。ミッドウェイ作戦の戦争画写真「提督の最後」、ガダルカナル作戦の「ガダルカナル島で第三十六師団団長佐野忠義中将、出撃する大野斬込み挺身隊と別れを惜しむの図」は、決死の覚悟で出撃する男たちを静かに描き出す。後者はジャングルで最期の別れをする戦死たちの上に、光が射し込む崇高な風景である。

ニューギニア作戦の説明書きには次のように記されている。

後に新設された安達二十三中将率いる第一八軍が、人間の限界をこえた苦闘に耐えて、アイタペで終戦を迎えるまで戦い抜いた作戦である。この間に発揮された崇高な人間性は、ブナの玉砕、ダンビールの悲劇、サウワケット山系の縦断などに多くの逸話を残した。

また、北東方面（アッツ・キスカ）の戦いでは「英魂トトモニ突撃セン」、アリアナ決戦における南雲中将の訣別の電報、小畑中将の自決に際して遺された文章の一節「われ身を以て太平洋の防波堤たらん」、隼戦闘機の西川大将の遺品であるゴーグル、飛行帽、落下傘の一部。硫黄島作戦の中で「壮烈な戦士を遂げた」栗林大将が愛娘に送った「いつ帰れるか分からない、帰れないかも知れない」という手紙、「米国民に感動をもって読まれたものという」アメリカの誤りを指摘する市丸利之助海軍中将による「ルーズベルトに与ふる書」。こうした事物たちとその解釈文が「現代に生きる日本人の生き方」として大和魂を伝えるのだ。

とりわけ、若者の殉死は崇高な行為として賞賛される。沖縄作戦における学徒隊の編成のキャプションでは「米軍の包囲下、学徒たちは、國頭への突破を企画し、あるいは戦火に斃れ、あるいは自決を選び、多くの尊い命が失われた」とある。彼らは敵に殺されたか自ら死を選んだのだと説明される。名字不明の良兼という少年が両親へ宛てた遺書では「自分の体は自分のものではない陛下の赤子なのだ。生を皇国日本に得て国の為に身を捨てるのは惜しまない。それが当然なのだ」とあり、それが展示ケースの中で強烈なメッセージを放つ。いずれも特攻兵器（航空機・機雷・魚雷）である桜花、伏龍、回天に乗り込んで敵機、敵艦めがけて特攻する菊水作戦では

いずれも「七生報国」といった、わが国古来の霊魂不滅の死生観と武士道精神に支えられ、国家、民族の存亡の危機に際して表出した、壮絶な戦法であった

と解説される。戦争は強いられたもので不可避であり、日本人が古より培ってきた精神、大和魂が戦争において表出する。それが近代に作られたものであることは一顧だにされない。

そして展示室一六「靖国の神々一」から始まる英霊の肖像たち。わけても展示室一八は学徒出陣、特攻で命を落とした青年の肖像や遺書、遺品が大和魂を現代に生きる人びとにまざまざと見せつける。学徒出陣のパネルには、

天翔り行く男の感激と別離の情
自分が弾丸ですもの
近くの山に咲く桜花は榮の立派な生れ変った姿です

人生二十五年を真紅に飾ります

と、最期の言葉が並べられる。念のために確認すると、戦時中軍隊においては手紙が検閲されていた。その言葉どおり受け取ることは危険性をはらむ。しかしこの手紙の検閲に対しては沈黙を保つ遊就館。

さらに、残された「家族の思い」のコーナーには母から亡くなった子に「母は心から誉めてあげますよ」という言葉、妻から夫に「天国に行ってしまったあなたは、今どうしていますか」という言葉が並ぶ。すべて女性から男へ向けられた思い。さらに遺族から死者へ向けられた言葉を収めたケースが振り向いたところに並ぶ。母、妻、子どもから死者への手紙が展示されるが、不思議なことに、息子から父という例を除いて、父親や同僚といった男性から兵士への手紙は一つもない。これは二つの解釈が可能である。すなわち男が女子どもを守るのであり、それに対して女性が手紙で感謝を伝えるというもの、そして女は傷ついた男を受け入れ癒やすという保守的な性的役割を担っているというものである。

遊就館の正確な年間入館者数は不明である。館をリニューアル・オープンした二〇〇二年七月から二〇〇三年二月までの七カ月で一七万人の入館者があり、現在でもかなりの人数がこの展示に足を運んでいる。大和魂や英霊を前景に押し出す歴史解釈において選別され、説明文が付されたこの展示品たちは、戦後七〇年以上を過ぎてなお、というよりも過ぎたからこそ、大和魂を現在に伝えるのだ。

四　人間あらざるものと日本的なるものの現在

外来種なるもの

強烈な国民アイデンティティはときにその反動として異国的なるものへの強い嫌悪感を醸成させる。もちろん、筋金入りの国粋主義者であれば、あらゆる異国的なるものは排斥せねばならない。しかし多くの人にとってその嫌悪感は何気ないものであり、すべての異国的なるものに嫌悪感が向けられるわけではなく、異国的なるものの選別は状況依存的である。戦前において一方で西洋に強烈な憧れを抱きながら嫌悪し、他方でアジアを同胞と見なしながら嫌悪したように。あるいはナチスドイツにあるときは親近感以上の感情を抱きながら、そのイデオロギーや所為を別の時には忌避するように。ここでは再度、第三の戦後において日本的なるものと非日本的なるものがどのように扱われてきたのかを考える一つの例として「種」を考えてみたい。

第四章に記したように人種や優秀／劣等な種はそれらに本質的なものと考えられてきた。戦前においては日本の種は雑種的なものでありながら、日本人の精神を規定する本質と考えられてきたのに対して、戦後においては日本人種を単一種と見なす傾向が強くなった。しかし日本種とは決して人間だけに限定されるのではなく、日本に生きる動植物にも適用されてきた。人間あらざるこれらの種は、どのように一九九〇年代以降の日本的なるものを構成しているのだろうか。

そもそも固有種という概念はそれを脅かす外来種という概念と表裏をなしている。すなわち最初から固有種というものが強く意識されていたのではなく、外来種による侵入を経て強く意識される。外部からやってくる外来種は、その土地固有の「生物多様性」を攪乱する。外来種は「帰化種」「移入種」とも称されてきたが、以下では特別な場合を除き、これらを「外来種」と記述する。

まずは外来種と生物多様性の概念化過程を記しておこう。世界的に外来種への警戒が議論されたのは一九八〇年の世界自然保護基金・国際自然保護連合・国連環境計画が発表した「世界環境保全戦略」であり、ここで環境保全を阻害するものとして外来種の侵入が触れられる。この時にはまだ生物多様性という造語は存在せず、一九八五年にこの語がアメリカで作られた。そして一九九二年に作られた生物多様性条約の第八条において、外来種の制限、規制が書き込まれたのだった。こうして外来種の侵略と生物多様性の保全という枠組みが世界的にできあがり、一九九〇年代前半に外来種の移動規制が図られ、二〇〇〇年代には侵略的な外来種のリストが作られるようになるなか、日本では一九九五年に生物多様性国家戦略が閣議決定され、二〇〇〇年に移入種問題の政策的検討が開始される。そして二〇〇二年の「新生物多様性国家戦略」において、開発や乱獲など人間活動にともなう負のインパクトによる生物や生態系への影響、里山の荒廃等の人間活動の縮小や生活スタイルの変化にともなう影響に次いで、移入種等の人間活動による影響が第三の危機として記された。二〇〇四年には特定外来生物による生態系等に係る被害の防止に関する法律が公布され翌年に施行される。

こうして日本において政策的な取り組みと制度的枠組みが形成されるのに併せて、生物学者ら専門家たちによって外来種による日本の生物環境の攪乱もまた一九九〇年代に急速に議論されていった。当初は「帰化動物」「帰化植物」と呼ばれ、また植物を中心に異種の侵入が論じられてきたが、一九九〇年代初頭より日本的な生態系、生物多様性の攪乱や崩壊をもたらすものとして移入生物、外来生物が論じられていったのである。主だったものを記すなら、「特集　帰化動物　そのたくましき生態」（『アニマ』二〇八号一九九〇年一月)、「特集　崩れゆく日本の生態系　山河が樹か動植物に侵略される⁉」(『フィールド&ストリーム』一九九一年六月)、「特集　移入生物による生物相の攪乱」(『関西自然保護機構会報』一八—二号　一九九六年一二月)、「特集　移入生物による生態系の攪乱とその対策」(『日本生態学会誌』四八—一号　一九九八年四月)、「特集　外来生物と生物多様性の危機」(『遺伝』五二号　一九九八年五月)であり、一九九〇年代の半ばから移入生物、外来生物といった外来種による日本の生態系破壊が次第に強い調子で唱えられていくことが分かる。

そもそも一九五〇年代末から次第に日本社会で顕在化してきた環境破壊は、人間による開発が引き起こしたものであった。この過程で多くの種の存在が脅かされてきた。しかし一九九〇年代には人間による乱開発よりも外来種による脅威の方が大きく取り上げられるようになった。

当初は日本における絶滅危惧種がリスト化されていった。一九九二年の日本植物学会によるレッドデータは絶滅危惧の植物をリスト化した。『マンガ　動物たちの仁義なき戦い』(一九九四年発行　講談社)は外来種による日本の危機を一般読者向けにイラスト付きで解説したものである。そして二〇〇二年、日本生態学会の創立五〇周年事業の一つとして『外来種ハンドブック』が出版された。これ以外にも先に紹介した学術雑誌などで絶滅危惧種の固有種と外来種がリストアップされており、こうしてデータベース化がこの時期に進められたのである。

『外来種ハンドブック』の巻頭言において当時の会長は次のように記してある。

生物多様性の減少をもたらす最大の脅威は、生息地の破壊や改変とともに、外から侵入して広がる外来種なのです。外来種は、もともといた生物を滅ぼし、病気を持ち込み、生態系を改変するなど、さまざまな悪影響を与えます。しかも、外来種がいったん侵入し定着に成功した場合には、もとに戻すのは簡単ではありません。（日本生態学会編 二〇〇二）

生物多様性の減少をもたらす最大の脅威が外来種なのかどうかは分からない。ただし、二〇〇二年の「新・生物多様性国家戦略」では、外来種による生態系の攪乱は、前述のように開発や乱獲など人間活動に伴う負のインパクトによる生物や生態系への影響という第一の危機、里山の荒廃等の人間活動の縮小や生活スタイルの変化にともなう影響という第二の危機に次ぐ、第三の危機として位置付けられていた。もちろん、外来種による生態系への影響の大きさは否定することはできないし、外来種の移入は防がれる必要がある。しかし、ここで問題にしたいのは、外来種と十把一絡げにしてその悪影響を論じる姿勢は、侵略的外来種とそれ以外の外来種の区分もなくかなり乱暴であり、しかもこうした語り方自体が、この時代に共通して見られるようになったことである。イラストで外来種の侵入を紹介する『動物たちの仁義なき戦い』の後書きには

だが、もっと重大な問題も含んでいる。帰化動物が繁栄することによって、その土地に本来いた野生動物の種の絶滅に結びつく可能性があることだ。「帰化動物だって同じ一つの命をもって一生懸命に生きているのだから可愛そうではないか。悪いのはそれをした人間だ」と考える人もいるだろう。しかし、種の多様性の保全が叫ばれている現在、可愛そうだとか、誰が悪いかなどと言っている場合ではない。一種たりとも野生動物を絶滅させてはならないからである。（佐藤 一九九四：二六九）

とある。日本固有の生態系を滅ぼすある種の「悪魔」として外来種は記される。先の『外来種ハンドブック』では、外来種を国内の地理的移動を含むものとするが、実際のリストには国境を越えてやって来る外来種が非常に多く掲載されている。こうして国外からの外来種の侵入が概念化されたのだった。

固有種の風景

一方、外来種によって脅かされる固有種は特定の場所に存在してきた生物である。この固有種は日本的なるものの象徴である。

外来種に脅かされているわけではないが、絶滅が危惧されている生物の一つに鳥類のトキがある。新潟県佐渡島に一九六七年に設置されたトキ保護センターには、現在、一八三羽のトキが保護されている。学名をニッポニアニッポンと名付けられたトキは、日本を象徴する記号であり、ピンク色の体を持つトキが空を飛ぶ想像的な風景は日本が回復すべき風景と語られてきたし、そのための施設と制度も作られてきた。

一九五三年に記された佐渡朱鷺愛護会設立趣意書には、次のように記されていた。

戦時戦後における森林の濫伐、過伐、原野の開墾拡張など文化の発達に伴う人口の増加等によって、自然的生育条件の均衡が破れ、近時いちじるしくその数が激減し、種族絶滅に瀕せんとしている現状であります（佐藤 一九七八：六六―七頁）。

森林の濫伐、過伐、原野の開墾拡張がトキの生活環境を破壊したことが挙げられている。トキは害鳥として駆除されたり、人間によって食されたりすることもあった。つまり、人間によってトキの個体数は減じたのだった。この当時のトキは「珍鳥」であった。それを当初は佐渡島で保護し、次に一九六五年新潟県教育委員会や県猟友会などの協賛を得て鳥獣審議会で「県民性を象徴」（佐藤 一九七八：七六頁）する県民の鳥へと定め、そして国家の保護対象となった。保護主体の行政のスケールが広がるたびに、トキは島から県へ、そして国家の象徴となっていくのだ。

トキの存在だけでなく、トキが生きる環境もまた日本的なるものの象徴である。トキ保護センターの目的は単なる保護ではなく、野生絶滅したトキの野生復帰であり、そのため、一九九九年に環境省、新潟県、そして佐渡島は、二〇一五年頃には六〇羽のトキが自然の中で生きることのできる環境整備を目指す「野生復帰ビジョン」という計画を作成した。そのため、二〇〇七年には、トキが自然に慣れるための訓練をする野生復帰ステーションを設置し、翌年、このステーションで訓練をつんだ一〇羽のトキを自然の中に放した。こうしたトキの野生復帰を可能にするため、佐渡島ではエコロジカルな環境整備を進めていく。そこで重要なのがエコロジカルな環境が示す日本の原風景である。たとえばトキを野生復帰させる順化施設の視覚的理念図には、里山、不定型な水田、すなわち棚田が描かれている。

世界農業遺産 GIAHS で理念的に示されるトキと田園の美。（佐渡市のホームページより httpswww.city.sado.niigata.jptopicsgihasindexindex.shtml）

そもそも日本の山林風景は近代化以降、林業の振興、材木輸出のため針葉樹によって構成されてきた。しかし一九六〇年代後半に針葉樹の植林という拡大造林政策は控えられ、代わって山林はレクリエーションの空間と見なされ、広葉樹が植樹されていった（中島 一九九八）。この過程で生態学的な重要性が認められレクリエーション活動の舞台となってきた森林が、一九八〇年代後半から「里山」として注目された。この里山は人間と環境との共生によって維持され、そこでは生物の多様性が守られてきたと紹介されるようになる（湯本 二〇一一）。棚田もまた一九九四年のジョニー・ハイマスの写真集『たんぼ――めぐる季節の物語』を契機としてブームになり、それを維持してきた農夫の自然との共生が言祝がれた。里山も棚田も経済的な価値や生産性からは一見すると離れたところに存在する。しかしそうした価値群から離れているからこそ、日本的なるものへの郷愁を喚起している。

佐渡島の農業においてはすべて有機農法によって栽培された米が、トキと結びつけられブランド化されている。トキと伝統的な農法、そして里山は、人間と自然の調和と共生の象徴としてブランド化され、消費されている。そしてこの結びつきは、二〇一一年に世界農業遺産へ「トキと共生する佐渡の里山」が登録されたことによって世界的な承認を得たのである。言うまでもなく日本には多くの「固有」の鳥類が存在し、そのなかには個体数の激減を経験しているものもある。トキはそうした日本の固有種を代表すると同時に、日本の原風景、失われつつある風景、回復すべき風景を視覚化する。いや棚田や里山と結びつくことで、それを現実の日本社会において物質化していくのだ。

トキ、里山、棚田が象徴する失われゆく自然、保護すべき自然は、受動的で不活性で、文明社会や近代社会と対置される。失われ行くものを憧憬するというのは、その場所がいつか帰るべきものものであり、いつでも日本人を癒やすという意味で安定したものでもある。しかし日本の原風景というのは「原」風景である以上、本当は変化を続けるこの社会には存在しない。その本来は存在しない風景を、こうしてトキ、里山、棚田は構成していく。そしてその原風景は日本人のアイデンティティを支えるという役割を果たすのである。

日本的なるものの不可能性

佐渡島のトキは、しかし、こうした日本の原風景という物語にとって過剰な存在でもある。なぜなら、トキという鳥を日本という閉じられた国家の種と定義することは困難だからだ。日本に生息していたトキは一地域内で越冬地と繁殖地を同一とする留鳥だと言われるが、その一部には冬季に日本海側から太平洋側へ移動していた漂鳥もいる。たとえ旅を続けるトキの「国産」を同定できたとしても、その国産トキは二〇〇三年に死亡したメスのキンが最後であるとされる。キンなどと交配するために中国から一九八五年よりオスのトキが送られてきた。一九九九年には中国からオスとメスの両方が寄贈された。しかし高齢のキンとの交配は失敗に終わる。つまり、現在、トキ保護センターで保護されているトキはすべて異国から持ち込まれたものなのだ。このような日本あらざるものを国のシンボルとして保護することを可能にするロジックが、遺伝子の類似である。日本産トキと中国産トキのミトコンドリアＤＮＡの差異は〇・〇六パーセントしか異ならないため問題がないと生物学者たちは主張し、これがトキ保護センターにおけるトキの保護を正当化している。しかし話を戻すなら、日本産、中国産のトキのＤＮＡというのはどのトキのことを指すのか。もしトキが漂鳥であるならば、ＤＮＡの近似は当然である。

確認のために記すなら、私はここでトキは中国産だからダメだと言いたいわけではない。そうではなく、日本種とは何か、人間ではない生き物や風景や事物がいったいどのような役割を、国民のアイデンティティ形成に果たしているのかということを考える必要があると主張したい。同時に、固有種を脅かす外来種についても同じである。

トキを離れて、固有種／外来種について考える中で、これらは地理の問題であることが分かってくる（念のために記すと、「地理」とは学校教育での都市名や山脈名などの暗記を指すのではなく、地表の場所、空間、風景が形成される様を指している）。第一に挙げられるのは固有種と外来種という区分の制度化にともなう生息地という場所の同定がある。新・生物多様性国家戦略は絶滅対策の強化の方策として、島嶼里地里山など絶滅危惧種が集中する場所や湿地のように全国的に減少が著しい生息地などを特定して、その保全、再生を早い段階で進めるなど、絶滅を未然に回避する予防的措置を展開すると記す。また国内希少種や生息地等保護区指定を推進し、保護増殖事業を強化し、自然公園施策等との連携を進めるとある。こうして固有種、日本種の生息地とその環境が同定され、その場所の環境と生物がそれとは異なる種の移入によって脅かされていると指摘される。

第二に、固有種と外来種をめぐる境界線の問題がある。固有種とは日本の国境内のもの、外来種は国境外のものと通常想定される。外来種の取り締まりにおける国境概念の強化は、世界的なテーマである生物多様性を管理する責任主体が、国家であることと関係している。したがって、国家として国境が所与となる。とりわけ特定外来生物を取り締まる法律では、この境界線の概念が強化されている。二〇〇四年公布の「特定外来生物による生態系等に係る被害の防止に関する法律」において「特定外来生物」は、

海外から我が国に導入されることによりその本来の生息地又は生育地の外に存することとなる生物（その生物が交雑することにより生じた生物を含む。以下「外来生物」という。）であって、我が国にその本来の生息地又は生育地を有する生物（以下「在来生物」という。）とその性質が異なることにより生態系等に

係る被害を及ぼし、又は及ぼすおそれがあるものとして政令で定めるものの個体（卵、種子その他政令で定めるものを含み、生きているものに限る。）及びその器官（飼養等に係る規制等のこの法律に基づく生態系等に係る被害を防止するための措置を講ずる必要があるものであって、政令で定めるもの（生きているものに限る。）に限るをいう（環境省ホームページより）。

と、国内のものを在来生物、海外からのものを外来生物と定義する。この移入種への対策として「新・生物多様性国家戦略」では、侵入の予防、侵入の初期段階での発見と対応、定着した生物の駆除・管理の三段階で必要な対応を推進することが記されている。特に「移入種の定着状況調査と要注意種リストの早急な作成」、「ペット等国内での移入種の利用に先立つ影響評価と利用の制限」、「輸入実態の把握と水際での管理の検討」、「飼育動物の管理の徹底」などが重点課題である。ここでは国境を越えてやってくる外来種のうち「侵略的」なもののデータベース化が進められる。それを経て、各都道府県の専門家たちにより外来生物の除去が始まる。境界を超えてやって来て領域内の種を脅かす動植物の移動は、このようにして取り締まられる。

このことは一見すると当然のことと思われるが、このいわば「取り締まりの地理」は、固有種の外来種化を考えた場合に問題含みになる。固有種は、国内の移動であっても、新たな場所の生態系を壊すのであれば「侵略」となるはずである。一般的には、鯉、アユ、ヘラブナの移動とその害はあまり議論されていない。たとえば、滋賀県の琵琶湖は固有種のゲンゴロウブナはブラックバスやブルーギルといった外来種によって数を減らしていると言われ、琵琶湖のスポーツフィッシングスポット周辺には釣った外来種を入れるボックスが設置されている。こうしたボックスは外来種による琵琶湖の生態系への脅威を視覚的に示している。しかし、ニゴロブナの減少は外来種だけでなく、琵琶湖の汚染や水位調整の影響も考えられている。棚田や里山でも人間と自然の共生が強調されていた。「地元」の加害についてはほとんど論じられないどころか、地元の漁業のエコロジーが高く評価されることも多い。滋賀県にはまた日本最古のニジマスの養殖所、醒井《さめがい》養鱒所がある。明治時代以降、日本に持ち込まれているニジマスは周辺の生態系に大きな悪影響を与えてきた。しかしニジマスの外来性は議論されず、ブラックバスの被害が強調される。場所の移動の地理で言えば、トキ保護センターには本州最後のトキも保護された。なぜこの「ノリ」と呼ばれるオスのトキは日本海の一部を越えることが赦されるのだろうか。

さらに、ワカメ、カブトムシ、コイ、キンギョといった日本の在来種の多くが海外では侵略的外来種となっていることはどれほど知られているのだろうか。日本的なるものは決して被害者であるばかりではない。

そもそも、「固有種」はどれくらいの時期そこに存在すれば固有となるのかという問いがある。江戸時代に中国から持ち込まれたコイやそれを改良した金魚は在来種なのだろうか。固有種と外来種の区分とは極めて恣意的な時間の設定であり、恣意的な境界線の設定でもある。しかしそれが本質化される。境界線の内部は均質化、安定化され、美しきものとなり、他方、外部は異質化され、恐怖の対象、醜悪なものとなる。これこそ、移入種取り締まりの「地政学」なのだ。

実は似たような問題は国境を越えてくる人間たちにも当てはまる。実際、二〇〇八年に私が三重県内に住む五〇歳以上の男女一〇人に対して行ったインタビューでは、外来種は大きく、怖い、そしてそうしたイメージを不良な「外人」による日本への悪影響と重ねる人が何人かいた。ちなみにそのうちの一人は退職したが小学校教諭（男性）だった。強く侵略的だとイメージされる外来種と外国人は、日本の生態系や社会を崩壊させるという意識を強めているのである。そしてもう少しこの異国的なるものへの不安感の系譜を遡るなら、一九八〇年代半ばにおける日本の「国際化」における外国人の流入は重要な契機である。高度経済成長期終了後のオイルショックを乗り越えるなか、日本企業は生産拠点をコストの安いアジア諸国へと移転し始めた。これも一因となり、一九八〇年代には日本社会の国際化への対応が叫ばれ始めた。たとえば一九八五年の『朝日新聞』(一九八五年六月一一日付)はリコーがアメリカ合衆国での大卒の採用活動を開始し、リクルート社が海外への日本人留学生と日本企業を結ぶ事業を開始したことを伝えている。また、一九八六年には、約一五〇〇〇人の外国人留学生が日本に来ており、うちアジア諸国が八割強を占め、当時の日本政府は一九九二年までにイギリス、西独並みの四万人、二一世紀初頭にはフランス並みに一〇万人の留学生受け入れを目指した(『朝日新聞』一九八六年四月三〇日付)。

国際化において日本のプライド高揚も見られた。一九八三年、当時の中曽根泰宏総理大臣とロナルド・レーガン合衆国大統領の「ロン－ヤス会談」以降、たがいをファーストネームで呼び合う関係性の強調は、日本がアメリカ合衆国に比肩した印象を与えた。一九八九年の盛田昭夫と石原慎太郎による『「NO」と言える日本』がヒットしたことは、当時の日本人がこうした意識を強く持っていたことを表している。

国際化は日本への外国人の流入を促進した。一九八七年一〇月三〇日付の『朝日新聞』の「金満ニッポン、増える外人犯罪」は、「「経済大国」とまでいわれる日本の繁栄ぶりを狙って来日する外国人による犯罪がこのところ目立っている」ことを伝えている。一九九〇年の入国管理法改正により「定住者」の在留資格が創設され、日系三世まで就労可能な地位が与えられると、ブラジルやペルーなどの中南米諸国からの多くの日系人が入国した。こうして日本国内に存在する人間の「国際化」が進むと、外国人への違和感と同時に、居住するのに好ましい外国人とそうでない外国人の選別が促進されていった。そしてこうした一連の動きは、外来種、移入種への取り締まりが必要だと主張される経緯と非常によく似ており、ほぼ同時期に起こっている。

ここで主張したいことはこれらが同一だということではない。絶滅危惧種の保護や生物多様性の維持と外来種の取り締まり、そして外国人の移入に対する不安はそれぞれ別の社会的文脈で生じ、問題とされた。にもかかわらず、日本人／外国人、固有種／外来種の定義がほぼ同一の時期に似たようにして行われることは、日本社会における異国なるものへの認識がこの時期に形成されたということである。しかし、種の問題で指摘したように、生物に対しては遺伝子レベルでの相似性が保証されれば移入が許されるのに対して、人に対しては許されない。もちろん、人はそれ以外の生物と同じではない。しかし、ここで問うているのは定義の、選別の形式である。そしてその意味では日本的なるものの選別や定義には大きな矛盾が存在すると言える。

日本的なるものの定義はそれでも可能なのだろうか。

「絆」の裂け目

二〇一一年三月一一日の東日本大震災とそれに続く津波は多くの尊い命を奪った。また福島第一原発の爆発は日本社会の戦後の来し方に大きな疑問を投げかけるはずだった。先に紹介した『はじめての道徳教科書』では天皇と皇后の東日本大震災被災者への祈りを伝える。また、日本会議（二〇一一）は「これだけの未曾有の大惨事に見舞われたにもかかわらず、人々は秩序を保ち冷静に行動し、他の人々への思いやりの心を忘れ」（四頁）なかった、そして「世界の人々は、このような日本人を見て最大の賛辞で称えました」と、大震災において発揮された日本人の道徳性と「日本人の誇りと絆」強調する。ここで強調されるのは「名もなき英雄」と国民から「揺るぎない感謝と賞賛の声」（四四頁）を受けた自衛隊の活動ぶりである。二〇一一年の世相を表す漢字は「絆」に決定された。

天皇と皇后の被災者へのいたわり、癒やし、祈りは、日頃のその活動内容や発言から見ても疑うことなく非政治的である。そして被災者がともに支え合ったこともまた、ともに生きることへの強い連帯の精神を表している。しかし、それらが「皇室による祈りと絆」として結びつけられるとき、ある種の政治性を感じざるを得ない。つまり癒やし慰めるの父としての皇室とそのもとで団結する国民という、あの組み立て《アッセンブリッジ》である。そしてこの組み立てが日本における保守化において、それを推進する一団によるものであることには注意が必要である。繰り返すが、私は決して天皇・皇后の祈りや、被災者による団結をくさしているわけではない。

震災後、公益社団法人ACジャパンはただちに著名人を用いたテレビコマーシャルを流し始めた。元国民的アイドルのSMAPの広告は、黒いスーツに身を包んだメンバーが「あなたは一人じゃない」「日本の力を信じている」と語る。トータス松本は「日本は強い国　長い道のりになるかも知れんけどみんなでやれば絶対に乗り越えられる」と大阪弁のアクセントで語る。SMAPは著名であるばかりでなく、メンバー同士の強い絆もまた知られていた。トータス松本の大阪弁は力強さを演出する。海外で活躍するサッカー選手たちは国民の団結の重要性を強調しながら、最後には「ニッポン、ニッポン」と連呼する。こうして災害からの復興が「日本」という国の強さに接続されていくのだった。しかもこの時期のACジャパンの広告は、席を譲ったり、節電したり、買い占めを控えるように呼びかけたりと、「道徳」の再確認も行っていた。

「絆」という言葉は絶つことのできない人と人の結びつきを意味する。動物をつなぎ止める綱から派生した語である。そこではそもそも繋がっていることが前提となっている。もちろん、被災者が友人との絆を確認しながら前を向いて生きるということもあるのだろうが、他方で「日本人」としての絆も含意されている。そして日本人としての道徳や絆が強調されればされるほど、ある種の同調圧力が強化され、「自粛」が相次いだ。イベントの自粛から避難生活における不満表明の自粛まで。あるいは省庁や施設による国家公務員給与の自主返納まで。それは別なるものがあるときに手を取り合い団結する「連帯」とは異なる、「絆」の圧力である。

とりわけフクシマ以後の人と物の移動可能性は、この国の絆の不可能性を象徴的に見せていた。たとえば避難者はときに大きな批判にさらされた。宮城県から移住した金原ひとみや俵万智らの作家は、「自分だけよければいいのか」と自主的に逃げだしたと非難される。福島県からの自主避難者も同様の批判を浴びる。さらには避難者を受け入れた福島県いわき市では二〇一二年、市役所など四カ所に「被災者帰れ」と黒スプレーで落書きがなされ、双葉町からの避難者が来てから「道路でのマナーは悪化し、病院などのインフラを無償化で湯水のごとく使うために、元からの市民が使うのに影響が出、挙句、市に家を作りつつも双葉地区に住民票を置き、自治会にも入らないという話まで聞こえ、彼らに対する陰口は絶える事」(「毎日新聞」二〇一三年五月二四日付)がなかった。当時のいわき市長は賠償額の少ないいわき市民と、賠償額の多かった避難者との間の不平等を「特にパチンコ屋とかいろんなとこが今どこも満杯。これが1年、2年たってどうなるか心配している」と報道陣に語ってもいた。賠償額の多寡は同一地区内においても家族の構成員数や家財数によっても引き起こされており、それによって近隣住民との軋轢が生じていた。避難を可能にする資産の有無、賠償額の有無や多寡が、東北地域内や福島県内においても人びとの間に分断を生み出していたのである。

二〇一三年九月に福島県川俣町で聞き取りを行ったときには、「私はこのすぐ近くに住んでいながらも、避難地区に指定されなかったために避難できなかった人たちにまず謝罪しなければなりません。でもどう謝ったらいいのか。これからこの問題と向き合っていかなければなりません」と避難者の一人が語った。賠償金だけでなく、行政による避難地区指定という制度によっても、近隣地区において人間関係の維持が困難になっていた。

人間の移動の可否は特定の要因によって引き起こされると同時に、それがある効果を社会に与えていく。震災後の移動する人間の身体と、それをめぐる社会的評価は、第三の戦後において均質化、同調化されていったこの日本社会が決して絆によって結ばれていなかったことを露呈させた。移動はある原因の結果と単純に考えられるものではなく、それは評価され、それによって当該の社会を再構成するという移動性《モビリティ》を持つのである。そしてもちろん、不可視の放射能は物化され、それによって可視化されるのであり、さらに二〇一六年の暮れには、福島県から避難した児童や生徒に対する学校でのいじめの事例が何件か報じられた。放射性物質もまた移動性を持つ。

たとえば二〇一一年に起こった岩手県陸前高田市の松と京都府の五山送り火をめぐる出来事がある。この年の七月上旬に高田松原の松を薪にして大文字送り火で燃やす計画が明らかになると、「放射性物質は大丈夫か」などの声が京都市や大文字保存会に寄せられた。京都市の要請で保存会は薪を検査し、その後に放射性物質が検出されないことを確認したのだが、結局、保存会では意見がまとまらず、計画中止が決定された。すると今度は三百件以上の中止への批判や抗議が京都市に殺到した。八月、大文字保存会が別の薪を燃やすことを決めるものの、今度はその薪から放射性物質が検出されたとして、計画の中止が発表された。この一連の出来事は、被爆の可能性があると想像された物質の移動が、どのように社会によってその動きを止められるのかを表していると同時に、被爆した物質の移動が「フクシマ的なもの」への不安感と恐怖を刺激していることを示している。

被爆可能性を持つ食の移動をめぐる相克もまた重要だ。東北産の食物はたとえ放射能が非検出や基準値以下とされても、それがどの測定器によるものであるのか不明であると同時に、基準値以下が放射能ゼロではなく放射能蓄積の可能性が捨てきれない以上は、購入されない傾向を持っている。東北産の食物不買は、あるときには「風評」被害を引き起こすとされ、積極的に消費することで日本人全体で東北地方を支えようという運動が震災後に展開した。大手の飲食メーカーも、また保守系団体の「頑張れ日本！ 全国行動委員会」も、食べて東北地方や福島県を応援する。とくに「日本人として、祖国日本への誇りと自主独立の気概を重んじ、同胞への優しさと思いやりに満ちた心豊かで秩序ある地域社会建設を目指」す後者のホームページでは、福島県産のコシヒカリを推奨米として販売していた。もちろん、福島県内の米は調査の結果、出荷可能となっており、そうした農作物を積極的に福島県外へ移動・流通させて消費することが日本人としての倫理的「行動」だと主張するのだ。

他方、これらの出荷可能という「安全さ」そのものを疑問視する人たちも存在する。政府の基準値は安全ではないとし、より高度の「安全さ」を別個の測定器で追求する。たとえば東京都の世田谷こども守る会のような放射能から子どもを守ろうとするグループは、全国の自治体による放射能検査結果を要約してメールマガジンで発信する「マダムトモコの厚労日報ダイジェスト」で放射能の検査結果を自分たちで共有する。あるいは有機食品宅配会社は独自の測定によって非検出になったものや、西日本で生産された農作物のみを宅配するサービスを展開している。これらの活動で強調されるのは放射能被害に脆弱な子どもを守るという倫理であり、日本人の絆や日本人としての行動を重視する倫理とは鋭く対立する場合がある。そしてこの子どもを守るという倫理においては、被爆可能性がゼロではない事物は動かないことを要請されるのである。もっともこの倫理を維持するには、子どもへの配慮をする経済的かつ精神的余裕を持つ家庭である必要があり、しかも母親による家族への配慮という近代的な家父長制度を強化する可能性も捨てきれない。

本書の関心からすれば、東日本大震災以後、大和魂や日本精神はより強力な同調圧力としてこの日本社会に充満しつつある。その倫理の中で、人の移動は抑制され、復興された「故郷」へ帰還することが要請される一方、日本人としてリスクを共有するために事物の移動は促進される。そしてその中で積極的に食べて行動することで日本人であることを示さねばならない。人と事物の移動は非常に政治的であり、この傾向は戦前にも見られたことは第二章で述べたとおりである。しかしこうした絆の倫理と対立するように、各家庭や自治体において別個の倫理に基づいた連帯もまた生まれている。その連帯がたとえ家父長的な家族を下支えするものであっても、あるいは経済的に恵まれた人びとの間のものであったとしても、それは単一の「日本的なるもの」の物語に回収されることを拒んでいることは指摘できる。

また移動する人と物はさまざまな制約や中傷を受ける。もちろん、本書は避難民に向けられる誹謗や中傷を許さない。そもそも農作物の「風評」の被害はさかんに報道される一方、避難民に対する「風評」すなわち彼らへの差別はあまり報じられなかったのはいったいどういうことなのだろうか。除線の「終了」によっって避難民の帰村を促すのはどのような「安全」の論理に依るのだろうか。いずれにしても、人と物の移動は、第三の戦後の日本が推進してきた「日本的なるもの」のイデオロギーが与件ではないことを指し示している。日本は震災前から一度も日本的なものではなかった。そのふりをしてきた。そのことが震災をめぐる諸物の移動によって露呈してしまったのである。

種、自然、事物、避難民といった崇高な人間精神の下位にあると思われていたものが、それを露わにするのだ。日本の精神性の不可能性を。

おわりに

日本人であることの快楽

大和魂とは、日本精神とは何だと考えられ、語られ、語ることを欲望され、物質化され、視覚化され、経験され、身体化されてきたのか。本書は近代日本のナショナリズムを、制度や法律をとおしてではなく、国民精神の言語化（言説化）、物質化、視覚化、身体化の過程を一つずつ明らかにすることで探求した。それによって国民精神が決して古より続く自明の精神構造などではなく、幕末から明治期にかけて次第に言語化され、国家と結びつけられ、特定の人物がその体現者として注目、強調されたことを示した。さらにそれを広く人びとに提示するために展覧会が催され、神社やモニュメントが作られ、絵画が描かれる。国家だけでなく、宗教団体、新聞社、レコード会社、百貨店もこれに関わり、日本人の精神やそれを容れる身体の良性を語りかけ、提示したのだ。第二次世界大戦後も、戦前と類似した思想や言葉が復活し、教育、映画、アニメやマンガ、さらに固有種と外来種のステレオタイプをとおして、しかし大和魂や日本精神という言葉を控えながら、二一世紀にも国民精神を伝えている。

比喩的に言うなら、日本人の国民精神なる観念は台風のようなものである。言葉、事物、視覚イメージ、身体がある時期に国民精神という中心部をめぐって集められていき、ひとかたまりの社会的全体性を形成していく。まるで台風が通過した各地で異なった降雨量や風速が記録されるように、この固まりにおいて大和魂、楠公精神、忠孝、日本精神などが姿を現していくし、それを体現する身体や事物が節合されてもいく。しかし台風の目ではなにも起こっていないように、この国民精神や国体そのものは何も本来的な意味を持っていない。しかしそこに何かの根源的なあるかのように見えてしまうのだ。猛威を振るった台風が北上すればいずれはただの低気圧になるが、その傷跡は大地に残される。同様にこの国民精神、日本的なるものもまたそれを取り巻く諸事物の実践が敗戦を契機に止まれば姿を消してしまった。台風がまた発生するように、またこうした言葉、事物、視覚イメージ、身体はある時代状況において集められるのである。「国民精神」は播種され続ける。

こうした物言いは、戦前の戦争責任を社会構造にすり替えてしまっているとの批判を受けるかも知れない。極東裁判が戦勝国の都合で一方的なものであったとしても、戦争責任を負わねばならない人がいたことは明らかである。

前著『戦争と広告』でも指摘したように、私たちは第二次世界大戦敗戦前から切り離されたという意味での「戦後」を生きていない。ナショナリズムという幽霊が徘徊する現代世界の多くの国々においても言えることなのかも知れない。本書で論じたように、史実と離れた「道徳」教育・神道と国家の関係の自然化、「主体的」に日本人となる要求から、男女の役割区分や「理想的」家族像の案出まで私たちは「戦前なるもの」を今日目撃している。

思えば多くの保守も革新もこの戦前なるものを十分に精算できているのだろうか。一方で保守はたしかに国民精神を所与のものと見なす傾向があり、日本の独立性を主張する一方で、アメリカとの関係においては矛盾をはらんでいる。他方で革新は人びとがなぜ保守であることを敢えて選んでいるのか、アメリカ的なるものに憧れつつ日本を愛するのかを理解し、その矛盾を説くための言葉を鍛造できてはいない。とりわけ私は学界にて、あるいは出版の世界で、革新を標榜しつつも教条主義的で自分の考えが正しいとばかりに説教までし始める人たちを多く目撃してきた。こうした態度は、一方で思想の幅を狭め、言葉を貧弱にし、他方で若い人からの支持を失うことになる。

日本人であること、そのことを誇ることは快楽である。自分の祖父母や先祖からの絆をしっかりと確認し、その行いを正当化し称えることは、その系譜にある自らに対する自己肯定である。一方、自分の出自と信じているものを非難されたり、自ら批判したりすることは決して愉快なことではない。しかも私たちが日本人であることはもはや容易には消すことができない。この国に生まれ、ほとんどの人たちはこの国以外で教育を受ける機会を得られず、日本語以外で思考することは困難である。この消すことのできない、しかも自分で選んだわけでもないこの国に存在する物質としての自己をどう引き受けるか考えるとき、否定的な方法は受け入れがたい。ましてや自信を失い、自らの依って立つ基盤を捜している人たちにとっては、日本人であることは「復活」の希望でもある。だからその日本を回復してくれる誰かに自らの希望を付託する。

しかし、この消すことのできない日本人性は、だからすべての過去の過ちから眼を背けることとイコールではない。日本は戦前の植民地主義的遺産を引き継ぎ、経済的繁栄を謳歌した。私たちの多くは直接戦争をしたわけではない。また一九九〇年代以降の失われた二〇年以上を経験しており、経済的繁栄は遠い昔となっている。私たちは充分に苦労してきた。しかしそれでも、私たちは日本人である以上、過去の戦争責任を問われる可能性がある。その都度、私たちは過去の歴史を振り返り、自分自身の責任を確認する必要がある。責任を問う人たちに応答し説明する責任 responsibility がある。

そもそも、私は自分の身分や階層、「○○である」といった自分の属性を誇るのではなく、自分が何をなしたかを誇ることが「正しい」ことだと教えられてきた。そうであれば、現代の道徳で「日本人である」ことを誇るよう教育することは、道徳的に問題がないのだろうか。

日本人であることは終わりのないゲームでもある。時間が一回限りであるなら歴史は決して繰り返すことはないが、既視感《デジャビュ》を覚えることもある。歴史を振り返るならば、日本人であることをつねに示さねばならない、つまり日本人を実践し続けねばならない時代があったからだ。日本人は所与ではなく、ある社会状況において絶えず定義されているからである。

代わりに新しいゲームはどうだろうか。それは日本人であることを笑い飛ばすことで、そうした力強さやユーモアを誇るというゲームである。たとえばイギリス人はイギリス人らしさをよくネタにする。そこにはイギリス料理の不味さや、城やアンティークなど歴史にばかり興味を示すイギリス人の性質などを「自虐的」に笑い飛ばしている。また首相やロイヤルファミリーも風刺の対象になる。たとえばアメリカ人作家のビル・ブライソンのイギリス論が大人気を博するように、それはユーモアのゲームである。日本では首相や政策への批判を反日だとし、歴史の批判的検証を自虐であると自己防衛に走る傾向が近年は強まっている。もちろんイギリスは、植民地政策の歴史を教育やテレビで積極的に語ろうとしておらず、そのことは批判されるべきだ。そうしたことをさらに乗り越えた上で、余裕ある日本人のゲームを始めることができるのだろうか。

本書の思想的背景にあるのは地理学である。地理と聞くと中学校、高校での地名や地形の暗記を思い出す。しかし大学で学ぶ地理学において、私はとくに風景や場所、空間の意味がどのように作られるのかを考えてきた。

ナショナリズムは風景、場所、空間の問題である。特定の領域の内部を国境で囲い込み、その内部に対しては同質性と包摂を、外部に対しては異質性と排除を強調する意味で、それは空間的な問題である。国民としての同質性は特定の風景や場所を価値付けることによっても促進される。風景には写真や絵画、イラストも含まれる。そしてそれら風景や場所が、日本人の国民精神論をさらに強化していく。

風景、場所、空間は自明のものではない。風景や場所が価値付けられるとき、ある部分が強調され別の部分は隠される。境界線が引かれる前のプロセスは忘却され、あたかも古来の境界線というイメージができあがる。その境界線によって囲われた空間は国土空間である。このように風景、場所、空間、つまり「地理」は政治的に作られるのだ。

地理は、そして自然は実体として存在するのではない。それは決して人間から離れた実体ではなく、言語をとおした人間の意味の付与、物質化、視覚化によってつねにすでに立ち現れるものである。立ち現れる地理は、人間を刺激し続ける。そうした相互作用を繰り返すものとして、人間を含む「地理」なるものが不断に生成されるのである。

私には今でも強烈に残っている記憶があり、本書を執筆中には何度もそれがフラッシュバックとして想起された。私は、一九八一年に幼稚園の年長学年の遊戯会で「同期の桜」なる劇を演じた。演じる前に、同級生の親子たちと高松市内のどこかの店に特攻服にふさわしい象牙色の服を選びに行ったシーンから、実際舞台の上に立って「同期の桜」の音楽流れる中、一人ずつ前に出て「森正人、征って参ります」などと大声で観客に叫ぶシーンまではっきりと思い出せる。なぜこの記憶だけが曖昧な幼稚園時代のなかではっきり残っているのかは分からない。しかし、同じ幼稚園に通っていた私の弟と妹は私の卒園後に別の幼稚園に移っており、ずいぶんと後に、そのことを母に尋ねたところ、同期の桜の劇を知った父が非常に怒って、私の卒園を待って転園したということだった。私の中に強烈にかの劇の記憶が残っているのは、もしかしたら父があまりいい顔をしていなかったということを潜在的に私が感じていたからかも知れない。「同期の桜」が演じられた理由は不明だ。しかし、この年の二月、ＴＢＳが知覧を舞台にしたテレビドラマ『空よ海よ息子たちよ』を放映しており、保守的な幼稚園がこれに乗って園児に「同期の桜」を演じさせたのではないかと考えられる。ちなみに私の父は学生紛争世代だが、決して学生紛争の徒、左翼学生などではなかった。

私自身、告白するなら、大学院に進学するまで非常に体育会的かつレイシスト的であった。学部生時代には日本人の他界観や墓制、山岳信仰などに興味を持ち「日本的なるもの」を希求した。なぜこうした矛盾した人生が可能になるのか。本書の出発点はこうした卑近かつ個人的な問いかけでもあった。そしてそれは私の自分の来し方を「自虐的」に、しかしユーモアを忘れずに振り返るゲームである。

本書はまた、私が修士論文時代から取り組んでいた四国遍路研究の延長でもある。戦時下なぜ四国遍路は推奨されたのかを考えるとき、四国遍路の創始者と信じられている弘法大師はどのようにして戦時下のナショナリズムにおいて好ましい人物に位置づけられたのかという問題は避けて通ることができなかった。大阪朝日新聞社が一九三四年の弘法大師文化展覧会の翌年に大楠公展覧会を行ったことを知ってからは、楠木正成の近代にも関心を持つようになった。こうした研究の延長線上に本書がある。

それにしても、かつては毒舌で売っていたコメディアンたちが、バラエティー番組やワイドショーで語るコメントの「劣化」はどうしたことなのだろうか。無難であるばかりでなく、保守的でもあるように聞こえる。そこに政治的な権力への批判や風刺があるのだろうか。コメディアンもテレビ会社も、さらには新聞社も風刺やユーモアの意義を忘れているのだろうか。あるいは世論を刺激することを恐れているのだろうか。さらには電波法による放送停止を恐れているのだろうか。国民の上位に政治と政治家があるわけではなく、国民が主権者であることをもう一度、この国は強く思い起こす必要があるように思われる。

第五章で紹介した文部省の『民主主義　上』には次のような文章がある。

独裁政治を利用する者は、今度はまたやり方を変えて、もっと上手になるだろう。今度は、だれもが反対できない民主主義という一番美しい名まえを借りて、こうするのがみんなのためだと言って、人々をあやつろうとするだろう。弁舌でおだてたり、金力で誘惑したり、世の中をわざと混乱におとしいれ、その混乱に乗じてじょうずに宣伝したり、手を変え、品を変えて、自分たちの野望をなんとか物にしようとする者が出て来ないとは限らない。そういう野望を打ち破るにはどうしたらいいであろうか。

それを打ち破る方法は、たゞ一つある。それは、国民のみんなが政治的に賢明になることである。人に言われて、その通りに動くのではなく、自分の判断で、正しいものと正しくないものとをかみ分けることができるようになることである。（七―八頁）

昨今の日本の政治状況を七〇年ほど前のこの文章は精確に言い当てているかも知れない。しかもこれを記したのが文部省であることは、「役に立つ」研究を推進し、戦争への研究協力を黙認し、「政治的中立」を強調する現在の文部科学省を考慮すれば、皮肉でもある。

今こそ戦後を始める。民主主義を拾い集めながら。美しい国、崇高な精神といった美名の下にある見たくない、聞きたくない歴史を見たり聞いたりする苦しさに耐えながら。同調圧力に背を向けて。絆を夢想するのではなく、各人が各人であるという孤独と不安に向き合いながら。しかし、その都度、誰かと手をとりあって連帯する可能性を信じながら。

二〇一七年二月　著者

■参考文献

相川美恵子（一九九八）「教科書にみる楠木正成像の変容過程」『文学と教育』三五号
朝日新聞社（一九三〇）『全日本より選ばれたる健康児三百名』東京朝日新聞社
朝日新聞社編（一九三四）『弘法大師文化大観』朝日新聞社
朝日新聞社（一九四二）『大東亜戦争美術展覧会』（朝日新聞東京本社）
朝日新聞百年史編修委員会（一九九一）『朝日新聞社史』朝日新聞社
芦谷瑞世（一九四一）『新民族論』教材社
安部磯雄（一九三一）『生活問題から見た産児調節』東京堂
安倍晋三（二〇〇六）『美しい国へ』文藝春秋
アンダーソン・B（一九九七）『想像の共同体——ナショナリズムの起源と流行』NTT出版（白石隆・白石さや訳）
石川武美（一九四六）「新しき希望の生活」『主婦の友』一月号
石毛忠・石田一良（二〇一三）『日本思想史事典』東京堂出版
伊藤幹治（一九八二）『家族国家観の人類学』ミネルヴァ書房
井上章一（一九八九）『ノスタルジック・アイドル二宮金次郎——モダン・イコノロジー』新宿書房
井上哲次郎（一九三四）『日本精神の本質』大倉廣文堂
イ・ヨンスク（一九九六）『「国語」という思想——近代日本の言語認識』岩波書店
ウィニッチャクン・T（二〇〇三）『地図がつくったタイ』明石書店（石井米雄訳）
ウィリアムズ・R（一九八三）『長い革命』ミネルヴァ書房（若松繁信訳）

江上波夫（一九九一）『騎馬民族国家（改訂版）』中央公論社
SN生（一九〇七）『軍人精神教育』厚生堂
太田和義（一九三五）「楠公精神の現代的意義」兵庫県立第三神戸中学校校友会『楠公精神と現代日本』
大原康男・百地章（二〇〇一）『新憲法のすすめ　日本再生のすすめ』明成社
大村仁太郎（一九〇五）『家庭教師としての母』同文館
大森金五郎（一九〇六）『歴史談その折々』育成会
岡部祐介（二〇一二）「一九六〇年代における「根性」の変容に関する一考察――東京オリンピックが果たした役割に着目して」『体育学研究』五七号
大熊武雄（一九四四）『推進語録』矢貴書店
小熊英二（一九九五）『単一民族神話の起源――〈日本人〉の自画像の系譜』新曜社
小熊英二（一九九八）『〈日本人〉の境界』新曜社
小熊英二（二〇〇二）『〈民主〉と〈愛国〉――戦後日本のナショナリズムと公共性』新曜社
小倉鏗爾（一九三五）『皇国日本を説く』二松堂書店
海津一朗（一九八九）「楠木正成と日本人――教科書にみる正成像の変遷」佐藤和彦編『楠木正成のすべて』新人物往来社
加藤咄堂（一九三四）『日本精神と大乗思想』時潮社
金関丈夫（一九三一）『日本人の人種学』岩波書店
河上徹太郎（一九四三）『近代の超克――知的協力会議』創元社
河田明久（二〇一四）『画家と戦争　日本美術史の中の空白』平凡社
河内長野市教育委員会（二〇〇二）『河内長野の近代建築』

姜　尚中（一九九六）『オリエンタリズムの彼方へ――近代文化批判』岩波書店
鬼石学人（一八九五）『支那征代大和魂』中央青年倶楽部
喜田貞吉（一九一九）「「日本民族」とは何ぞや」『民族と歴史』第一巻第一号
金東輝（一九三八）『東亜諸民族統制下に於ける内鮮一体の再認識』東亜新聞社
クラブ歯磨中山太陽堂（一九三五）『発生映画『楠公史跡』と其の解説』
黒川真頼（一八八七）「大和魂」『教育新志』一五七号
黒川真頼（一九一一）『黒川真頼全集 第六』国書刊行会刊行書
ゲルナー・E（二〇〇〇）『民族とナショナリズム』岩波書店（加藤節訳）
厚生省人口問題研究所編（一九四二）『人口政策の栞』
神戸観光博覧会編（一九三五）『楠公六百年祭記念観光博覧会誌』
小林健三・照沼好文（一九六九）『招魂社成立の研究』
小林よしのり（一九九七）『新・ゴーマニズム宣言ＳＰＥＣＩＡＬ　戦争論』幻冬舎
子安宣邦（一九九八）『江戸思想史 講義』岩波書店
佐藤健志（一九九二）『ゴジラとヤマトとぼくらの民主主義』文藝春秋社
佐藤道信（一九九六）『「日本美術」誕生――近代日本の「ことば」と戦略』
佐藤春夫（一九七八）『はばたけ朱鷺』
佐藤晴美（一九九四）『マンガ・動物たちの仁義なき戦い――外来種ＶＳ土着種』講談社
志賀重昂（一九三七）『日本風景論』岩波書店（原著は一八九四年）
篠原　滋（一九四五）『比島決戦場』日本報道社
下田次郎（一九一〇）『現代児童教訓実話』同文館

四元内治（一九一九）『軍神乃木大将　忠勇義烈』帝国報徳会出版部
島村民蔵（一九二一）『両性問題大観』国文堂書店
新川登亀男（二〇〇七）『聖徳太子の歴史学――記憶と創造の一四〇〇年』講談社
神野由紀（一九九四）『趣味の誕生――百貨店がつくったテイスト』勁草書房
新保　博（一九九五）『近代日本経済史』創文社
須藤遙子（二〇一三）『自衛隊協力映画　『今日もわれ大空にあり』から『名探偵コナン』まで』大月書店
瀬谷和一（一九四一）『聖戦従軍我が家の誉』菊香会出版部
祖風宣揚会編（一九一五）『皇室と真言宗』六大新報
高木博志（一九九七）『近代天皇制の文化史的研究――天皇就任儀礼・年中行事・文化財』校倉書房
田辺孝治（一九九三）「講談がつくった忠臣蔵」『芸能』三三―一一号
谷口虎年（一九四二）『東洋民族と体質』山雅房
谷本　富（一九一〇）『楠公と新教育』六盟館
谷本　富（一九二九）「日本文明史上に於ける弘法大師」栂尾密道編『弘法大師と日本文化』六大新報社
津金澤聰廣（一九九九）「百貨店のイベントと都市文化」山本武利・西沢保編『百貨店の文化史――日本の消費革命』世界思想社
寺神戸誠一（一九五二）「農村婦人の生活改善」『農林春秋』二（四）号
寺田寅彦（一九三五）「日本人の自然観」『岩波講座　東洋思潮』岩波書店
道徳教育をすすめる有識者の会（二〇一二）『13歳からの道徳教科書』育鵬社
道徳教育をすすめる有識者の会（二〇一三）『はじめての道徳教科書』育鵬社
中野達彗（一九三一）「真言宗年表――豊山派弘法大師一千百年御遠忌記念出版を播きて」『密教研究』四

二号
中島弘二（一九九八）「戦後日本の緑化推進運動と「みどり」の風景」荒山正彦・大城直樹編『空間から場所へ』古今書院
中内敏夫（一九八八）『軍国美談と教科書』岩波書店
中濃教篤（一九七七）『戦時下の仏教』国書刊行会
成田龍一（二〇〇一）『〈歴史〉はいかに語られるか――一九三〇年代「国民の物語」批判』日本放送出版協会
西　悠哉（二〇一〇）「「ethics」概念の受容と展開」『佛教大学大学院紀要』文学研究科篇第三八号
西川長夫（二〇〇一）『国境の越え方――国民国家論序説』平凡社
西村眞次（一九四〇）『伝統と土俗』人文書院
日本会議（二〇一一）『日本人の誇りと絆　東日本大震災を乗り越えて』
日本生態学会編（二〇〇二）『外来種ハンドブック』地人書館
農林省農業改良局普及部（一九五二）『普及員の仕事　教養篇二』
蓮生観善編（一九三一）『弘法大師伝』高野山金剛峰寺弘法大師一千百年御遠忌事務局
初田　亨（一九九九）『百貨店の誕生』筑摩書房
馬城生（一九〇七）『野砲兵教科書』厚生堂
羽太鋭治（一九二二）『産児制限と避妊』文化出版社
バリバール・E（二〇〇八）『ヨーロッパ市民とは誰か――境界・国家・民衆』平凡社
百田尚樹（二〇〇九）『永遠の０』講談社
廣松　渉（一九八九）「〈近代の超克〉論」講談社

福間良明（二〇一五）『「聖戦」の残像――知とメディアの歴史社会学』人文書院
福間良明・山口誠編（二〇一五）『「知覧」の誕生――特攻の記憶はいかに創られてきたのか』柏書房
フーコー・M（一九七九）『知の考古学』河出書房（中村雄二郎訳）
フーコー・M（一九八六）『性の歴史Ⅰ　知への意志』新潮社（渡辺守章訳）
フーコー・M（二〇一四）『言説の領界』河出書房（慎改康之訳）
豊山派弘法大師一千百年御遠忌誌編纂委員会編（一九三八）『豊山派弘法大師一千百年御遠忌誌』豊山派宗務所教学部
藤巻正之（一九三九）『湊川神社六十年史本篇・資料篇』湊川神社社務所
藤原　肇（一九三八）『革新への進路』藤原肇出版
古川隆久（二〇〇三）『戦時下の日本映画――人々は国策映画を観たか』吉川弘文館
細馬宏通（二〇〇一）『浅草十二階　塔の眺めと〈近代〉のまなざし』青土社
舞の海秀平（二〇一五）『天皇陛下と大相撲』明成社
前島　潔（一九三七）『大日本帝国の本質と其の使命――支那事変の基督教観』基督教出版社
増子保志（二〇〇六）「彩管報国と戦争美術展覧会――戦争と美術（三）」『日本大学大学院総合社会情報研究科紀要』七号
増山太郎編（二〇一〇）『聖徳太子奉讃会史』永青文庫
松下行則（一九九三）「戦後「特設」道徳論の浮上――一九五〇年後半～一九五一年前半」福島大学教育学部論集第五三号
松島栄一（一九七六）「黒板勝美・永原慶二・鹿野政直」『日本の歴史家』日本評論社
丸山眞男（一九七六）「戦争責任論の盲点」『戦中と戦後の間』みすず書房

丸山泰明（二〇〇七）「兵士の死をめぐる展示――遊就館における死者の展示の誕生と展開」大阪大学日本学報 二六
宮崎興基（一九三七）『支那事変と其の背後に迫るもの』会通社
村上重良（一九七四）『慰霊と招魂――靖国の思想』岩波書店
森 正人（二〇〇九）「言葉と物――英語圏人文地理学における文化論的転回以降の展開」『人文地理』六一巻一号
森 正人（二〇一〇）『昭和旅行誌――雑誌「旅」を読む』中央公論新社
森 正人（二〇一一）「変わりゆく文化・人間概念と人文地理学」中俣均編『空間の文化地理』朝倉書店
森 正人（二〇一三）『ハゲに悩む――劣等感の社会史』筑摩書房
森 正人（二〇一六）『戦争と広告――第二次大戦、日本の戦争広告を読み解く』角川学芸出版
森田康之助（一九八七）『湊川神社史鎮座篇』湊川神社
守山聖眞編（一九三一）『真言宗年表』豊山派弘法大師一千百年御遠忌事務局
文部省思想局（一九三五）『日本精神論の調査』
文部省（一九四八）『民主主義 上・下』文部省
山本武利（一九八一）『近代日本の新聞読者層』法政大学出版局
湯本貴和編（二〇一一）『環境史とは何か』文一総合出版
横山夏樹（一九四四）『輝く靖国物語』太平書房
吉川英治（一九四二）『日本名婦伝』全国書房
吉田徳次郎（一九四一）『戦時日本政治の再編成』高田書院
吉田 裕（二〇〇五）『日本人の戦争観――戦後史のなかの変容』岩波書店

米原　謙（二〇〇七）『日本政治思想』ミネルヴァ書房
ルオフ・K（二〇一〇）『紀元二千六百年――消費と観光のナショナリズム』朝日新聞出版（木村剛久訳）
和辻哲郎（一九三四）『日本精神』岩波書店

著者紹介

森　正人（もり・まさと）

1975年生まれ。関西学院大学大学院文学研究科博士課程後期課程修了。博士（地理学）。現在、三重大学人文学部准教授。専門分野は、文化地理学。人間と人間あらざるものが絶えず作り出す地理（風景、場所、空間）を議論してきた。近年は物質性や情動、視覚イメージに強い関心を持っている。

主な著書に、『戦争と広告 —— 第二次大戦、日本の戦争広告を読み解く』（角川出版）、『ハゲに悩む —— 劣等感の社会史 』（ちくま新書）、『四国遍路 —— 八十八ヶ所の歴史と文化』『昭和旅行誌 —— 雑誌「旅」を読む』『大衆音楽史 —— ジャズ、ロックからヒップ・ホップまで』（以上、中央公論新社）『英国風景の変貌 —— 恐怖の森から美の風景へ』（里文出版）、『歴史発見 —— ロンドン案内』（洋泉社）、『四国遍路の近現代』（創元社）など。

新曜社

展示される大和魂
〈国民精神〉の系譜

初版第1刷発行　2017年3月31日

著　者　森　正人
発行者　塩浦　暲
発行所　株式会社 新曜社
〒101-0051 東京都千代田区神田神保町 3-9
電話（03）3264-4973（代）・FAX（03）3239-2958
E-mail：info@shin-yo-sha.co.jp
URL：http://www.shin-yo-sha.co.jp/
印　刷　星野精版印刷
製　本　イマヰ製本

ISBN978-4-7885-1519-2 C1036